盐池县地名故事

文宝 李建华 杨金平 樊新刚 编

黄河出版传媒集团
宁夏人民出版社

图书在版编目（CIP）数据

盐池县地名故事 / 米文宝等编. -- 银川：宁夏人民出版社，2022. 12

ISBN 978-7-227-07698-8

Ⅰ. ①盐… Ⅱ. ①米… Ⅲ. ①地名－介绍－盐池县 Ⅳ. ①K924. 34

中国国家版本馆 CIP 数据核字（2023）第 000303 号

盐池县地名故事 米文宝 李建华 杨金平 樊新刚 编

责任编辑 周淑芸
责任校对 贺飞雁
封面设计 邵士雷
责任印制 宋 华

黄河出版传媒集团
宁夏人民出版社 出版发行

出 版 人 薛文斌
地 址 宁夏银川市北京东路 139 号出版大厦（750001）
网 址 http://www.yrpubm.com
网上书店 http://www.hh-book.com
电子信箱 nxrmcbs@126.com
邮购电话 0951-5052104 5052106
经 销 全国新华书店
印刷装订 宁夏银报智能印刷科技有限公司
印刷委托书号 （宁）0025669

开本 787 mm × 1092 mm 1/16
印张 16
字数 270 千字
版次 2023 年 3 月第 1 版
印次 2023 年 3 月第 1 次印刷
书号 ISBN 978-7-227-07698-8
定价 55.00 元

前　言

盐池县历史悠久，战国时秦在盐池一带置昫衍县，是宁夏境内最早的县治之一。盐池地处游牧文化与农耕文化交错地带，各民族长期交流交融，共同开发、创造了灿烂的历史文化，为编撰盐池县地名故事提供了丰富的素材。2017 年 12 月，按照全国第二次地名普查工作要求，在盐池县委及县政府领导、县民政局的指导下，以宁夏大学作为技术单位，成立了《盐池县地名故事》编委会，抽调精干力量组成编写组，编纂了《盐池县地名故事》。

编写组历经 3 年有余，对县内自然景观、人文遗迹进行了 3 轮踏勘，走访县内外相关文化名人、地名研究专家、民间艺人。面向全县征集地名故事，广泛参考《侯凤章文集》《天安门文学》等散文杂记类文献，《嘉靖宁夏新志》《花马池志迹》《盐池县志》《吴忠市地名故事》《惠安堡镇志》《王乐井乡志》等典志和历史记载类文献，《盐池民间故事》《盐池历史文化人物》《盐池武氏族谱》《定边丁氏家族》等传说传记类文献，《中国地名》《文物》《宁夏大学学报》《宁夏文史》等学术期刊，并实地访谈，收集补充了一些口述地名故事，力求客观全面多层次呈现盐池县地名的来历、相关传说及地名区域发生的历史故事，深度挖掘其历史记忆和文化内涵。

在丰富的地名文献资料基础上，遵循“地名讲历史、地名讲文化、地名讲民俗”的原则，以弘扬爱国主义、阐释民族文化、倡导正义和平、引导健康生活为主线，参考现有地名故事编撰体例，对盐池地名故事进行了再加工、再分类、再润色，并多次邀请盐池县文化名人和历史学者对全书进行审阅、讨论，征求完善意见，升华其文化价值。

《盐池县地名故事》的出版,是盐池县地名文化史上的一件大事,它寄托了关心盐池县建设发展的各界人士的期望。编纂地名故事既是本土地名文化挖掘的基础性内容,也是盐池县历史文化资料体系的重要组成部分,涉及历史、经济、文化等多学科整合的创新实践,在编写过程中,难免有所不足,望广大读者批评指正。

《盐池县地名故事》编委会

二〇二二年五月

序

地名是人们在生产生活中赋予特定空间位置上的自然或人文地理实体的专有名称,是人们日常交流的重要工具。地名是社会的产物,它的命名、演变遵循着特定的规律。地名是地域文化的活化石,一个地方的地名往往记忆和映射当地的地理环境、自然风貌、历史渊源、文化基因、经济特征、民族变迁、方言风格等。因此,地名是我们认识一个地方的美妙窗口,是研究地域文化的一把金钥匙。

盐池县是宁夏的东大门,是宁夏解放前建立红色政权的第一县,是当年陕甘宁革命根据地的重要组成部分。盐池县自然环境独特,历史悠久,文化丰富,底蕴深厚。几千年来,昫衍县治,盐州城筑,边墙数修,开采青盐,放马牧羊……北方草原游牧文化与中原农耕定居文化在此碰撞融合,黄河文化和大漠文化在此扎根生衍。石器文化遗址、战国故事、汉城唐墓、边塞烽燧、石窟寺影、红军西征、革命旧址……展现了这片大地历史画卷的绚丽与厚重。昫衍、盐川、盐州、五原、花马池营、兴武营、宁夏后卫、花马池分州、盐池县等地名反映了这片大地历史沿革的复杂与曲折,惠安堡、安定堡、惠泽村、裕兴村、平安大道、安居街、乐业街等地名反映了当地人民对和平和幸福生活的向往,灵应山、摆宴井、寄甲峁、马踏井、八步战台、狼洞沟、打虎店、野狐井、天池子等地名,讲述了传奇而生动的故事,寄托了盐池人的丰富想象与情感。

近年来,盐池县政府与广大群众对地名文化越来越重视,认识到盐池县地名资源的历史文化价值,认识到收集地名资料、规范地名命名与使用、挖掘和弘扬地名文化的深刻意义。2017 年,借全国第二次地名普查工作契机,由盐池县民政局组织人员收集、整理、编纂《盐池县地名故事》，这是一件非常有意义的事。编纂地名故事一书，是对非物质文化遗产的抢救与保护。《盐池县地名故事》把那些散落于民间的地名故事，用书籍的形式文化加工汇聚起来，使之展现文学的光芒，唤起人们无限的思绪。编者引据史料考证，客观记述、探讨了盐池县众多历史地名起源；走村访户，征集了大量与地名相关的民间故事，追寻地名渊源，解读百姓情感；分析了盐池县地名的空间分布特征，探究其自然成因与文化成因，解密其文化内涵。

本书内容丰富，逻辑清晰，文字优美，有格调高雅的学术研究成果，也有充满乡土气息的民间故事。它是一部展现盐池县区域地理、历史、文化、政治、经济的优秀书籍，是了解盐池县城乡建设、乡村民俗、风土人情的生动教材，也必将成为盐池县的又一文化名片。

这本书汇聚了编委会的智慧，也凝聚了编者和故事讲述人的心血。该书的出版，一定会为盐池县精神文明建设、地理标志品牌打造、文化“软实力”提升、旅游经济发展作出积极贡献！

盐池县人民政府

二〇二二年七月二十三日

盐池赋

五原故郡，花马新城。三边西户，宁夏东门。翼陕北襟环庆，控朔方而扼漠蒙。古戍壁垒，长城横贯全境；原野荒渺，盐湖点缀西东。地域辽阔，大漠风情浓郁；历史悠久，河套文化淳深。

盐池得名，缘于官府采盐；花马之说，始于民间流传。夏居猃狁，商周戎羌，秦属北地，汉置昫衍。三国各族杂居，魏唐置郡五原。北宋袭置盐州，遂为党项所安。元灭西夏，撤并入环。明设花马池营，清置军事据点。民国而后，几经变迁，终为宁夏一县。

思我盐池，沧海桑田。秦月汉关，胡音羌管；边风塞雨，征蓬归雁。大漠烟孤，戍楼月圆；悠悠五原，永眺河关。盐池自古征战地，何人倚剑白云天？将军横戈立马，壮士屯垦戍边。筑长城、修城堡、立墩堠，隋明征夫浥泪；防突厥、败吐蕃、抵鞑靼，楚汉黎民兼善。江山易主，生灵涂炭；沙原一统，狼烟消散。廿世纪初“闹红”，人心向背：红军西征，苦战城池，红色革命，沙原血染；马匪东扰，饿扑三边，白色恐怖，盐湖叠咸。尔来宁夏解放，盐池换了人间。建设伊始，百废待兴，偃武修文，矗碑立馆。万年马鹿角，千年汉瓦当，咸收馆内，歌我昫衍历史灿烂悠远；巍巍纪念碑，素素烈士像，松围花护，泣我老区儿女辉煌惨淡。自古道：修城筑边墙，坚固设防。现今为：明代文博馆，长城公园。当年细石器出土地哈巴湖，黄土漫漫；而今国家级生态保护区，旅游乐园。昔日四尔滩出盐翻碱，茫茫无边；今日神秘湖沙鸥翔集，景色宜然。

赞我盐池，地灵人杰。神沙龙跃、边外风声、天池饮马、草地牧羊、盐池积雪、铁柱涌泉。蹉跎岁月流水，奇异风光目前。历代文人借道，将士戍边，横槊赋诗，濡墨染翰。歌城咏沙，叹池赞盐，书草写羊，听风望泉。滚烫生活，峥嵘岁月，积之心胸，发于诗篇。前有回族达祥典，《盐池十景》入词端；后有李季驻三边，《王贵与李香香》响诗坛。还有农民诗人两代，扎根乡土；《人民文学》一星，立足杏坛。建军花儿，西部赛歌夺冠；英才小楷，全国书展入选。更有历史典故、人物逸事世代相传：商高宗伐鬼方，秦惠文游昫衍；明将奇袭兴武营，胡儿饮马铁柱泉。康熙私访民间，百姓井旁设宴；翰林上任京尹，冤民积案速断。艰难岁月，红军穴长城以打盐；优良传统，百姓倾心力而支前。当年元华靳体元，慰劳红军送毛毡；而今治沙白春兰，缚住沙龙建家园。

看我盐池，沃壤阜产。南山黄土深厚，瓜香果甜；北漠油沙积淀，翠环绿染。中部引黄灌溉，造福塞北江南。盐池固有三宝，全国新命两乡。君可见：黄沙温良处，甘草铺绿；苜蓿花开时，滩羊膘圆。紫荆花绽放盐池，宁浙胶誉满银南。石油滚滚流金，煤炭沉沉待燃，石头出自萌城，石膏产于青山，恒纳地毯古朴，原野蜂蜜新鲜，加强交流合作，致富共同向前。

今我盐池，奋起攀缘。抢抓发展机遇，着力富民兴县。奏旧城改造序曲，著生态建设新篇。君不见，我县城大街，楼鳞次而栉比，道宽敞而平坦；君不见，我花马广场，水喷洒以成柱，马腾空而欲前；君不见，我森林公园，野芳发而幽香，佳木秀而荫繁。君不闻，老区热土，封山禁牧绿原；君不闻，边地牧民，舍饲养殖争先。已而上下共识，工业强县，优化环境，招商引资，共议大计，同谋发展。旋又掀起旅游热浪，打造亮丽名片：红色边区，绿色家园。盐池远处边地放眼宇寰，盐池立足山区道路漫漫。与时俱进，奋发图强，盐池腾飞，斯之不远！

白永刚　邓鸿为

目录

人文景观地名故事

地名历史故事

盐池县情及地名概览

历史沿革

夏、商、周时，盐池为少数民族游牧地，史称“戎狄居地”。战国时秦在今盐池县置昫衍县，与乌氏县同为宁夏地区有行政设置之始。秦始皇统一中国后，实行郡县制，昫衍属北地郡，汉同秦制。西晋灭亡，北方陷入混乱，盐池曾先后属前赵、后赵、前秦、后秦等割据政权。407 年，匈奴铁弗部赫连勃勃建立夏国，盐池为其腹地。北魏统一北方后，置西安州，盐池属其管辖。西魏改西安州为盐州。北周时，盐池大部属盐州五原郡。隋废五原郡，改置盐川郡，盐池属其管辖。

唐代，改盐川郡为盐州，于神龙年间（705 年或 706 年）在今盐池县西南部惠安堡置温池县，先后属灵州、威州。今盐池县大部分属盐州五原县。宋代，盐州属西夏。元代，盐州并入环州。明正统八年（1443 年），在今盐池置花马池营，天顺年间再筑花马池城（今盐池县城），弘治六年（1493 年）改置为花马池守御千户所，正德二年（1507 年）改为宁夏后卫。清雍正时，废卫所改称州县，宁夏后卫改为灵州花马池分州，属甘肃省朔方道（亦称宁夏道）。

中华民国建立后，于民国二年（1913 年）将花马池分州改置为盐池县。此时亦将原属灵州管辖的惠安、盐积、隰宁、萌城四堡划归盐池县管辖。1929 年宁夏省建立，盐池县属其管辖。1936 年，中国工农红军解放了盐池，建立了工农政权，不久改为抗日民主政权，属陕甘宁边区三边分区。此时国民党宁夏省在惠安堡建立盐池县政府，管辖当时被红军解放不久后撤退放弃的惠安堡、萌城堡等地，形成两个盐池县并存的局面。1947 年，国民党进攻陕甘宁边区，侵占了盐池县大部分地区。于是，陕甘宁边区盐池县政府迁至县境南部山区李塬畔，国民党宁夏省盐池县政府迁至盐池县城。

1949 年 8 月，陕甘宁边区收复盐池（此前在 1947 年 7 月曾收复过一次，时仅月余又撤退），盐池县政府由山区返回县城。9 月，宁夏全省解放，并存 13 年之久的两个盐池县的局面结束。1954 年，宁夏省建制撤销并入甘肃省。1955 年，河东回族自治区改为吴忠回族自治州，盐池县属该州。1958年，宁夏回族自治区成立，盐池县直属自治区。1972年银南地区成立，盐池县属银南地区。1998年银南地区改为地级吴忠市。

盐池置县后，共辖10堡。后将10堡改设为4个区，第一区辖西水堡、铁柱泉堡，第二区辖边三堡、外属堡，第三区辖南水堡、里三堡（以上为旧六堡），第四区辖惠安、盐积、隰宁、萌城（第四区的4个堡俗称新四堡）。

1936年后，国统区和共产党管辖的两个盐池县的行政区划不同。陕甘宁边区盐池县，下设区、乡、村。开始为4个区二十二乡，即城区、北区、南区各辖5乡，西区辖7个乡。1937年夏，将红军解放时原属盐池辖地的（时属定边县第二区管辖）井沟、二道沟、红井子、大水坑、苏堡子、李塬畔等地划归盐池，盐池县组建了第五区，辖五乡。同时，将原4个区改称第一、二、三、四区，各区的驻地也有所变动。1942年秋，将第二区的第一、二乡划归合并为第一区第六乡，将第三区的第四、七乡划归为第二区第一、二乡，第三区第六乡改为第四乡。原五区二十七乡调整为五区二十六乡。1947年，马鸿逵部侵占盐池县城后，盐池县政府转移到县境南部山区。1948年第五区增置第六、七两乡。

国统区盐池县1936年到1940年，辖二乡七保。一乡驻惠安堡，辖4个保，一保惠安堡，二保盐积堡，三保、四保均在隰宁堡；二乡驻萌城，辖3个保，一保萌城，二保牛皮沟，三保高窑子。1940年，将同心县的下马关、韦州、红城水划归盐池县，这时增设三乡八保：三乡驻韦州（辖三保），四乡驻红城水（辖二保），五乡驻下马关（辖三保）。1943年，将金积县的红寺堡划归盐池，置为六乡（驻关口湾，辖二保）。至此，共辖七乡十七保。1949年，宁夏解放，两个盐池县的局面结束，韦州、下马关、红城水复归同心县。

1949年8月，陕甘宁边区收复了盐池，将国统区惠安堡、萌城等地解放，当即恢复原辖5个区及所属各乡人民政权，并将惠安堡、萌城等地建为第六区，驻安宁堡，辖四乡。至此，统一后的盐池县共辖6个区32乡。1952年，在麻黄山设置第七区，所辖地区大部分为第五区划出，原辖32个乡调整为40个乡。1955年，将7个区的乡调整，减少为29个乡；城关乡撤销，改置为城关镇。

1958年人民公社化运动，盐池县区、乡建制撤销，组建了五星、国庆、红星、奋勇、星火、先锋、跃进7个公社，不久，各公社以驻地更名为城郊、余庄子、王乐井、侯家河、大水坑、惠安堡、麻黄山公社。城郊公社驻县城,辖城关、长城、李家沟沿、柳杨堡、陈家圈、八岔梁、王庄子 7 个大队;余庄子公社驻高沙窝,辖高沙窝、英雄堡、二步坑、苏步井、芨芨沟 5 个大队;王乐井公社驻何家墩,辖何家墩、石山子、牛毛井、孙记楼、官滩 5 个大队;侯家河公社驻侯家河,辖吴记油坊、太平庙、侯家河、古峰庄、暴记春、四六庄 6 个大队;大水坑公社驻大水坑,辖大水坑、柳条井、圈湾子、武家禾场、红井子、马坊、苏堡子 7 个大队;惠安堡公社驻惠安堡,辖惠安堡、叶儿庄、隰宁堡、狼布掌、萌城、盐积堡 6 个大队;麻黄山公社驻麻黄山,辖松记水、史家湾、陈家洼子、沙崾岘、赵家湾、下高窑、麻黄山 7 个大队。

1960 年冬,余庄子公社更名为高沙窝公社。1961 年,从侯家河、惠安堡、大水坑 3 个公社各划出一部分地区,增设马儿庄公社,驻马儿庄,辖马儿庄、老盐池、冯记沟、四六庄 4 个大队。1968 年,侯家河公社更名为青山公社。1976 年,除青山公社,其他 7 个公社均一分为二,城郊公社分设柳杨堡公社,高沙窝公社分设苏步井公社,王乐井公社分设鸦儿沟公社,大水坑公社分设红井子公社,马儿庄公社分设冯记沟公社,惠安堡公社分设萌城公社,麻黄山公社分设后洼公社。全县辖 15 个公社。

1984 年,公社体制改革,将城郊公社改为城郊区(下辖长城、田记掌、四墩子、沟沿、八岔梁等 5 个小乡),其余 14 个公社均改为乡。1985 年 3 月,由大水坑乡划出一部分组建大水坑镇。1987 年 1 月,撤销大水坑乡并入大水坑镇。1988 年 9 月,撤销城郊区和其附属的 5 个小乡,改为城郊乡,驻二堡。至此,全县辖城关、大水坑两镇和城郊、柳杨堡、青山、高沙窝、苏步井、王乐井、鸦儿沟、红井子、马儿庄、冯记沟、惠安堡、萌城、麻黄山、后洼等 14 个乡。1994 年 10 月,惠安堡乡撤乡设镇。

2003 年, 盐池县行政区划调整由原来的 13 个乡、3 个镇调整为 4 个乡、4 个镇,即撤并城关镇、城郊乡、柳杨堡乡和城西滩吊庄,成立花马池镇;撤并高沙窝乡和苏步井乡,成立高沙窝镇;撤并大水坑镇和红井子乡,成立新的大水坑镇;撤并惠安堡镇和萌城乡,成立新的惠安堡镇;撤并王乐井乡和鸦儿沟乡,成立新的王乐井乡;撤并冯记沟乡和马儿庄乡,成立新的冯记沟乡;撤并麻黄山乡和后洼乡,成立新的麻黄山乡;青山乡不变。把原马儿庄乡老盐池村划归新成立的惠安堡镇,原鸦儿沟乡的李庄子村划归新成立的高沙窝镇, 原苏步井乡的高利乌苏村划归新成立的花马池镇,原后洼乡王兴庄村划归新成立的大水坑镇。

李建华　杨金平

地理环境

盐池县南北长 110 公里，东西宽 66 公里，县域总面积 8522.2 平方公里，是宁夏面积最大的县。县城距离自治区首府银川市 131 公里。全县辖四镇四乡、1 个街道办事处，101 个村民委员会 661 个自然村，9 个社区。截至 2020 年，总人口 17.3 万人。盐池县是宁夏的东大门，东邻陕西定边县，南接甘肃环县，北靠内蒙古鄂托克前旗，西连灵武市、红寺堡区、同心县，属陕、甘、宁、内蒙古四省区交界地带，自古就是“灵夏肘腋，环庆襟喉”，为边陲重地，系陕甘宁边区要邑和西北商贸活动的旱码头。

盐池县地势南高北低，南部为黄土丘陵区，中北部为鄂尔多斯台地，北部是毛乌素沙地的一部分，但经盐池人民科学治沙，已无连片明沙。全县属典型的温带大陆性季风气候，常年干旱少雨，年降水量 280 毫米左右，年蒸发量 2100 毫米；日照充足，年平均气温 8.3℃，冬夏两季气候迥异，昼夜温差可达 20℃以上。

盐池县城规划科学，建设整齐，楼园交错，绿树成荫，风格别致。2020 年，县城建成区面积 12.5 平方公里，绿化覆盖率、绿地率、人均公共绿地面积分别达 41%、37.9%和 12.9 平方米。2018 年，完成花马池城城墙修复。中心城区花马池城古色古香，南边花马寺国家森林公园环境优美，北边长城关雄壮巍峨，更使盐池县城成为大漠中的一颗璀璨明珠。

杨金平

自然资源

盐池县资源丰富，全县有可利用草原714万亩，耕地133万亩，是优质小杂粮集中产地。地下、地上资源富集，地下有石油、煤炭、天然气“三大资源”和白云岩、石灰石、石膏“三小资源”，其中石油预测总资源量2.5亿吨（探明的4500万吨），煤炭预计垂深2000米以上资源储量82.5亿吨，天然气总资源量约8000亿立方米（含煤层气2000亿立方米），石膏4.5亿立方米，白云岩3.2亿立方米，石灰石11亿立方米。地上有土地、光热、风能“三大资源”，风能资源总储量约为300万千瓦，年太阳总辐射在5740兆焦/平方米。盐池县发展新型工业有着广阔的前景。

盐池县是全国滩羊集中产区和自治区畜牧业生产重点县，2003年被国务院特产委员会命名为“中国滩羊之乡”，2010年被国家工商总局商标局认定为中国驰名商标。2021年，盐池县滩羊饲养量达到322.7万只。盐池县境内分布的野生中药材有130多种，甘草、苦豆草面积分别为235万亩、300万亩，所产甘草品质好、药用价值高，在国内外享有很高声誉，1995年被国务院命名为“中国甘草之乡”，2009年成功注册“盐池甘草”产地证明商标，2011年被国家工商总局商标局认定为中国驰名商标。2012年，盐池县被中国特色之乡推荐暨宣传活动组织委员会命名评定为“中国荞麦之乡”和“中国苦豆子之乡”。

杨金平

荣 誉

2010 年 11 月，成功创建“国家卫生县城”。

2012 年 2 月，成功创建“国家园林县城”。

2016 年 12 月 7 日，被列为第三批国家新型城镇化综合试点地区。

2018 年 4 月 12 日，入围“2018 畅游中国 100 城”榜单。

2018 年 9 月 29 日，宁夏回族自治区政府批准盐池县退出贫困县序列。

2018 年 10 月 22 日，入选 2018 全国农村一二三产业融合发展先导区创建名单。

2018 年 11 月，被科技部确定为首批创新型县(市)。

2019 年 1 月，入选第三批国家高效节水灌溉示范县。

2019 年 3 月，被列为第一批革命文物保护利用片区分县。

杨金平

盐池县地名文化景观与空间特征

地名是人们赋予特定空间位置上的自然或人文地理实体的专有名称，是人类赋予地表上一切地理实体的具体名称，如海洋、山、川、河、沟、塬、峁、湖、岛、湿地、水道、沙漠、关隘、地形区等自然地理实体的名称，以及区划、城镇、村落、建筑物、道路、土木设施等人文地理实体的名称。地名是其对应地物的指称工具和定位符号，是社会交往媒介和信息载体，也是一种最为大众化的文化形态，反映文化传统与风俗习惯，涉及精神文明与经济建设诸多方面，它与人民群众的生活息息相关。

盐池县地处宁夏回族自治区东部，地理坐标为东经 106°33′—107°40′，北纬 37°05′—38°10′，总面积 8522.2 平方公里，位于鄂尔多斯台地向黄土高原过渡地带，地势南高北低，平均海拔 1600 米。以红井子至摆宴井一线为界，以南属黄土高原，是黄土丘陵区；以北属鄂尔多斯台地，是缓坡丘陵区。

盐池大地属北方草原游牧文化和中原农耕定居文化的交会地带，是大漠文化和黄河文化的融合区域。在夏、商、周时先后为荤粥、鬼方、西戎等族游牧之地，春秋战国时为西戎一支——昫衍戎居地，大约在秦穆公三十七年(前 623 年)，秦“霸西戎”，盐池地区就已被纳入秦的势力范围。秦始皇统一中国后，实行郡县制。公元前 213 年，派大将蒙恬统兵十万，北逐匈奴，收河南地，因河为塞，筑四十四县。在盐池一带设置的昫衍县就是其中之一，属北地郡。西汉承秦制，汉初今盐池一带仍置昫衍县，今有张家场古城出土文物为证。因此，昫衍是宁夏境内最早出现的县治之一。

明朝时期，盐池一带成为防御蒙古铁骑的前沿，有“平固门户，环庆襟喉”之称，“羽翼陕北，控扼朔方”，战略地位十分重要，明王朝非常重视这一带的军事布防，先后修筑河东墙(二道边)、深沟高垒(头道边)、固原内边等 3 道长城以及大量与之配套的城、堡、墩堠等防御设施，以防蒙古铁骑南下。

独特的自然环境和深厚的历史文化积淀对盐池县地名的形成和发展影响深刻。

一、文化景观特点

盐池县的地名有着深刻的地理、历史和文化背景。盐池县自古以来属于农牧交错带，在历史长河的演进中，既沉淀了浓厚的游牧文化、农耕文化，也留下了丰富的边塞文化和少数民族文化。因此，盐池县的地名既反映了其历史时期和现阶段自然地理环境的特征，又记录了当地民族兴衰、社会变迁、经济生产、军事活动等纷繁的文化景观信息，所呈现的文化景观具有多样性和复杂性。

(一)反映自然环境

在没有强势文化因素干扰的时候，人类对自然环境的认知相对客观，感情色彩较淡，对自然环境进行客观描述和方位表述是地名采词的首选。盐池县历史形成和现代命名的大多地名，特别是聚落地名，充分反映了盐池的地貌、水文、土壤、物产等信息，如：表现地貌特征的沟、梁、洼、台、山、坑、滩、掌、塬、口子、峁、坡、圪垯、岔、崖、陡等，表现水文特征的泉、湖、池、渠、河等，表现土壤特征的沙、泥、红、黄、黑、碱等，表现物产特征的黄米、芨芨、柳、羊、狐、狼、盐、油等，反映方位的上、下、东、南、西、北、畔、边等。

(二)反映军防活动

盐池县位于四省区交界处，在古代，无论对于中原王朝，还是对于北方游牧民族来说，其战略地位都非常重要。自秦汉以来，一直是兵家必争之地，战火不断，先后修建了遍地的战备和防御设施。盐池地名中多城、营、堡、堆、寨等，便是验证。据《嘉靖宁夏新志》《宁夏乾隆府志》等史籍考证，安定堡、兴武营、惠安堡、隰宁堡、张家边壕、张记墩、烟墩山、红墩子、三墩子、刘家堡子、史家堡子、张寨子、杨寨子等这些与军事设施、军屯和战争有关的地名在明清时就已出现。

(三)反映行政管理变迁

古时，无论是中原王朝统治还是少数民族割据一方，为确立统治地位，强化统治秩序，一般都会进行行政区划调整，以便于管理。在历史长河中，盐池地区的行政建制也不断变化，产生了郡、县、州、乡、里等地名通名。如秦汉时的昫衍县、南北朝时的五原郡、唐时的盐州、明时的花马池营、清时的花马池分州等，新中国成立后，区域的地名通名也调整过多次，如从公社、大队到乡、镇、村的变化。

(四)反映生产方式和经济活动

盐池有着宜牧宜农的自然条件，人们在此生产、生活，繁衍生息，其生产对象、生产方式、生活习俗也深刻地反映在地名群中。如麦、黄米、羊、马、骆驼、圈、场、窑、窝棚、禾(伙)场等字词在地名中时有出现。盐池地名中有“圈”的多达 66 个，正是明清后当地汉族主导的牧业生产方式特征的集中体现。盐池人发展牧业，一般在草原上建圈定点，在圈周围放牧，早出晚归，不同于游牧民族逐水草而居的游牧，是转场定牧，牧而不游。地名中的“窝棚”和“禾(伙)场”则原指盐池人在耕种离家较远的地时，在田边搭建的临时住所和晒收场地，后来人们在此定居形成聚落，便作为地名保留下来，反映了盐池古人发展旱作农业时，远距耕种，广种薄收的农业特点。

随着社会发展，经济活动在盐池地名中也有印记。盐是盐池县的三宝之首，有些专家学者推断，“花马池”便来源于盐的交易，实为“换马池”，既以盐易马而得名。还有些地名源自手工作坊，如冯记油坊、油坊梁等。

(五)反映盐池方言特色

方言是地域文化的重要特征之一，在盐池县地名中也印记深刻，如“记”在当地地名中很常见，实为“家”。在清与民国时期，记文绘图时，还多用“家”字，如夏家渠、蔡家堡、郑家堡等。而“家”在盐池方言中发“jì”音，所以在当代文书和地图中，此类地名多用“记”代“家”，取其音。禾场是农业生产时脱粒和扬晒庄稼的场地，在盐池县也常被作为指位地物，盐池方言中“禾”同“伙”音，所以就有了贺陡沟伙场、范伙场、前伙场、施家伙场等地名。

（六）反映盐池人民精神追求

人们总是向往和平、富足、幸福的生活，这种美好意愿也会反映到地名中，盐池县地名也充分反映了这一美好愿景，如惠安堡、永宁门、安定堡、大兴路、兴惠街、裕民社区等。特别是近十年，盐池县生态移民新村命名就多使用表达美好愿景的词汇做专名，如惠泽、裕兴、盈德、惠苑、萌兴等。

（七）反映多民族交往交流交融

自夏、商以来，荤粥、鬼方、戎、汉、匈奴、羌、羝、鲜卑、吐蕃、党项、蒙古、满、回等民族都曾主宰或生活在盐池地区，这些民族的历史、文化和语言也在盐池的地名中留下了痕迹，元以来蒙古族和回族的影响尤为明显。盐池县至今还有带有蒙古语特色的地名，如毛卜剌堡、高利乌苏、哈巴湖、南海子、小海子等，回族聚居点形成回六庄等地名。

二、空间结构特点

由于地貌、气候和历史文化差异，盐池县可分为 3 个区，即北部台地区，包括花马池镇、高沙窝镇、王乐井乡、冯记沟乡、青山乡；中部过渡区，包括大水坑镇、惠安堡镇中北部；南部黄土高原区，包括麻黄山乡、惠安堡镇南部。

（一）北部台地区的地名特征

盐池北部属于鄂尔多斯台地，地势平缓起伏，地貌主要由缓坡丘陵、平地沙丘、湖泊等单元组成，年平均降水 250 毫米。自古以来是不同民族碰撞、交融的最前沿地域，军防遗迹遍布，有汉城遗址、隋长城、明长城等遗迹。

本区内军防类地名众多，如隋长城、头道边、二道边、河东墙、花马池古城、兴武营古城、英雄堡古城、安定堡城、野湖井城、铁柱泉古城、八步战台、柳杨堡、二堡、五堡、德胜墩、四墩子等，此类来源古代军防设施的地名占到当地地名的 7.13%。由于本地区地形平缓，地貌变化较小，人们对地貌的关注较少，反映地貌的地名相对于中部、南部少，占到当地地名的41.3%，且地貌类地名以体现较平缓地形的梁、塘、台、坑、滩、洼等为主。禁牧以前，本区域沙地遍布，属于毛乌素沙地的一部分，因此有许多地名与沙有关，如高沙窝、沙边子、黄记沙窝等，全县与风沙有关地名的73.3%分布在本区。由于气候干旱，在可抽取地下水的机井出现和盐环定扬黄工程通水之前，本地区不适于农业种植，主要发展牧羊业，而汉族人养羊与游牧民族逐水草而牧的模式不同，习惯于建圈养羊，日出而牧，日落而归，牧而不游。因此本地区有大量以圈、场为通名的地名，如胡记圈、官家圈、南王家圈、西场、南场等，这类地名在当地地名中所占比例高达17%，充分反映了当地以养羊业为主的生产特征。另外，本地区与内蒙古地区相接，与蒙古族群众交流较多，县内来源于蒙古语的地名也大多在本区，如哈巴湖、高利乌苏、毛乌素沙地、毛卜剌城、小海子等。

（二）中部过渡区的地名特征

盐池中部属于鄂尔多斯台地向黄土高原的过渡区，地势南高北低，起伏比北部大，但比南部山地小，地貌表现出一种过渡性。南部是麻黄山北坡，为黏性黄土丘陵；北部为荒漠草原，年均降水量300毫米左右。

本区地名中隐含地形的字眼增多，说明在中南部人们对地形地貌的关注要比北部多，地名中出现较多的字眼有沟、台、坑、山、峰等，所描述的地形起伏比北部大。在惠安堡盐池周边，因地势较低，含有池、洼、坑字眼的地名较多。

本区域内，以“庄”为通名的聚落地名占到了11.63%，明显比盐池北部高。在中原地区，“庄”是农业区乡村聚落最常见的通名，说明这一带受中原农耕文化影响大，种植农业开发较多，牧业占比下降。

此外，由于惠安堡曾是盐池南部的政治、军事、经济中心，因此在惠安堡周边也有相当数量的防御设施类地名，如惠安堡、隰宁堡、老盐池古城，以墩、圪垯（大多也指墩堠）为通名的地名稀疏分布于古交通线沿线。

（三）南部黄土丘陵区的地名特征

盐池南部属黄土高原丘陵沟壑区，是全县地势最高的区域，也是盐池内流区、苦水河、泾河流域的分水岭，其间山峦起伏，沟壑纵横，塬、梁、峁、沟、掌、畔、台等地貌遍布。本区域年平均降水350毫米，黄土土质疏松，易于耕作，自古以来以旱作农作为主、牧业为辅。

由于沟壑纵横，地表破碎，地貌单元复杂，标志性地物多，本区域地名密度明显高于北部台地区和中部过渡区。复杂的地形成了人们生产生活的最大制约，人们对地形的关注也就多了，因此该区域中，反映地貌情况的地名非常多，这类地名在当地地名中所占比例高达 60.7%。山、岭、塬、沟、掌、湾、崾岘、台等是最常见的地名通名。本地域内含“窑”的地名也较为常见，反映出以前当地居民利用地形和黄土直立性凿土而居，主要以窑洞为民居的定居形态。

虽然明代的固原内边从本区域横穿而过，但本地现存的地名中，军防类地名很少。一方面说明本区域流水侵蚀严重，边墙（长城）、城堡、墩、堠等军事设施不宜保存，自然消失速度快；另一方面也说明自古以来角力双方攻防的主要区域在盐池中北部，此处建设的大型防御设施很少。

（四）盐池县地名的总体空间特征

整体而言，盐池县地名分布与自然环境的差异性和人文环境的变迁关系密切，空间差异较为明显。

地貌对盐池地名的形成，影响巨大。盐池县南部山区的地名密度大于中北部地区。从地形图上看，等高线密集则地名密集，盖因地形破碎，方位标志地物多，有利于地名的形成。黄土疏松有利于农业耕种，古时可承载的人口数量较多，为指位，对地名的需求也多。相对而言，北部的风沙地不利于人类生活，但沙生植被形成的干旱半干旱草原可以进行畜牧业，旧时地广人稀，地形又较为单一，方位标志地物较少，因此形成的地名较为稀疏。

反映自然地貌的地名在全县都有分布，南部地貌类地名占当地地名的比例高于中部、北部。地貌类地名中又以高地和洼地类地名为多，如描述相对地势高，包含有山、塬、岭、峁、台、梁、圪垯（疙瘩）等字眼的地名，描述相对地势低，包含有沟、湾、洼、滩、坑等字眼的地名。这是因为一定区域内的最高处和最低处地形特征最明显，又相对唯一，容易辨认，指位功能最强，因此最容易被人们作为地名标志物。

在水文类地名中，以“河”命名的地名多分布于山水河沿岸，如北河、南河、张家河口、北河下、北河上、河口等；以“沟”命名的地名分布于北部和南部的 3 条东北—西南走向的条状带上；以“井”命名的地名北部数量较多，相对集中分布于南北中轴带上；塘既可用于牲畜的饮水以及部分农业灌溉，又适合人类居住，所以以“塘”命名的地名在南、北都有分布；以“湾”为名的地名主要分布在中部和南部的簸箕状的丘陵坡底与山脚下。

在中部、北部分布着许多以土壤颜色命名的聚落，如红井子、红山沟、红沟梁、红土沟、宋红沟等。

由于窑洞是黄土高原区人们的主要居住形式，在盐池南部黄土丘陵区和中部、北部个别孤立黄土分布点也有一些以“窑”命名的地名。有的在“窑”前冠以姓氏命名，如杨崖窑、张家窑、刘家窑头、朱家窑子等；有的以方位、位置命名，如上高窑、下高窑、窑沟畔、北窑子等；有的根据窑洞本身的状况命名，如烂窑坑。头道边长城以北，古时多为沙地，没有打凿窑洞的自然条件，因此没有窑洞，也无以“窑”命名的地名。

中北部宜牧，在盐池县中北部存在许多因养羊、养马而形成的地名，如大量以圈、场为通名的地名，以及马坊、马场井、马地掌、青马圈、马儿庄等地名。

总体看来，盐池中北部的地名主要与牧业、防御设施和资源（物产）有关，中南部的地名主要与生产活动（农业生产、居住形式）有关，南部、北部均有与民族聚居、民族活动有关的地名。南、中、北均有与自然地形地貌有关的地名，但南部黄土丘陵区地貌类占比最高，一半以上地名与地形地貌有关。

地名既是一种专有名称，也是一种文化现象，作为人类活动的产物，地名的形成有着深刻的地理、历史和文化背景，不同区域的地名在组成上既有规律性，又有独特性。盐池县的地名充分反映了由鄂尔多斯台地向黄土丘陵过渡的地貌特征和半干旱荒漠草原的环境特征，也清晰记录了盐池大地上的民族兴衰、社会变迁、经济生产、军事活动等纷繁的文化景观信息。因此，今后在做盐池县自然区划、环境变迁、文化挖掘等研究时，地名可作为很好的信息源。

李建华　米文宝　朱志玲　张娟娟

盐池县乡村聚落地名中的地貌读解

在我国,村庄地名中有19.6%与地貌有关,因为地貌是人们形成空间概念的主要参照物之一。盐池县位于宁夏回族自治区东部,处于鄂尔多斯台地和黄土高原的过渡地带,北部主要是缓坡丘陵,南部是黄土丘陵,地形起伏较大,地貌较为复杂。地貌对盐池县地名的形成影响巨大。盐池县乡村聚落地名中有45%以上源于地貌,特别是地形复杂的南部,乡村名称中含地貌类字词的地名占比高达60.7%。南部山区的地名密度大于中北部地区,盖因黄土丘陵区土质较好,降水也较北部稍多,有利于农业耕种,古时可承载的人口数量较多,对指位和地名的需求也多;黄土丘陵沟壑区地形破碎,方位标志地物多,有利于地名的形成。相对而言,盐池县中部、北部属鄂尔多斯台地,风沙地貌居多,风沙地不利于人类耕种,但沙生植被形成的半干旱草原可以进行畜牧业,旧时地广人稀,对指位和地名的需求也少;缓坡丘陵地带,地形较为单一,方位标志地物较少,因而形成的地名也较为稀疏。

作为文化景观之一的地名群,往往是人地关系演化中,人对自然环境的认知和表达。在地名命名过程中,自然地理环境特征起着重要作用。因此,通过地名可以认知一个地域的自然环境。由于地名的使用有延续性,当自然环境发生变化时,旧有地名却不会马上消失,利用地名的这一特性,我们也可以进一步探究当地地形地貌的变迁。因此,正确认识和理解盐池县地名中所出现的地貌类字词,对认识盐池县过去和现在的地理环境非常有意义。

本文对盐池县第二次全国地名普查数据库中的乡村聚落地名进行分类、读解、说明。数据库中共收录乡镇、行政村、自然村地名1042个。其中含有地貌类字词的有475个。根据地貌形态和所处地貌单元部位,我们将盐池县乡村聚落地名中出现的地貌类字词分为三大类八小类(见表1)。

这些乡村聚落地名中出现的地貌类字词在盐池县当地究竟指什么样的地貌呢?我们通过对当地居民访谈和实地调研,对其进行识别、辨析。现对盐池县乡村聚

表 1　盐池县乡村聚落地名中地貌类字词分类

大　类	小　类	地名中的地貌类字词	备　注
凸　类	尖　形	圪垯、山(子)、岭、峁、梁(子)、嵝岘、岗、嘴、坬(子)	
	平　形	塬、台	
	过　渡	畔、掌、坡、坎、段岘子、沟脑、崖	
凹　类	点　状	井(子)、泉、口子(沟口、冲口)、圪(崂)、窝浪子	
	线　状	河、沟、渠、壕、岔、湾	
	面　状	塘、滩、洼、坑、海子、池(子)、湖、淌	
	过　渡	沟沿	
其　他	其　他	沙边子、沙窝	

落地名中所出现的地貌一一解说。

圪垯(gēdā):在盐池县地名中也常记作疙瘩、圪塔、圪瘩,指较平土地上隆起的土包。在盐池县,有的圪垯是指自然形成的土包,有些则是指风化严重的古代墩堠(烽火台)。因在平缓的草原上这类土包容易判视,常被当作地名标志物,用在地名中。这类乡村聚落地名有大圪垯村、双圪垯村、东双圪垯、西双圪垯、红圪垯、吴记圪垯等。

山:地面上由土石构成的隆起部分,地形起伏大,形状多样。在盐池县乡村地名中有"山"字的地名比较多,较有名的山类地名有麻黄山乡、青山乡、麻黄山村、青山村、何记山、张八山、羊圈山、麦垛山、方山、佟记山、牛记山、陈记山、周山、郝家山、孙家山、烟墩山、夹山等。对一些高度较低、面积不大的山包盐池人也叫"山子",对应的聚落地名有石山子村、东火山子、火山子、长山子等。

岭:不太高,连绵起伏的山。盐池县含"岭"字的乡村聚落地名共有 4 个,分别是黄羊岭、门坎岭、白草岭、长岭,都位于麻黄山乡黄羊岭村。

峁(mǎo):指单个的黄土丘陵,呈馒头状,顶部有的为平顶,面积不大,呈蒙古包状,四周多为凸形坡,坡长较短,坡度变化比较明显。见于盐池县中部、南部。盐池县以"峁"命名的地名有芨芨峁、观音峁、上青石峁、下青石峁、山泉峁、崖峁、榆树峁、白土峁、王石峁、刘峁庄,共 10 个。

梁(liáng):古时多写为"樑",在盐池县有些地方也称"梁子",指凸起的长条状地貌。主要是黄土或沙覆盖在梁状古地貌上,又受到水或风侵蚀而形成的。这种地貌在盐池县比较多见,南、北部都有。南部多为高大的黄土梁,对应乡村地名如杏树梁、大梁、军地梁、梁畔、庙记梁、张石梁、二道梁、梁禾场、孙家梁、井梁、王平梁子等,中北部多是较为低缓的沙质土梁,对应的聚落地名如八岔梁村、红沟梁村、南梁村、猫头梁村、季记梁、张记梁、柳树梁、郭记梁、王记梁、马记梁、油房梁、蔡记梁、黄草梁、凤凰梁、风车梁、谢记梁、南梁、北梁、庙梁子、东雪梁子、西雪梁子等。

崾岘(yǎoxiàn):连接两黄土塬(峁)之间的一条狭窄地段,即地貌学上常说的鞍部,为黄土高原的一种特殊地貌。两侧塬峁在降雨径流长期作用下,山凹处不断溯源侵蚀而形成的一种地形。此类地名在盐池县只出现在南部的黄土丘陵沟壑区,如沙崾岘村、沙崾岘、高崾岘、孙崾岘、冯崾岘。

岗:高起的土坡。此类地名在盐池县南部的黄土丘陵沟壑区出现两次,分别是石岗沟、阳岗。

嘴:盐池人亦称“嘴子”,像鸟喙一样突出的地物。盐池县乡村地名中含“嘴”字的有狼儿嘴、刘石嘴、段头嘴、中嘴子、豆角嘴、瓦盆嘴、寺嘴子。均出现在南部黄土丘陵区,以及其向鄂尔多斯台地过渡的地带。

坬(wà):土堆、山坡。是陕甘宁黄土丘陵区比较常见的地貌和地名用字,与盐池县相邻的甘肃庆阳有1000多个带“坬”的地名。因“坬”较冷僻,有时电脑字库中没有,不好录入,现多记作同音字“洼”,在盐池县南部有这类地名两处,分别是棉蓬坬、余坬子。

塬(yuán):西北黄土高原地区人们对顶面平坦宽阔、周边为沟谷切割的黄土堆积高地的俗称,是流水冲刷而形成的一种黄土地貌。塬上地势平坦,利于耕种。塬分布在盐池县南部黄土丘陵区,相关地名有包塬村、新建塬、范记塬、李记塬、代记塬、汪记塬、万记塬、钱记塬、贺塬、前塬、沙塬、穆塬等。虽然包含“塬”的地名多达18个,但并非盐池县就有18个塬,有的塬面积大,同一塬面上会有多个村子,则每个村子会取本村村民姓氏和地貌名词构成聚落地名。

台:盐池县方言中也称“台台”“台子”,指上部比较平坦,但面积比塬小的高地。这种地貌盐池县南、北都有,包含“台”或“台台”的乡村聚落地名多达45个。如李华台村、营盘台村、郝记台村、平台村、平凉台、北台、张记台、杨记台、南台、庙台、后台、农台、上台子、关记台、梁台、火庄台、杨庄台、余台子、胡桃台、燕儿台、陈吾台、余台台等。

畔(pàn):盐池县方言中也称“畔子”,指河、沟坡或有农田的山(塬)坡。盐池县这类村名有20个,如:曾记畔村、李塬畔村、井沟畔、窑沟畔、麻记畔、甘记畔、阎记畔、马畔子、惠记畔、景新庄塬畔、李记畔、梁畔、张塬畔、谢畔子、徐畔子、塬畔上等。

掌:三面环山,呈簸箕状较平的地貌,盐池县称“掌”。盐池县掌地较多,是重要的产粮地。盐池县包含“掌”的乡村地名共有26个,如田记掌村、狼布掌村、麦草掌村、丁记掌村、管记掌村、大掌、上掌、下掌、吴记掌、文记掌、马地掌、王大夫掌、窝风掌、康掌、凉风掌、寺儿掌、西掌、巴儿掌等。

坡:山丘或梁的由底到顶的斜面,尤其是坡度较缓的斜面。盐池县以“坡”为通名的乡村地名有5处,分别是刘范坡、沙坡子(惠安堡镇萌城村)、沙坡、沙坡子(麻黄山乡掌记掌村)、古罗坡。

坎(kǎn):呈阶梯状地形。盐池县包含“坎”的乡村地名仅有两处,分别是花马池镇的五里坎和麻黄山乡的门坎岭。

断岘子:梁或峁被流水侵蚀,突然坡度很大,像被切断的地方。在惠安堡镇萌城村南部与甘肃隔沟相望处有一自然村叫断岘子, 大水坑镇向阳村一自然村叫段岘子,是断岘子的异写。

沟脑:原应为沟堖(nǎo),因“堖”属于非常用字,被讹写为“脑”。沟指流水通过的狭长地貌,堖指小山头,经常用于地名。惠安堡镇南部一自然村,因在山下沟头附近,叫作付记沟脑。

崖:梁、峁或山的陡坡叫崖。因盐池县地处黄土丘陵区和鄂尔多斯台地,以水蚀、风蚀地貌为主,地形变化较缓,形成的悬崖少,所以乡村地名中少见,麻黄山乡松记水村有一自然村称杨崖窑,大水坑镇王新庄村有一自然村称崖峁。

井:在盐池县地名中也常记作“井子”,指较低处人们打井取过水的地方。盐池县气候较为干旱,地表径流少,井是村民和牲畜的主要饮用水源,往往有村就有井,有井才有村。盐池县乡村聚落地名中包含“井”的多达46个,如王乐井乡、王乐井村、苏步井村、新井村、摆宴井村、井滩子村、深井、双井子、红井子、井沟、小井子坑、井坑、野湖井、白记井、青羊井、西大井、砖井、三道井、贺井子、大井湾、臭木井等。

泉:有地下水喷出或渗出形成小溪流和水汪的地方,称泉。在盐池县,泉往往是一些沟的源头。盐池县地处半干旱带,地表径流少,泉是当地主要的水源之一,许多有泉的地方形成聚落，泉村同名，如月儿泉村、新泉井村、四股泉村、铁柱泉、泉胜、山泉峁、林泉等。

口子：也称作沟口、冲口，指沟出山或塬坡处，往往也是山地向平地的过渡处，地势稍高，较适宜挖窑、建房居住，因而附近易形成聚落。在盐池县称“口子”的乡村地名有林记口子村、芦口子、小口子、吴小口子、牛记口子、闫小口子、尚小口子、马记口子、刘记口子。大水坑镇摆宴井村有一自然村叫沟口，惠安堡镇麦草掌村有一自然村叫王冲口。

圪塄(gēlao)：指山湾处比较狭窄而长的小空间，也指比较偏僻的地方。因“塄”不常见，有时电脑字库中没有，现也记作“圪崂”，这类地名见于盐池县南部黄土丘陵区。大水坑镇新桥村有一自然村叫余圪，麻黄山乡包塬村有一自然村叫冯圪，另一自然村叫史圪，平庄村有一自然村叫董圪。

窝浪子：山脚凹进去的地方，是很好的避风处。惠安堡镇杏树梁村有一自然村叫刘记窝浪子。

河：常年有水流的自然沟道。盐池县地处半干旱带，地表径流很少，常年有少量自然流水的只有山水河和什字河。山水河发源于甘肃省环县甜水堡镇，南北向，流经盐池县西南部，是黄河一级支流苦水河的河源；什字河发源于盐池县大水坑镇新桥村，北南向，流经盐池县东南部，汇入环江，是宁夏与甘肃的界河。另外，盐池县将县城南部和北部的两条季节性水沟整治成景观水道，2013 年盐池县地名总体规划中将南部花马池到苟池的水道规划命名为盐州河，将北部饮马池到苟池的水道规划命名为饮马河。盐池县乡村聚落地名中，惠安堡镇萌城村的北河、南河自然村名中的“河”就指山水河的不同方位，四股泉村的张记河口、三岔河中出现的“河”也指山水河，该村的石下河对应的“河”是山水河的一条支流。麻黄山乡松记水村河沟台自然村中的“河”是什字河的一条支流。另外，青山乡的侯记河、大水坑镇的甜水河两个聚落地名，现代虽已无常流河与之对应，但古时候也是有河与之对应的，恰恰通过地名记忆了历史自然环境。

沟：在山区或丘陵地带由自然流水冲蚀形成的长条状深切地貌。在盐池县，沟很多，尤其是南部黄土丘陵区，大多数仅在降雨时有流水。盐池县含“沟”的乡村聚落地名达百余个，占到全县乡村聚落地名的十分之一强。代表性的地名有郭记沟村、皖记沟村、李记沟村、红沟梁村、芨芨沟村、二道沟村、杜记沟村、鸦儿沟村、狼洞沟村、红山沟、雷记沟、黄蒿沟、大阳沟、断兔沟、高记沟、张南沟等，大水坑镇马坊村的6个自然村中竟有4个名称中含“沟”字。

渠：盐池县老地名中的渠，是沟的别称，亦称渠子，非人工挖成。只有当代盐环定扬黄工程修建的渠道为人工灌渠。渠在盐池聚落地名中也是常见字。如李伏渠村、刘四渠村、麦记渠、罗渠、殷家渠、老庄渠、新庄渠、沙渠洼、叶记渠、李渠子、沙记渠、七家渠、金渠子、谢儿渠、贺渠、韩渠子、树儿渠、王公地渠。

壕：丘陵间长条状低洼处称壕，沟的另一种别称，多见于盐池北部，一般较浅，更少见水。有“壕”的自然村名有马苍壕、西壕、方记壕、陈记壕、张记边壕。

岔：山脉、梁、沟谷分支延伸处。盐池县有4个含“岔”的乡村聚落地名，分别是八岔梁村、王吾岔村、三岔河、岔岱。

湾：也作“湾子”，呈弧形山、梁脚处或沟道打弯曲折处。盐池县这类乡村地名有莎草湾村、胶泥湾村、左记湾、蒙口湾、三道湾、圈湾子、新风湾、金盆湾、西湾、李家大湾、郭东湾、石湾沟、麦地湾、余记湾子、尖山湾、苦参湾、谢记湾、庙湾、田西湾、东湾、龙记湾、大井湾、黄米湾、武记湾、杏树湾、庄科湾、张记湾、赵记湾、石葱湾、西胶泥湾、下湾里、史记湾等，显示了地形的复杂。

塘：盐池县域内的塘与我国南方的水塘不同。在盐池县中北部，一般指面积较大，地势低洼且平坦处，因当地较干旱，很少有积水。一般草长势好，是很好的牧场。在盐池南部的黄土丘陵沟壑区，塘和淌是埫(tǎng)的异写，指山间平坦的地，此类地保墒、避风、暖和，属上等山地，宜于庄稼生长。在中北部，包含塘的地名有东塘、北塘、崔记塘、卢记塘、蔡记塘、段记塘、谷山塘、汪水塘、海子塘、赵记塘、孙水塘、陈水塘等。在南部包含塘的地名有武记塘、姚古塘、塘洼、堡子塘、天子塘、天池塘、后塘等。

淌：原本应写作“埫”，但因“埫”字比较冷僻，盐池县老百姓也常记作“淌”“塘”，指山间平坦的地，此类地保墒、避风、暖和，属上等山地，宜于庄稼生长。在盐池这类地名有堡子塘、天子塘、后塘、塘洼，盐池方言也把这类地貌叫“淌淌”，如麻黄山乡胶泥湾村有一自然村称范淌淌。

滩：地形较平、视野开阔的地方。一般草长势好，是很好的牧地。盐池县作为宁夏唯一的牧业县，这类乡村聚落地名较多，如官滩村、旺四滩村、井滩子村、西井滩、上滩、海牛滩、马记滩、芨芨滩、下滩、徐光滩、钱记滩、六庄滩、糜子滩、强记滩、南滩、庙滩、白记滩、沙滩、中滩等。

洼:在盐池县中北部,一般指地势低凹处,有时有积水,而在南部,洼是“坬”的异写,因“坬”比较冷僻,所以常被记作“洼”。此时主要指较大的土堆、山坡,比如阳洼则是指阳山坡,即日照充足的山坡。在中北部,包含“洼”的地名有边记洼村、草泥洼、南洼、圈洼上、巴子洼、红沟洼、南洼、六里洼、崾冰洼、陈记洼、郭记洼、佘记洼、李阳洼等。在南部包含“洼”的地名有后洼村、沙洼、刘叶洼、林洼子、新庄洼、曹记洼、郭墩洼、沈记洼子、孙洼子、张洼子、沙渠洼、郭记洼、大路洼、阳洼、白记洼子、贺百洼、胶阳洼等。

坑:地势低凹处,有时有积水,但面积比洼小得多。盐池县有“坑”的乡村地名有大水坑镇、大水坑村、二步坑村、侯记坑、王记坑、北坑、东坑、石记坑、郭记坑、姜记坑、北石记坑、黑土坑、小井子坑、烂窑坑、傅地坑、刘圈坑、井坑、牛圈坑、臭水坑、红井坑、石井坑、双庄坑、杨记坑、黑土坑、大圪垯坑、水坑沿等

海子:自然形成的湖泊。“海子”一词来源于蒙古语。盐池县与内蒙古鄂托克前旗相接,自古蒙古族与汉族交错,因此地名上也受蒙古语影响,湖泊多称为“海子”。盐池县与“海子”相关的聚落地名有小海子、李记海子、海子塘、南海子 4 个。

池:盐池人将用来产盐、硝或碱的湖泊称为池或池子。盐池县县名就来源于当地有众多盐池。新中国成立后,国家对省区划界,产盐的北大池划入内蒙古,花马池、苟池、莲花池、波罗池等划入了陕西,盐池县境内仅剩惠安堡盐池(南池)。2010年,宁夏对红寺堡区进行区划调整,又将惠安堡盐池的西边一半划给红寺堡区。但盐池县的名称一直保留下来。如今,盐池县乡村地名中保留“池”的有花马池镇、硝池子村、老盐池村、硝池子(花马池镇)、天池、硝池子(大水坑镇)、洪涝池、施天池、天池塘等。

湖:面积较大,常年有积水的凹地称湖。盐池县地处半干旱带,湖很少,现存常年有水的仅剩哈巴湖,但古时存在过一些湖,并在乡村地名中留下了痕迹,如二道湖、野湖井。

沟沿:自然形成沟道的边缘。盐池县这类乡村聚落地名有沟沿村、杨家沟沿、红沟沿等。

沙窝:宁夏人对有连续沙丘分布沙漠的称呼。盐池县地处毛乌素沙地西南部,20 世纪 80 年代初起盐池人民就坚持防沙治沙,特别是 2000 年退耕还林还草后,

盐池县科学防沙治沙，目前县域内林草丰茂，已无连片明沙，生态大幅好转。但以前反映沙漠地貌的乡村地名被保留下来，如高沙窝镇、高沙窝村、黄记沙窝、孙记沙窝、沙窝子、小沙窝等。

沙边子：沙窝的边缘。盐池县地名中含“沙边子”的乡村聚落都在北部，有沙边子村、西沙边子、中沙边子、东沙边子。

这些地貌类地名客观反映了盐池县的自然地理景观和地貌特点，有些地名还保留了古汉字和方言读音，是盐池县古文化的活化石，是盐池县地名文化的一部分。读解这些地名，可以帮助我们领略盐池县的自然风貌、生态环境、历史遗迹和文化传承。

李建华　杨金平

盐池县地名总体规划的框架设计

地名是一个地方的定位符号和指称工具，是社会交往媒介和信息载体，也是一种最为大众化的文化形态，承载着地域文化，反映文化传统与风俗习惯，涉及精神文明建设、经济建设和生态环境建设等诸多方面，与人民群众生活息息相关。地名命名科学规范与否，对行政管理、群众生活和地域特点塑造等有重大影响。开展地名规划工作，有利于加强城乡地名命名与更名的科学性、计划性和实效性，有利于地名的标准化和标准地名应用的社会化，有利于更好地满足人们对地名的需求，使地名管理与服务工作更加规范有序，成为有利于社会经济发展和文化进步的积极因素。做好地名规划，既是适应城乡快速发展的需要，也是整顿规范地名命名、更名混乱问题的需要，对促进区域经济发展、提高行政管理效能、服务人民生活具有重要现实意义。盐池县从推动全县科学发展和构建和谐盐池的高度出发，本着对历史、对人民和对社会高度负责的精神与责任感，由县民政局地名办牵头负责开展了县域地名规划工作，委托宁夏大学资源环境学院编制了《盐池县地名总体规划（2013—2030 年）》。

一、盐池县地名总体规划框架

（一）地名总体规划框架的设计原则

地名的形成和发展受地域自然环境和人文环境影响，表现了明显的地域性特点。因此，地名的规划要充分体现当地的自然环境特点、文化特征、历史印迹。首先，要结构清晰，层次分明。注重整体，分区合理，层次明显，衔接严谨，做到整体与局部的和谐统一。其次，要尊重现实，突出特色。分区要以地域特点为依据，突显功能定位为导向，使地名与地域特色、发展方向相协调。再次，要易于管理，便于操作。按行政区划进行地名规划总体框架体系设计，减少跨地区地名管理，使地名框架在实施中更易于操作。

盐池县地域广阔，不同区域自然条件和人文环境各有差异，地名群本身有着各自的特点，各乡镇在发展中的功能定位和产业选择也有所不同，地域差异性明显。因此，应根据自然环境、人文环境和社会经济发展现状及发展目标的不同，因地制宜、因势利导、有的放矢地设计全县地名规划的总体框架。

（二）地名总体框架的设计思路

根据自然条件、地貌分异、开发历史、物产现状、文化差异特点，结合盐池县现有社会经济发展规划中各地的功能定位，考虑行政区划和管理主体操作的可行性，将全县和县城划分为若干个地名系列区块，实现地名命名的系统化、系列化、个性化，通过地名群传承地域文化，突出区块自然特点和文化特色，方便广大人民群众识读、记忆、使用。

（三）实施地名框架设计的策略

1.突出盐池县城城区的带动作用

县城城区是全县政治、经济、文化的中心，也是历史文化沉淀的富集区，是盐池县域地名框架的核心、地名规划的重点区域。

2.充分利用盐池县境内的地名资源

收集现有地名，深挖历史文献，加强地名文化景观发掘与保护，使地名框架有根有源，绵延不断、一脉相承，使地名体系文化脉络清晰、历史和时代内涵丰富。

3.积极顺应盐池县社会经济发展总体规划

根据历史因缘和文化传统，有机结合盐池县当今社会、经济和文化发展状况与规划蓝图，完善盐池县域的地名格局，突出“古长城、红边区、绿盐池”的文化特色。

（四）盐池县地名总体规划框架

根据盐池县自然地貌特点、历史文化特色和地名文化景观特征，结合《盐池县城市总体规划（2010—2030）》和盐池国民经济“十二五”发展规划中各地区的发展导向和目标，将盐池县地名总体框架设计为“一城三区”，“一城”：盐池县县城城区；“三区”：北部台地区、中部过渡地貌区和南部黄土高原区。

1.县城城区

盐池县城城区东起定武高速公路，西至城西滩农业示范园区西界，南起太中银铁路定银联络线，北至沙生灌木园北坡，总面积 185 平方公里。县城城区现在及将来是宁夏东大门现代产业集聚区，是体现宁、陕、内蒙古交接区区域联动的节点，也

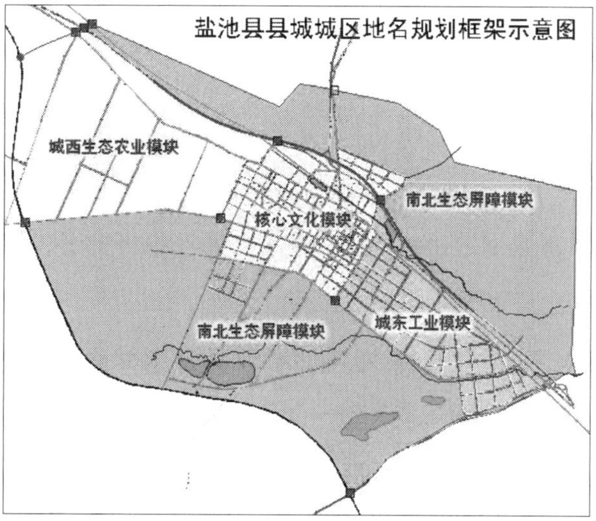

是全县人口的最大集聚区。县城城区是盐池县发展的龙头和引擎，起着带动和示范作用，是盐池县地名规划框架的核心和重点区域。依据《盐池县城市总体规划（2010—2030）》和城市发展现状，可将县城城区划分为4个功能模块，即核心文化模块、城东工业模块、城西生态农业模块、南北生态屏障模块。城区地名的体系为各模块的社会、经济、文化和生态功能导向服务。

2.北部台地区

北部台地区包括花马池镇、高沙窝镇、王乐井乡、青山乡、冯记沟乡，总面积5083.4平方公里。本区域属鄂尔多斯台地，地势平坦，降水稀少，半荒漠天然草原广布，是传统牧业区；长城横贯东西，墩堠密布，古城、营堡遗迹众多；自古咽喉要地，交通发达；移民迁入地，新型农业开发较多；治沙和生态建设重点区域，成就突出。

3.中部过渡地貌区

中部过渡地貌区包括大水坑镇和惠安堡镇中部、北部，总面积2253.2平方公里。本区域是鄂尔多斯台地向黄土高原过渡地带，地势南高北低，缓坡丘陵广布，过渡特征明显，农牧兼作。惠安堡是宁夏文化名镇，古时是盐池南部的政治、军事、经济中心，周边古城、墩堠遗址较多，大水坑镇是因石油而兴的工业小城镇。

4.南部黄土高原区

南部黄土高原区包括麻黄山乡、惠安堡镇南部（原萌城乡），总面积1185.6平方公里。本区域是盐池县地势最高的区域，也是盐池内流区、苦水河、泾河流域的分水岭；属黄土高原丘陵沟壑区，其间山峦起伏，沟壑纵横，塬、梁、峁、沟、掌、畔、台等地貌遍布；黄土土质疏松，易于耕作，自古以来以旱地农作为主，牧业为辅；是盐池人民守卫时间最长的革命根据地，麻黄山乡革命旧址犹存。

二、盐池县地名规划的总体引导要点

（一）名出有源

保留、更改、新命名的地名，要源于盐池县自然地理环境、历史文化变迁和社会发展趋向，能体现盐池的自然风貌和历史、文化、经济与社会发展等人文地理特征。

（二）有法必依

各类地名命名、更名，按照《宁夏回族自治区地名条例》的相关条款要求进行。

（三）稳定优先

农村居民点、自然地理实体名称原则上不做大的调整。县域道路命名中铁路、高速公路、国道、省道沿用国家和宁夏统一发布的规范名称。城镇建成区和规划区道路、县道、乡道、村道有正式名称的予以保留，对于没有正式名称或无名的道路按照系列化、规范化原则予以命名。

（四）稳步优化

通过有计划的调整和优化，使县域内村（居）民委员会名称，同一乡镇内的自然村名称，同一城镇内的道路、居民地、建筑物名称，不出现重名、同音，逐步淘汰和更改名不副实、思想不健康、群众忌讳、拗口、别字等不符合区域发展和时代要求的地名。

（五）注重协调

注意“一城三区”之间的相互协调和联系，各组成部分既要有本区域的特点，又要与周边衔接，和全局保持协调一致。

三、“一城三区”地名规划引导要点

（一）县城城区

1.功能定位

盐池县县城是全县城镇化建设、城乡一体化建设、生态农业和生态环境建设的引擎与示范区，在当前和未来发展中以生活居住、商业贸易、文化教育、生态休闲、综合服务为主。

2.引导要点

县城城区地名的规划和设计，通名要建立标准，统一规范，专名要充分反映盐池县的边塞文化和红色革命历史，表现盐池县开拓进取的新型工业化和欣欣向荣的农业现代化发展道路，呈现盐池县艰苦卓绝的防沙治沙、生态建设历程，体现盐池县城沙地出绿的优美生态环境，寄托盐池县人民对新生活的美好期望。

3.各模块地名专名采词指引

核心文化模块，专名采词追史忆古，突出历史文化，以用古地名、革命事迹、盐池典故为主；东部工业模块，专名采词时尚进取，突出跨越式发展，以象征盐池腾飞、工业兴旺的词汇为主；城西生态农业模块，专名采词乡土意浓，突出田园生活，以本土化和乡土化的本地旧地名、盐池特产名，以及象征美好意愿的词汇为主；南北生态屏障模块，地名采词绿意盎然，以诗意化、表现环境优美和突出生态治理成果的词汇为主。

（二）北部台地区

1.功能定位

花马池镇积极发展与县城功能相适应的商贸、物流、文化、生态旅游、休闲居住等现代服务业，高沙窝镇、冯记沟乡、青山乡依托宁东能源化工基地和自身煤炭资源，发展煤矿开采和煤化工相关的延伸产业，王乐井乡以发展现代农牧业和生态保育为主。

2.引导要点

本区地名命名要充分展现以长城为主题的边塞文化，重点保护古城、营堡、墩堠等古地名，农村居民点地名要反映平缓地貌和古今生态环境信息，反映传统圈养畜牧业和传统手工业特点，表达对现代工业发展的美好愿景。

（三）中部过渡地貌区

1.功能定位

惠安堡镇依托宁东基地太阳山循环经济产业园建设，以循环经济理念发展煤化工和金属镁产业，大水坑镇继续发展石油开采和石油服务业，加快风电新能源开发。因地制宜发展节水农业，继续做好草原保护和生态治理。

2.引导要点

本区地名命名要保护和复活古城、墩堠、盐池古地名，充分挖掘惠安堡古城与老盐池的文化内涵；农村居民点地名要反映过渡性地貌和农牧交错文化；生态移民新村地名要反映生态移民对美好生活的向往，工业园区内道路名称要反映对循环经济和新型工业的美好期望。

（四）南部黄土高原区

1.功能定位

发展以马铃薯、荞麦、小杂粮种植为特色的新型农业，在发展经济的同时加强生态建设，进一步加大水土流失治理力度，做好退耕还林还草的后续工作。

2.引导要点

本区地名命名要保护反映当地黄土高原特殊地貌、物产和民俗的旧地名，保持其乡土气息。规范当地地名用字和读音。

李建华　杨金平　朱志玲

盐池地名溯源

盐　池

盐池这片土地历史上曾隶属盐州、盐川郡、灵州等，历史上又有温池县、花马池分州等称谓，皆与县境内多盐湖和盐业生产有关。民国二年（1913年），撤花马池分州，正式设立盐池县。因县城北、东、西南分布着大小20余个天然盐湖，盛产池盐而得名。

新中国成立后，由于国家对行政区划的调整，盐池县所属盐湖有的划归内蒙古自治区鄂托克前旗，有的划归陕西省定边县，而盐池县只剩下惠安堡盐湖。2010年，宁夏回族自治区政府对吴忠市红寺堡区和盐池县界线进行调整，又将惠安堡盐湖的西边一半划归红寺堡区。令人遗憾的是，今日惠安堡盐湖因产量低，质量相对较差，在2000年8月停产关闭了。

盐湖，又称盐池，即产盐的湖泊。惠安堡盐湖位于惠安堡古城西侧滩地上。该地古名凤凰台，相传曾有凤凰在此停落之后变成了湖泊，故民间又将这座盐池称为“凤池”。该盐池由南、中、北3个咸水湖相连而成，南北长约5000米，东西宽约4000米，总面积约20平方公里。湖东岸靠惠安堡镇，南接荒漠，西边和北边均靠沙边子（沙漠的边沿地带）。

惠安堡盐池历史悠久。在《汉书·地理志》和《水经注》中，就已有了关于这座盐湖的记载。盐业在古代是国家重要赋税来源，所以备受朝廷重视。从汉代开始，就实行“盐铁官营”的制度，也就是说盐和铁必须由国家来管理经营，可见盐和铁在古代的重要地位。《汉书·食货志》中记载，西汉元封元年（前110年），朝廷就在这里“置盐官，主盐税”，说明那时已对当地盐业相当重视。

《元和郡县图志》卷第四“回乐县”条下记载：“温泉盐池，在县南（指回乐县）一百八十三里，周回三十一里”。回乐县是唐代灵州所在地，即今宁夏吴忠。而温泉盐池，即今天的惠安堡盐池。古人之所以把这座盐湖称为“温泉盐池”，可能基于两个方面的原因：一是古人为事物命名多以就近的显著事物或地貌特征，这座盐湖附近有一处温泉（又称暖泉），于是就以“温泉”为盐湖命名；二是湖水因含矿物质而冰点低，冬季不易结冰，科学不发达时代的人们误以为这是湖水本身的水温高，直呼其为温泉盐池了。

《新唐书·食货志》记载：“唐有盐池十八……盐州五原有乌池、白池、瓦池、细项池，灵州有温泉池……”可见，在唐代，惠安堡盐池（灵州有温泉池）已是驰名天下了。据《唐会要》一书记载：“（温泉池）置榷税使一员。推官两员。巡官两员。胥吏三十九。防池官健及池户百六十五户。”从这一数据可以推测，“池户（又称盐户，中国旧时制盐的民户）百六十五户”，采盐工当不少于 300 人，产盐量会在 15 万石。

五代十国时废温池县，但温泉盐池的名称仍沿用下来。北宋建立不久，党项族割据今宁夏、陕北地区及内蒙古和甘肃部分地区，建立了西夏，与宋朝对峙近 200 年。这一时期惠安堡所在的地方沦为了西夏之地，这里的盐池就为西夏所控制了。人们可能已认识到盐湖之水并非“温泉”，不再称“温泉盐池”，而是直呼其为“盐池”了。就连修筑在盐湖北边约 15 里处的一座城堡（今老盐池城），也被称作“盐池城”。

西夏所占据的今宁夏、陕西北部及内蒙古部分地区有多处盐湖，故产盐甚为丰富。但北宋对西夏采取经济封锁政策，禁止西夏盐运入宋地经销，敕令关陇（陕西关中、甘肃陇东）一带的民众都食用山西解盐，即山西省运城县东南的解池出产的食盐。北宋庆历四年（1044 年），北宋西夏议和，根据双方签订的条约，宋每年“赐”给西夏大量的物资，西夏对宋称“臣”。西夏提出要每年输往宋地食盐 10 万石，但宋朝仍不允准。而在民间，由于解盐运输路程远而售价必高，关陇一带民众多有不顾禁令而暗中购买食用西夏之盐者。这样一来，惠安堡一地所产食盐就大量销往今陕西关中、甘肃陇东等地。直到元朝统一中国后，朝廷下令“以黄河为界听民用之”，即黄河以东民众可食用解池盐，黄河以西的陕西、庆环（甘肃庆阳、环县等地）一带民众均可食用温泉池等地池盐，此举深得民众拥护。

明清两代是惠安堡盐池最鼎盛的时期。明朝廷以这一地区的盐税收入为西北军事费用的主要支柱，所以无论是朝廷还是地方都对盐业生产十分重视。清代虽不以北部边防为重，但盐税作为财政收入的重要方面，仍极受官方重视。

从明初开始，惠安堡一地的盐池被称作“小盐池”或“花马小池”，这里所产的盐亦被称作“小池盐”，以区别花马池。今盐池县和内蒙古鄂托克前旗交界处有座北大池，古代叫作花马池，是一座较大的盐湖。花马池附近的一座城堡，也就叫花马池城了。花马池城是一座重要边关城堡,但因在长城之外,没有安全保障。明代天顺年间,将该城由长城外迁到长城之内即今天的盐池县城,仍叫花马池城。这样一来,就把原来的花马池盐湖叫作北大池,而将位于今天盐池城和定边城之间的盐场堡盐湖改叫作花马池或花马大池。为了不和惠安堡的盐池混淆,就给惠安堡盐池前加了一个"小"字,称为小盐池或花马小池。明洪武二年(1369年),在小盐池城设立灵州盐课司,主要管理花马大池、花马小池,并代管漳县、西和(俱在今甘肃境内)两处井盐。据《明史·食货志》记载,该盐课司从成立到弘治年间,每年盐课[①]额为350多万斤,其中西和、漳县井盐仅60多万斤,而大、小花马盐池池盐多达280多万斤,占总数的81%。

明弘治十三年(1500年),宁夏巡抚王珣为了加强军事防御,将小盐池旧城拓展修筑,驻兵防守并设驿递[②]。到了明嘉靖年间,为了加强和方便盐务管理,特在盐湖东畔修筑了一座新的城堡,将盐课司移驻新城堡之内,这就是惠安堡城。

到明万历年间,灵州盐课司岁办盐课由原来的350多万斤增加到了1250多万斤,所增加900多万斤基本上都是大、小盐池增产。按明代盐法盐课以引[③]为计算单位,商贩购盐须先领取引目[④],然后拿着引目到盐池购盐。无引之盐则被视为"私盐"。因萌城正位于小盐池通往关陇的交通要道上,当时还在萌城专门设立批验盐引所。

但旧时盐业交易"大方",并不"斤斤计较",所以古代盐业交易不是以重量论而是以体积论,即不是论"斤"买卖而是论"升"、论"斗"买卖。升是容器,是用来计量体积的,一般用以计量粮食的多少,每升米谷重约5斤。因盐的比重大于米谷,故每升盐的重量大于5斤。又有"平升粮食尖升盐"之说,即用升来计量粮食时,将粮食盛入叫作"升"的容器,以与升口齐平为一升;而计量食盐时,则不仅将升盛满,还可尽量凸出升口"堆尖",直到无法再堆放为准,所以一升盐名为5斤,其实远多于5斤。十升为一斗,十斗为一石。每引可购盐一石,即十斗,有时多至石五斗。这就远远超

---

①盐课:即盐税,政府对食盐的产、制、运、销所征收的捐税。

②驿递:旧时传递信件、消息的机构,相当于今邮政机构。

③引:宋及以后历代政府给予商人凭以运销食盐的专利凭证,相当于分配指标,嘉靖三十四年(1555年)以前规定每引为四百斤,俗称"大引",以后改为每引二百斤,俗称"小引"。

④引目:引的数量。

过了“每引二百斤”或“每引四百斤”，足见盐业交易中的“大方”。据正德元年（1506年）统计，小盐池盐课为三万三千一百五十引，到嘉靖八年（1529年），小盐池又增盐课二万二千四百一十七引，产量比明初增加20多倍。惠安堡盐业生产在明代时的繁荣景象可见一斑。

明代大、小盐池之盐税收入多用于边费开支，购买军马、当年的军饷、修筑长城、防秋[①]等项军费开支。例如《皇明世法录》记载，“（嘉靖）十四年，题准灵州小盐池额盐三千一百零五引，专供花马池一带修边支用”，“嘉靖三十四年，奏准（小盐池）收贮银两，于年终解送花马池粮衙门交收，专备防秋用”。从这些记载可以看出，小盐池对明朝财政的贡献是很大的。明庆王府长史周澄曾写了一首题为《盐池》的五言诗赞美小盐池，诗曰：“凝华兼积润，一望夕阳中。素影摇银海，寒光炫碧空。调和偏有味，生产自无穷。若使移南国，黄金价可同。”诗中说小盐池之食盐若运到南方，价比黄金。这当然是诗文夸张的手法了，但夸张也正是为了说明盐的价值之高。清代扬州盐商富可敌国，就很能说明食盐在“南国”获利之重。

清代前期，花马小池的盐业得到了进一步发展。《嘉庆灵州志迹》中对这里盐池的记载也更为具体，“宁夏盐捕厅灵州花马小池，产盐地方周围三十六里零。池设有壕墙，按年疏筑，限隔内外”。这里所说的“壕墙”，是一道沿着盐湖东岸修筑的堤埂，南北长约7里，址厚约5丈，高约1丈，顶宽约5尺，用沙蒿柴和泥土混合筑成，工程量大，每年都要进行检修，其用途是防御山洪淹毁盐田。壕墙的中间，建有砖石砌成的门洞一处，俗称“盐广门洞子”，高约3丈，是专为防止食盐走私而设，规定所有运盐的脚户都必须经盐广门洞子，验票放行。盐池壕墙至今尚在，而盐广门洞子在民国年间已倒塌，今天只能看到有一土丘。《嘉庆灵州志迹》详细记载了花马小池的产盐及税收情况：“旧盐井二百眼，额坝夫二百名。征纸价银五百二十二两三钱四分，工食银二千四百五十七两六钱。捞盐六万一千四百四十石，引六万一千四百四十张。征课银一万三千二百四十两钱二分。又于雍正六年，在‘盐井增添’案内，查出新井二百二眼，共四百二眼，额坝夫四百二名。”清乾隆元年（1736年），朝廷在惠安堡设盐捕厅，设置盐捕通判一员，正六品（比县官高一品），管理民事与盐务。

---

①防秋：秋季防御，古代中国北方的匈奴、突厥、蒙古等少数民族，往往在秋高马肥、草长粮熟的季节大举南犯，掳掠牛羊及粮食。故朝廷每年秋天都要采取一些防范措施，故称为防秋。

盐业的发展带来经济的繁荣。清朝前期的惠安堡城内，街道齐整，人烟稠密，商贾云集，市场繁华，一派升平景象。到了同治年间（1862—1874 年），西北爆发反清斗争，朝廷调集大军镇压，惠安堡地处交通要道，首当其冲饱受战火的摧残。800 多户盐民死的死、逃的逃，十室九空，盐业生产全部陷于停顿状态。到了清光绪年间（1875—1908 年），一些逃亡的人口陆续返回，其他流民亦有迁入。光绪末年，惠安堡全堡有居民 246 户 1233 人，但盐民不过四五十户。《光绪灵州志》记载："因人烟无多，销售不广，且盐务既不归州，又无商人承办，刻下尤能销引若干，征课若干，州中无案可考"。可见这时惠安堡盐业之萧条。民国初年，惠安堡共有居民近 200 户，其中有盐民六七十户，经营者都是汉族，年产盐约 3000 吨。盐民世代以捞盐为生，有的兼搞农业及卖柴、卖水等副业，一般都能维持生活。其时，惠安堡盐池的名字渐渐代替了花马小池的称谓。

1929 年宁夏省成立，当年 12 月成立宁夏榷运局，管辖滥泥池、苟池、北大池、定边、惠安堡、中卫、红盐池（在阿左旗）、同湖池（在阿左旗）、叶升 9 个盐税分局。

1933 年，马鸿逵任宁夏省主席之后，为了加大盐税征收力度，在花马池城（今盐池县城）设一等盐务分局一处，管辖定边、北大池、苟池、滥泥池 4 个三等盐税分局和倭波池 1 个运放分卡；在惠安堡设二等盐税分局。当年统计，惠安堡局"收盐三万四千三百二十四担（每担一百市斤），销盐二万七千二百五十七担零四十斤"。据民国《宁夏资源志》记载："惠安池产盐地八十八平方里，年产量为二万五千担，千二百五十吨。"

1936 年，红军西征解放了盐池县大部分地区，所辖盐池遂归陕甘宁省（后为陕甘宁边区）管辖，只有惠安堡盐池仍归国民党宁夏省惨淡经营。由于历经年久，多数盐井倒塌沙压，中湖、北湖几乎全无盐井，仅南湖尚有 20 多眼残缺不全的盐井。捞盐也只能在中湖和南湖两处。

1949 年 8 月，惠安堡解放，惠安堡盐湖回归人民政府，遂成立了惠安堡盐务支局，直属宁夏省盐务局管辖。1953 年，经中央人民政府和西北局批准，三边盐务分局连同所辖的盐场堡（花马大池）、滥泥池、莲花池均交定边县管理，从此盐池县仅剩下惠安堡一处盐池。但因厚重的历史渊源，盐池县的县名仍保留至今。

杨桂琴

花马池城

修复后的花马池城西城墙

明代的花马池城有两座，一座在“塞外花马盐池北”，被称为旧花马池城；另一座即今盐池县城。

据考证，旧花马池城坐落在今北大池东北角。遗址正方形，边长 370 米，墙体为鱼脊状隆起，最高处不足 3 米，门面东开，带瓮城。

据《国榷》卷二十三记载：正统元年（1436 年），宁夏总兵官史昭以“宁夏孤悬河外，东抵绥德二千里，沙漠旷远，难以守备”为由，建议朝廷“于花马池筑哨马营，增设墩堠”。正统八年（1443 年）九月，宁夏总兵官史昭还京师，命延绥、宁夏于花马池、定边营之间划定各自分守界限，以黄真为宁夏总兵官。十月十二日，镇守延安、绥德的都督佥事王桢也上奏：“乞于宁夏分划地界于花马池、定边二营之中，各认分守，有警不致推调。兵部请命参赞军务佥都御史卢睿等躬临其地，如奏处之。”

天顺年间，以“城（旧花马池）在今长城外、花马盐池北，孤悬寡援”为由，改筑花马池城（今盐池县城）。

正德元年（1506 年）一月，杨一清总制延绥、宁夏、甘肃、陕西边务。九月，杨一清上奏:“花马池至灵州地宽延,城堡复疏,寇毁墙而入,则固原、庆阳、平凉、巩昌皆受患。”成化初,宁夏巡抚徐廷章虽然筑有绵亘200余里的边墙,但由于以后边备荒疏、墙堑日夷,故弘治以来,鞑靼连年侵扰。杨一清建议发宁夏、西安等府、卫9万人维修河东墙。明武宗准其奏,并拨币数十万两作为经费。第二年四月,兴工修复自横城至花马池的河东墙。时由西向东而筑,只修完四十里,便因饮水饮食发生困难,疾病流行,役夫发生哗变。杨一清知人心难犯,下令停筑,许之以筑完花马池城即放散。花马池城五日筑完之后,民夫遣散。

花马池城(现盐池县城)“城高三丈五尺,周回七里三分。池深一丈五尺,阔二丈。东、北二门,上有楼”。东瓮门南开名永宁门,南瓮门东开名广惠门,北门东开名威胜门。北瓮城早年已毁,东、南二瓮城尚留部分残迹。城以鼓楼为中轴,分东西、南北两条主要街道。清乾隆六年(1741年)曾有修葺。

盐池县古为西戎牧地,秦汉时为北地郡昫衍县,隋属盐川郡,唐隶盐州,西夏时仍为盐州领地。明正统八年(1443年)置哨马营,为宁夏东路。弘治六年(1493年)巡抚、都御史韩文于花马池城(今盐池县城)奏置花马池守御千户所。正德二年(1507年),总制、左都御史杨一清奏改千户所为宁夏后卫,领5个千户所50个百户所,辖安定堡、柳杨堡、铁柱泉三堡寨。嘉靖十八年(1539年),鉴于鞑靼扰掠多在秋天,故决定秋天移陕西三边总制府于花马池(今盐池县城),是以花马池素有“灵夏肘腋,环庆襟喉”之称。康熙三十六年(1697年)二月,康熙亲征噶尔丹。二月二十日抵达花马池城,宁夏总兵王化行请“行围花马池以观军容”。

雍正三年(1725年),宁夏后卫改置花马池分州,隶属灵州。1913年改置盐池县,花马池城为县政府驻地。

摘自《盐池县志》

兴武营

兴武营位于高沙窝镇二步坑村，东南距盐池县城（花马池城）48 公里。兴武营城地处河东墙和深沟高垒两道长城会合之处，是明代宁夏镇长城沿线的重要城障，有“灵夏重地，平庆要藩”之称。

明代以前这里就有一座唐城遗址，俗称半个城。唐高宗调露元年（679 年），为了安置内附少数民族，置鲁、丽、塞、含、依、契六胡州，兴武营一带地属鲁州如鲁县，时为月氏族居住地。相传此旧城也做过西夏元昊营地。明代，蒙古鞑靼各部不断南侵扰袭宁夏。正统九年（1444 年），巡抚、都御史金濂请奏就其旧基，置兴武营，以都指挥守备。成化五年（1469 年），改守备为协同，分守宁夏东路。正德二年（1507 年），右都御史杨一清奏改兴武营为守御千户府，领毛卜剌堡，隶陕西都司。

据《嘉靖宁夏新志》载：城周回三里八分，高二丈五尺，池深一丈三尺，阔二丈，四隅有角楼，城池北靠河东墙，置西、南两门，均有瓮城。设协同一员、千户三员、百户六员、镇抚二员、仓大使一员，司吏一名、典吏一名、仓攒典一名。驻防官兵 1200 名，马 230 匹；户 1135，人口 3453 人。万历十三年（1585 年），为加强防护，城墙被甃以砖石。

清代，兴武营城仍驻兵设防。清康熙三十六年（1697 年），康熙皇帝亲征蒙古准噶尔部噶尔丹时，路过宁夏，曾在兴武营驻跸一天，并在兴武营周边围猎。民国时，也常有国民党军队驻防。

解放后，城池失去军防作用，兴武营城无人看守。砖石及附属建筑，渐被周边百姓拆为民用，损毁严重，但观现存遗迹，仍可领略原城的雄伟。据实地考察，古城近似矩形，东墙长 610 米，西墙长 580 米，南墙宽 470 米，北墙宽 480 米。为黄土夯筑，基宽 12 米，残高 9 米左右，顶部残宽 3—5 米，夯层厚 20 厘米左右。曾甃有砖石，今已被拆除，偶有残存。四隅有角台，原有楼，今已毁。墙体筑有腰墩，东墙 5 个，西墙 4 个，南墙 4 个，北墙 5 个。开西、南二门带瓮城，瓮城 40 米见方，西瓮门面南，南瓮门面西。瓮城均为叠涩砖拱券门。瓮门顶部原有二层楼建筑，南门是关帝庙，西门是财神庙。南门楼和其内的铁铸关帝像毁于 1958 年。城中间原置鼓楼，现仅存夯筑的土台，台基正方形，边长 14 米，残高 7 米，有砖拱四通门洞，残高 4 米左右。

2013 年，兴武营古城被确定为国家文物保护单位。古城东旁有一自然村，村名引用此古城名，亦叫兴武营。

南瓮门外东南百米处有一口古井，俗谓“马踏井”。相传古时候有一红脸将军经此前去灵州，时遇日将落山，遂向一牧民询问：“天黑前能否到灵州？”村民笑答：“灵州距此尚有百余里，你除非是神人神马，不然，不可能到达。”此时马渴想喝水，一声长嘶之后，用蹄刨地，顿出一口水井，清泉自溢。马饮水之后，将军上马，一骑绝尘，眨眼不见了踪影。牧民方知真神人也，回忆将军形象，想为关公大帝。后来，在兴武营南门瓮城之上修建了关帝庙，铸造关公骑马神像供奉，以保四方平安。而那口井是赤兔马所刨，则被取名“马踏井”。相传以前井水很旺，汩汩溢出井口，流水方向不定，每年春节时，人们看溢水流向哪个方向，哪个方向当年收成便好。

李建华　樊新刚

惠安堡

惠安堡城其历史地位不在花马池城之下，是古代灵环道上的一个重要驿站。明嘉靖六年（1527年），巡抚、都御史翟鹏奏筑，城周回二里四分。

古灵州通往内地驿道主要有三条：其一，沿环州青冈峡、庆州、邠州至中原；其二，溯清水河而上，经镇戎军、韦州一线至关中；其三，沿盐州、夏州经陕北至关中。这三条道路以灵环道最为重要。

《武经总要》“环州”条载，环州治通远县“北至洪德寨、灵州八十里。寨北即蕃界。青冈峡、清远军、积石、浦洛河、耀德镇、清边寨、灵州共七程。沙渍无邮传，冬夏小水。按《皇华四达记》，至灵州五百四十里”。中原至灵州赴任官吏、使节、商贾均沿此道而行。这段史料中所述的浦洛河，即指流经惠安堡附近今称苦水河的河流。

如今，惠安堡古城城堡犹在，除东城墙已被居民平整建房外，南、北、西三面城墙残基尚存。城堡筑有南、北二门，北城门已毁，只留下了城门豁口和瓮城遗迹轮廓。南门瓮城已拆除，但甃以砖石的城门洞保存较为完好，高约一点五丈，宽一丈，长三丈。城堡略呈正方形，东西长约一百九十双步（每双步1.5米），南北宽约一百七十双步。与史料记载“城周回二里四分”吻合。距南门约二百双步处，孤存高垒1座，下有一南北向的砖石穹圈城门洞，高约一点五丈，宽一丈，长五丈，与南门遥相呼应。

《嘉庆灵州志迹》载：“（惠安堡城）门二道，门楼二座，南北敌台三座。”原南、北城门之上分别建有庙宇，北门为玉皇阁，南门为火神庙。此外，城外建有关帝庙、盐神庙、城隍庙等众多庙宇。南门外高垒上的财神庙有正殿两间，东西侧殿各两间，围墙高约八尺，墙上有射孔，国民党盐池县政府曾驻扎于此。这些庙宇多在“文化大革命”时被毁。

惠安堡西有盐湖，明清以前当地人直呼其为盐池。因盐湖规模不及百里以外的花马池等盐湖，故又称其为小盐池。在盐湖北5公里处有一古城堡，被称为盐池城或小盐池城。这里的城堡名、盐湖名,都称作盐池或小盐池,合二为一,成了一个地名和地理方位的称谓。后花马池城设为盐池县政府驻地,惠安堡的盐池城就被称作老盐池。

盐池县长城保护学会

盐池明长城

明长城(头道边)

盐池县自古为兵家战略要地,北部地区地势平坦,有草原、盐湖,既可农耕,也可放牧,又可凭盐之利,所以战事不断。

横亘在盐池县境北部有两道长城,一道在北,为明成化十年(1474年)所筑的河东墙,因位于黄河以东,故名,俗谓二道边。紧靠县城北侧的一道即是深沟高垒,也称头道边,因采取了“内筑墙、外挑壕堑”的修筑方法而得名。夯筑土层中多有红色胶土掺入,干燥后呈紫色,故名紫塞。《嘉靖宁夏新志》载:嘉靖十年(1531年),三边总制王琼以“城去军营远,贼至不即知”为由,上奏朝廷批准后修筑。

深沟高垒与河东墙原本是一道长城,修筑时于兴武营城东500米处撇开河东墙,南移5至10公里不等另行起筑,并随即废弃了兴武营以东的河东墙。由西向东,经过盐池县高沙窝、王乐井、花马池等乡镇,直通定边县盐场堡。盐池县境内长63公里,是宁夏境内现存古长城遗迹中保存最好的一段。但由于风蚀雨侵,失去了原来面貌。现存顶部残宽0.5—2米,残高5—8米,墙体北侧被大量积沙覆盖,每隔300米建造的一座矩形敌台,凸出墙体,清晰可见。

长城的南侧筑有城障，每隔 15 公里筑一小城、30 公里筑一大城，民间有“三十里一堡，六十里一城”之说。大城原甃以砖石，“文化大革命”时被拆除，土筑城垣保存尚好。盐池境内有花马池城、高平堡城、兴武营城各相距 30 公里，在 3 座大城中间有安定堡、英雄堡、天池子堡 3 座小城，兴武营西 15 公里处有毛卜剌堡。

盐池境内的两道长城修筑相隔多年，也就是说，河东墙修起多年后，三边总制王琼认为它的防御能力已经降低，不惜花更大的代价另筑新的长城，这就是“深沟高垒”。

盐池县长城保护学会

八步战台

八步战台

八步战台位于盐池县城西北 27 公里处，筑于头道边内侧 15 米处，四周有坞墙,35 米见方,门向南开。坞城之外有小城壕遗迹环绕。战台筑于坞城正中,门南开,台高 20 余米,基阔 15 米,土筑,外甃砖四层,顶部四周有垛口,垛口下四面开设箭窗,每面 3 孔。台内构造分三层,底层为砖箍拱券形,门洞直达北墙,进门即有斜形台阶登临,至战台半腰,中间是穹庐顶式空心室,室内正中有过道,顶部沿墙四周皆修房屋,除北边留一通道,其余 3 面共 11 间,门向内开,而窗户向外。空心室东北角有台阶可登临顶部。顶部平面铺砖,垛口亦为砖砌。

八步战台数百年来保存完好,1964 年兴修水利时将外部两层砖拆去使用。1968 年战台被炸毁,现仅有 16 米高土筑墩台残迹。

由八步战台向东,在头道边内侧还有 3 座战台废址,每座之间相距 2 里。建筑形式与八步战台相似,外部甃砖也已被拆毁,现存土筑残墩。由东而西,分别被称为四步战台、六步战台、七步战台、八步战台。

这组战台,据明代《大司马黄公敕建四台记》碑刻所载,建于万历年间。“黄公”

即黄嘉善。万历二十九年(1601年),黄嘉善任宁夏巡抚兼都察院右佥都御史。之前由于长期欠发边军粮饷,引发兵变,叛军勾结鞑靼冲进巡抚署,杀死巡抚,抢走印信。黄嘉善赴任后,首先向朝廷申请减免宁夏田赋,使百姓安居乐业。后又整顿军纪,提高军队战斗力,数次击退鞑靼侵扰。他还与大将萧如薰齐心协力,伐贺兰山木材,修建宁夏(今银川市)的前沿阵地临河堡。万历三十二年(1604年),黄嘉善升都察院右副都御史,接着加升为兵部右侍郎。万历三十八年(1610年),黄嘉善总督陕西三边军务,统帅延绥、宁夏、甘肃三边重镇。他加强边防建设,组织军队屯田,以农养兵,保证军需。八步战台就是这个时候修建的。

黄嘉善在宁夏任职的十年间,保卫边疆,功绩显著,让老百姓过上了安稳的生活,当地人民还专门建立了祠堂祭拜他。

中国长城学会

张家场

张家场是花马池镇柳杨堡村的一个自然村。村子处在荒草茂密的沙窝中，但土地肥沃，春草返青早，夏草绿色旺，秋天收成好。村西也有一处细石器时代文化遗址，遗址南靠长城（二道边）50 米，西侧是山梁，东侧地势低洼。四周丘陵起伏，沙丘遍布，野草丛生。在其东西长 500 米、南北宽 50 米的范围内，零星有石斧、石锛、石箭镞、刮削器等，均有明显的磨制、打击和使用的痕迹，还散存有加砂红陶、灰陶残片。这处遗址中发现的石器，从石料到加工方法以及大小形状，均与哈巴湖细石器文化遗址中出土的石器相同，二者当有内在的文化联系。

但张家场历史厚重在于村子西北约 500 米处的一座古城。古城坐落于荒漠之中，四周多丘陵沙碛。城址近正方形，边长约 350 米，黄土夯筑，基宽约为 8 米，残高 1—4 米，门面向东，门侧原有一口水井，早年已毁。城内现为农田，原有东西向街道。城东有约 150 亩平整的耕地，当地人称之东关。古城和东关均散布着大量的汉代砖瓦和陶器残片，生铁块也到处可见，因为在汉代人们已使用铁制工具和农具。近年来曾出土过很多秦汉钱币、印章及大量的牲畜骨骼。专家据此判断，此城在秦汉时是一座十分繁华的城镇，现在是国家级文物保护单位。

这座古城到底始建于哪个朝代，叫什么城，至今还没有确切结论。古城在张家场村，后人都把它叫作张家场城，但当地老人说这里曾叫买卖场。这是因民国初年柳杨堡村土沟子自然村张氏先祖张英把他三儿子张瑞麟从土沟子村分出后安置到今张家场村，设牧场，开垦荒地。张瑞麟运北大池盐到甘肃庆阳贩卖，赚回钱在此地收购皮毛，所以张家场原来是一处皮毛交易市场。这处皮毛交易市场应该延续到 1936 年盐池解放以后。张姓人家定居在这里后，就叫成张家场了。盐池县很多地名都带“场”字，场指牧场，早先都是养羊或养牲口的地方，张家场当然就是张姓人家的牧场。

张家场村现有 40 多户人家，为张姓、高姓、杨姓。张姓人家说他们的先祖张氏是湖南人，明末清初来到土沟子村开荒种地，养畜牧羊，繁衍生息。张氏出身行伍，曾在西凉督军，因不满兵曹官府对百姓的欺压，弃职流落到这里。西凉即凉州，因位于中国的西部甘肃省，故称西凉、西州，意为“地处西方，常寒凉也”。明朝末年凉州被李自成占领，清顺治年间改为凉州府。张氏于明末清初到土沟子居住，这个时间有待确证。民国初年张姓人家发展得相当殷实，在盐池县城有商号，叫复顺张，店主就是张瑞麟父亲张英，曾任盐池县农商会会长。

张家场古城原名为何，至今还是个谜。许多专家学者试图揭秘张家场古城，但迄今无定论。宁夏文史馆馆员陈永中先生曾发表文章推测张家场古城为秦汉时期的昫衍县城。昫衍是个古地名，据有关史书记载，其地范围大致在今宁夏同心和盐池、甘肃环县、陕西定边县一带，是春秋战国时期西戎八国之一地。西戎有八支，每支以所居地命名，昫衍地居住的一支就叫昫衍戎族。秦末在此处设县，名为昫衍县，归北地郡管辖。昫衍县历秦、西汉，到东汉中后期就被裁并掉了。原因是东汉安帝永初元年（107 年）爆发了大规模的羌族起义，朝廷大军与起义军鏖战了 11 年，西北地区遭受很大破坏，估计张家场古城就毁于那个时候。

张家场古城曾出土了大批秦汉时期的文物。1955 年，在古城东边出土铜钱 200 斤左右，全是王莽当政时铸造的货币。1960 年 7 月，于古城东面不远的地方，出土铜钱数万枚，共 400 斤左右。铜钱埋在两个土坑中，坑口上距地表仅数十厘米。出土时铜钱排列有序，钱纹还清晰可辨，以“货布”为最多。1979 年 4 月 29 日，于古城东北，距古城东北角 100 米左右，出土铜钱 3000 多枚，共重 78 斤，有大泉五十、大布黄千、货泉、货布。除大批地下出土文物，古城地表散落大量秦汉砖瓦、古币、印章。据此，包括陈永中先生在内的专家学者推测张家场古城就是秦汉时期的昫衍县城。这一结论很快得到了较为广泛的认可。至今，在没有新结论的情况下，人们还是认为张家场古城就是昫衍县城。推测毕竟是推测，陈永中先生没有停留在推测之结论上，而是继续调查考证。后发现陕西定边县境内的古城也先后出土了大量秦汉时期的文物，但对这些古城的年代和名称都未做断定。陈永中先生考证再三，于 1984 年再次发表文章，认为张家场古城为昫衍城有待商榷，昫衍县城址应在陕西定边县境内。

那么张家场古城到底是什么朝代什么建制的城池呢？

2016 年，陈永中先生又在《宁夏文史》上发表论文，根据张家场古城发现的大量封泥上有“上郡”“龟兹”等地名，判断张家场古城为西汉上郡的属国都尉城，也是东汉上郡的龟兹(在陕西榆林市西)属国城。

属国都尉是西汉武帝时，在边地内迁少数民族地区设置的官职。有官员就会有管理机构，机构所在地要建城，属国都尉城就是管理内迁的少数民族的机构所在地。

那么汉朝是否在边地内迁过少数民族？史载，汉光武帝建武二十六年(50年)，匈奴分为南北两部，互相攻伐。是年，南匈奴内附，后汉廷就将其安置在北地、朔方、五原。北地当然包括了今盐池，朔方在今内蒙古乌拉特前旗东南的五原，据《资治通鉴》引杜佑注，说在今陕西榆林市和山西岚县一带。汉章和元年(87年)鲜卑人攻击北匈奴，北匈奴也有58部20万人、兵士8000人至北地、朔方、五原请降。由此证明，今盐池县以北地区汉代确曾为安置内附匈奴之地。安置匈奴人，汉廷必然要派官员去管理。南匈奴内附时汉廷派中郎将段郴随南匈奴单于，监护其行动。

陈永中先生依据多种史料考证，判断张家场古城应是汉朝管理内迁少数民族的管理机构——属国都尉所居之城。

那么，张家场古城为什么又可能是东汉上郡的龟兹属国城呢？

龟兹国原为西汉时期西域三十六国之一，在新疆库车与沙雅二县间。汉武帝建元六年(公元前135年)，一部分龟兹人内附，武帝在今榆林城北置龟兹县，为上郡属国都尉治。陈永中先生认为东汉朝廷管理龟兹县的尉国都尉府和龟兹县治并非一地一城，龟兹属国城应该是今张家场古城。所以说今张家场古城也是东汉上郡的龟兹属国城。

张家场，盐池县草原上的一个小小村庄，历史烽烟从这里经过，留下了一个巨大谜团，这个谜团洋溢着诗意，传唱着古歌，却又掩盖着一层厚重的大幕。揭开这层神秘的幕布，还历史本来面目，还真是遥遥无期。

侯凤章

古峰庄

青山乡有个村子叫古峰庄，原名古坟掌、孤坟掌、孤坟庄，因为村东南方的山梁湾里有3座土堆，形似坟茔，所以就叫古坟，又叫孤坟。坟在山梁湾，山梁湾的形状似人手掌，人们常常把山梁湾叫“掌”，因而就把这里叫古坟掌、孤坟掌。至于叫孤坟庄，那是因为附近有人家居住。1958年成立人民公社时设古峰庄大队，将孤坟庄改为古峰庄。

古峰庄到底有没有古坟？至今是个谜。村子东南方山梁湾的那3座土堆各自独立，大小相同。3座土堆的分布正好形成一个等边三角形。它们到底是自然形成的，还是人为的？谜团就在这里形成了。

山风呼啸，云起云落，3座土堆旁边的小路上不知道走过了多少代人，一代一代就把这个谜团传下来了。也许最早从这里经过的那一代人知道它们是坟茔，而当时不可能叫古坟，是他们把这处坟地的故事传了很多代以后，人们才开始叫这3座土堆为古坟，而且加了一个“掌”字，就成地名了。3座土堆旁边的小路变成了一条柏油路，过往的行人和车辆更多了，3座土堆的疑问依然是个大谜团。

就在人们对这3座土堆将信将疑为古坟的时候，2006年9月，古峰庄北面的一座山梁上极其偶然地出土了3件珍宝，它们均为黄金浇铸，厚约1厘米，长方形，四周边缘环绕排列3圈钉状细齿。其中最大的一块正面中央铸有展开双翅之鸟形图案，环绕有穗纹、云纹等花饰；另一块正面有图案，背面有铭文；还有一块形状、大小和前两块基本相同，正面也铸有张开双翅之鸟形图案，下缘有残缺。有铭文的那一件正面铸镂空图案，有张弓骑射武士、张弓跪射武士，狮、虎、猴、犬等动物环绕在武士周围。铭文为隶书，分行书写，全文82字，连贯成文，即：

金鋥靈質，盛衰不移。良工刻構，造茲方奇。明明㲄骋，百獸飛馳。猨猴騰踯，狡兔奮髭，九龍銜穗，韓盧盻陂。洸洸巨例，御世莊麗，保國宜民，千載不虧。白烏二年，歲在戊午三月丙申朔九日甲辰，中御府造，用黄金四斤。

它们并不是文物专家考古发掘出土的，而是修筑盐中公路（盐池—中卫）的民工在施工的路面上捡拾到的。路面上的土已经摊平了，一个民工在上面行走，无意中一脚踢出一件黄灿灿的物件，这个物件既不粘土，又不生锈，而且发光，民工们闻讯围来，大家判断是黄金，又继续寻找，在土层里又找到了两块同样的东西。

考古专家对3件黄金物件进行鉴定，根据铭文“白烏二年”，判断该文物为613年陕西中部项海明农民起义军之物，因项海明曾自称皇帝，建元“白乌”。这个时期正好是隋炀帝时代，距今约1400多年。村民们说这座山梁叫窨子梁，传说有地窨子，但谁也不知道窨子洞口在哪里，更不知道是什么年代的地窨子。

但另有学者发表了不同的观点。这位学者叫马强，是南京大学历史系博士研究生。他在《文物》2015年第4期上发表了《白乌二年金方奇及相关问题》一文，根据3块黄金物件上的图案、铭文分析判断，认为这3件文物要早于隋朝，不是陕西中部项海明农民起义军之物，而应该是417年，内迁匈奴一支在北方草原上自称天子，署立百官，建元“白乌”。这个区域应该包括今盐池在内，时间是十六国晚期。

古峰庄这个地名，无论怎样写，“古”字是绝对不能去掉了。古坟是否存在，姑且不论，世所罕见的3件古物——黄金方奇确确实实是从古峰庄北面的一座山梁上出土的，这一点不容置疑。专家学者无论怎样推测判断它的产生年代，但作为古董，名副其实。

古峰庄真是太古了。古气弥漫，古意萦绕，古谜叠加。

隋朝项海明农民起义军活动地点本来在陕西中部一带，大约为古代三辅、安定郡辖地。三辅在今陕西关中地区，安定郡辖境相当于今甘肃省的景泰、靖远、会宁、平凉、镇原及宁夏中卫、中宁、同心、固原等地。今盐池不在其活动范围内，那么项海明的财宝怎么流落到了盐池县古峰庄北面的山梁上呢？专家认为，就在项海明率领农民起义军与官军作战的同时，灵州白瑜娑率领的另一支农民起义军也在与官军作战，这两支农民起义军活动之地相接壤，他们很可能准备结盟或者有过结盟，在他们结盟时，项海明将这3块金方奇作为礼品送给白瑜娑，后来两支起义军都被官军镇压，3块金方奇就流落到了古峰庄北面的窨子窑里了。

项海明自称皇帝，建元白乌。但史载项海明是隋大业九年（613年）十二月起义，接着就被太仆卿杨义臣率军击破。项海明自称皇帝应该是不到一年时间，可金方奇却书写“白乌二年”。这又应该怎么解释呢？张树彬先生考证认为，头年十二月起义，很快就被官军击破，但击破未必就是被诛杀，击破后项海明还活着，继续率领起义军转战，这个时间应该到了第二年，就在这一年项海明命令良工制造了这3块金方奇，书为“白乌二年”。推断似乎成立，但毕竟是推断。

隋大业九年是613年，二年就是614年。这一年按干支纪年应该是甲戌年，可金方奇却写“岁在戊午”，即这一年是戊午年，这就和夏历纪年明显对不上了。金方奇又记载“三月丙申”，可按正统夏历干支纪年方法三月的地支是辰，不是申。这又是怎么一回事呢？张树彬先生经过考证认为是项海明为了反对正统，没有采用夏历纪年，而是另立了纪年方法。这种改朝换代另用纪年法史有记载，比如王莽，他称帝后一反夏历纪年而用殷历纪年。所以，项海明另用纪年法完全有这种可能。

马强博士认为3块金方奇要早于隋朝，是十六国晚期，内迁匈奴一支在北方草原上自称天子，建元“白乌”，是他们留下的遗物。其根据是金方奇上的图案表现了浓郁的域外文化特征，应与西亚地区的艺术传统有关。马踏鹰隼、武士搭弓射箭的姿势与萨珊王朝时流行的狩猎图表现手法一致。另外，方奇一左右对称的武士、左右攀爬状对称的兽类，方奇二、方奇三相对的鸟，都体现了对称的艺术特征。而左右对称的构图方式被认为是帕提亚美术的特色。

项海明是汉人，且为佛教徒，方奇中三武士皆为胡人，尤其是头项冠饰，有着北方游牧民族的鲜明特色，这与向海明的身份不符。再者，方奇铭文中的“明明彀骋”没有避项海明之“明”字讳。

马强博士认为解决这一问题的关键当从“戊午三月丙申朔九日甲辰”入手，通过检索《二十史朔闰表》，符合戊午这个纪年条件的有：东晋安帝义熙十四年、北魏泰常三年、夏赫连勃勃昌武元年、西凉李歆嘉兴二年（418年），唐玄宗开元六年（718年）。但在这5个年号中，“唐玄宗开元六年”是可以排除的，因铭文“御世庄丽”“保国宜民”中不讳“世”“民”二字，故其不可能为唐代遗物。

那么十六国晚期在北方草原上自称天子，建元白乌的那一支内迁匈奴，怎么史书没有记载呢？马强博士认为当时十六国影响最大，所以记载详细，之外应该还有遗漏没有记载的政权。这个以“白乌”为年号的政权应该是被遗漏没有记载的。

古峰庄村辖5个自然村，即古峰庄、糜子滩、甘洼山、龙记湾、常山子。糜子滩是一片滩地，适宜于种植糜谷，所以叫糜子滩。甘洼山，是在一座山梁的阴面坡上，山坡即山洼，少雨缺水，所以叫甘洼山。“干”“甘”谐音，饱受少雨缺水之苦的老百姓，宁可相信家乡之水甘甜，也不愿意这片土地永远干旱，所以就把自己的家乡写成甘洼山。果然黄河水流到甘洼山了，种地用上了黄河水，吃饭用上了黄河水，甘洼山真的成了流淌甘甜之水的山洼了。龙记湾，是以龙姓人家命名的村子了。常山子，又写作长山子，据说是以村北有一座山梁很长而命名的，那么“常”“长”就是谐音互用了。

侯凤章

黄记圈

盐池县黄氏家族据传是在明朝人口大迁徙西北时落脚在花马池城（今盐池县城)南5公里处红山沟下游。黄姓人驻地建圈养羊,村落也因此得名黄记圈。该地南有丘陵,地势起伏,草场宽阔,可供放牧,北有小溪终年流淌,自西向东注入苟池。小溪两边土地肥润可种蔬菜及其他农作物,当时分东沟、西沟两部分,分别建立家舍定居,繁衍生息。久而久之人口增多,土地有限不能负重,特别是东沟土地盐碱化严重,农业收入极其微薄,大部分族人为谋生计外迁他处,购地置田、垦荒躬耕,仅有小部分仍居黄记圈,延续至今。

外迁中有一支脉进了县城(花马池),立商号“兴盛泰”。该商铺购皮毛、收甘草、开油坊,同时又组成“八大户”到盐池与内蒙古边界购置土地,并将分股划来的土地取名“兴盛泰羊场”(位于今花马池镇崔记塘),饲养畜牧,并拉帮组驼队搞贩运,盛极一时。

现今黄记圈,由于地貌特殊,附近有花马寺国家森林公园和无量殿,盐惠公路南北贯穿,交通方便,被政府开发为花马寺生态旅游区。

摘自《黄氏家谱》

周大坝

周大坝位于麻黄山乡东南边的沙崾岘村，在陕西、甘肃、宁夏三省交界处，俗有“鸡叫一声三省听”之说，是周姓到盐池县最早的开发地之一，故此得名。距今至少有600多年历史了，如今周大坝与打虎店共有周姓人氏207口。

周景珠

武记塘

清初沿袭明制，宁夏后卫（今盐池）设安定堡、柳杨堡、铁柱泉堡三堡，今大水坑镇全境属铁柱泉堡所辖。追溯武记塘村名来源，《盐池县地名志》记载：“武记塘，以姓氏命名”。据《花马池志迹》载，清初朝廷仍在花马池设防。雍正年间，花马池境内有营汛11处，兵皆汉人，军旗为绿色，称绿营兵，汛兵驻地称汛地。花马池南设二道沟汛、傅家地坑汛、武记淌（塘）汛3处。因此，武记塘这一地名，清雍正年间即已存在。花马池各营汛均设军马场，武记塘营汛军马场设在武记塘东南两公里处，称马圈塘。

摘自《盐池武氏族谱》

麻黄山

明朝时麻黄山叫大岔子山，明朝晚期更名为枸子山（枸子是一种灌木），民国《盐池县志》中描述“在三山南，溪涧险恶，豺狼所居，人迹罕到”。随着世事变迁，人口迁移，清朝中期以后，此地满山长着一种叫作麻黄的草，因而人称麻黄山，山上村子人称麻黄山村，现今麻黄山乡乡名亦源自此山此村名。

李建华　樊新刚

窨子梁

盐池县城西北 37 公里的硝池子村，有道小山冈，人称窨子梁。窨子即地室、地窖、地道。古代，人们为了逃避兵匪之祸，往往挖掘秘密的地下室、地窖或地道来藏身、逃生或藏匿物品。“窨子”这一称谓由来已久，据《后汉书·光武帝纪》载“诏死罪系囚皆一切募下蚕室”。唐人李贤对“蚕室”做了这样的解释：“蚕室宫刑狱名。宫刑者畏风，须暖，作窨室蓄火如蚕室，因以名焉”。而在《元曲选·救风尘》（关汉卿）中就有“窨子里秋月，不曾见这等事”的句子。可见，这样的设施在汉代已有之，被称为“蚕室”，唐代人称其为“窨室”，元代称之为“窨子”。硝池子村的这座山梁上因有古代的“窨子”，故不知从何时开始，当地人便将此道山梁称为窨子梁。

窨子梁海拔 1500 米，为石膏岩质，其上有沙土覆盖，植被茂密。山梁东侧有硝池湖，硝池子村因此得名。

窨子梁出名是因为 20 世纪中后期在其南坡上的唐墓出土了国家级文物——胡旋舞墓门。窨子梁唐墓特殊的形制和葬俗，在西北乃至全国唐代墓葬中都极为少

胡旋舞墓门(复制品)

见。胡旋舞石刻墓门左门扇上雕刻一女子,右门扇雕刻一男子,两人头戴圆帽,身着圆领窄袖紧身长袍,脚穿长筒软靴,扬臂挥帛,翩翩起舞,正是当时流行的胡旋舞。该门制作刀法娴熟,做工细腻,画面线条流畅,人物表情生动,体态优美,写实性很强,具有极高的历史价值和艺术价值。它不仅反映了唐代石雕工匠高超的雕刻技艺,而且表现了唐代的现实文化艺术生活,是研究我国唐代乃至整个古代文化和艺术极其珍贵的实物资料。

窨子梁唐墓的形制,反映了中国古代民族的迁徙和融合,证实了康国月氏人的迁徙及在宁夏盐池一带定居,对唐代历史地理和宁夏地方史的研究具有重要的参考价值。

侯凤章　李建华

哈巴湖

哈巴湖，位于王乐井乡南部，是哈巴湖国家级自然保护区的核心区，也是4A级旅游景区。哈巴湖现在湖面很小，仅几十亩大小，但方圆几十里都以哈巴湖称呼。这是因为在很早以前，这里曾经是一个面积广阔的淡水湖，人类在这里繁衍生息。随着沧海桑田，自然变迁，如今湖面退缩，仅剩几个面积很小的水池，但湖的地名犹存，或者说四周高中间低，似一个巨大的盆，地理意义上湖的一种地形依然存在。

这个湖为什么叫哈巴湖？经考证与蒙古语有关系，"哈巴"在蒙古语中是勺子的意思。所以在蒙古人眼里，哈巴湖就是一个像勺子的湖。

盐池县处于农耕文化与游牧文化的交错地带，自古以来，时而游牧民族占据，牧马放羊，时而中原汉族扩张，设防农耕。金末蒙古人兴起后，这儿成了蒙汉交融地区。蒙古人常常会越过鄂尔多斯台地南下，在这里突然发现一片湖水，周边水草丰美，必定占据，逐水草而居，驻牧时间长了，就会用蒙古语命名这个湖。地名的奇妙之处是有延续性，现在这个地方居民虽以汉族为主，但哈巴湖这个地名却沿用了下来。在盐池县，源于蒙古语的地名还有不少，如高利乌苏、海子塘、巴子洼等，这些地名都是盐池大地上各民族交往交流交融的见证。

另外，在湖的南侧有一处地表，绿浪起伏间散落和掩埋着许多打制石器和磨制石器，有石斧、石锛、石锤、石叶等，还有远古人脖项佩戴的用兽骨磨成的项珠。器物琢磨细致，工艺精巧。盐池县将其认定为细石器文化遗址，现在是县级文物保护单位。

李建华

范记圈

范记圈,位于高沙窝镇施记圈村,是以居住过范姓人家而命名的地方,但是范姓人家什么时候到此地居住养羊,说不清了。

1995年,一个学生放学回家,在这里捡到了部分石器,交到盐池县博物馆,县文管所组织进行复查,发现地面散布有加砂红陶残片和石斧、石锛、石凿等磨制石器。这些石器均有明显的磨制痕迹和使用痕迹。可以看出,这里是一处新石器时代人类活动遗址。遗址内发现的石器、残陶片数量很多,说明这里当时有较大规模的原始人群在活动。

遗址东距范记圈3.5公里,南至黄蒿沟3公里,西接灵武界,北至夹山2公里。遗址位于缓坡沟壕地里,东西长约5公里,南北宽3公里左右。

在这里又出现两个标志性地名,一个叫黄蒿沟,一个叫夹山。黄蒿沟表明此处有一条沟,生长黄蒿;夹山是说山的形状,应该有两座或两座以上的大山并存。更主要的是这个遗址所在地还有个地方叫薄荷井,薄荷是盐池草原上的一种野生植物,花色淡紫,全株清香,农家人常常会采摘野生薄荷做食品香料。此地叫薄荷井,一定是大量生长薄荷,加一个井字,说明此处地下水位高,有农人生活用的水井。盛夏季节,薄荷花开,淡紫如画,清香四溢,井水悠悠,真是一幅悠然的图画了。

薄荷、黄蒿表明了此地丰茂的植被,井、沟说明此地丰富的地下水源,夹山证明了这里特殊的地形地貌,圈的出现就在情理之中了。没有起伏的丘陵和丰富的水草,哪来人畜生存的条件呢?

侯凤章

硝池子

硝池子，是一片湿地，产生芒硝，此地命名由此而来。硝池子位于盐池县城西北35公里，隶属花马池镇硝池子村。四周沙丘环抱，沙生、旱生植物生长较好，面北湖水盈盈，是为硝池湖，湖水面积约1.3平方公里，湖水之西南是窨子梁。

硝池子地名是什么时候出现的，谁也说不清。根据地形地貌看，很早以前这里不会叫硝池子的。因为当时这里有一个很大的湖，巨大的湖水中不可能产生芒硝，芒硝是在湖水即将被蒸发干涸的时候才会产生。所以，四五千年前，这里既不可能叫硝池子，也不可能叫硝池湖。硝池子这个地名应该是在这里的湖水逐渐干涸，湖面逐渐缩小出现芒硝以后，人们才赋予它的。

硝池子遗址是在山梁的坡地上，东西约500米，南北约300米，遗址内散布有石斧、石核和刮削器等。在一处农田里曾发现了两处灰烬坑，长10米，宽3米左右，采集到红陶口沿。据当地村民说，1980年一村民挖出了一个骨骼坑，埋骨5吨多，大多为牛、马、驼的骨头。根据此地散布的大量石器、家畜骨骼、早期陶器残片和灰烬等判断，应是一处新石器时代文化遗址。当时的先民们是依赖这里的湖水和牧场而生存的。

侯凤章

兴武营西山寺

古代，兴武营西山寺是盐池有名的寺院，原址位于高沙窝镇二步坑村一小山梁上，北距兴武营古城约1000米。西山寺兴建于明代，为游击将军李养栋等人集资兴建。明天启二年（1622年），吴运昌书《河东兴武营西山寺碑记》以记之。当年寺庙规模宏大，香火旺盛。如今寺庙建筑已毁，仅存遗址，面积约9600平方米，南北长120米，东西宽80米。现存小碎石夯筑的高大台基，台基呈长方形，东西长31.5米，南北宽18.6米，残高3.7米，台基表面散布大量明代砖瓦和瓷器残片。1986年后，当地村民在兴武营古城内东侧重建寺庙17间，重塑金身泥像，古名今用叫西山寺。

李建华

毛卜剌堡

毛卜剌堡位于高沙窝镇宝塔村，东南距盐池县城59公里，东至兴武营15公里，西抵录芒墩与灵武接界处2.5公里，北临河东墙。

毛卜剌，应源于蒙古语，据考是指“苦涩的泉”。因这儿泉水或地下水苦涩，蒙古人留下了毛卜剌的地名，汉族则将建在毛卜剌的堡子叫毛卜剌堡，有时也记作毛卜喇堡。

唐高宗调露元年（679年）于灵州、夏州南境置鲁、丽、塞、含、依、契六胡州，毛卜剌一带属鲁州。明成化年间筑河东墙，于长城沿线筑城堡，毛卜剌堡为其中之一，为长城沿线的城障，隶属宁夏东路协同兴武营。《嘉靖宁夏新志》载：“（毛卜剌）城周回一里七分，高二丈三尺。置旗军一百名、操守官一员、守堡官一员。征操八十四匹、走递骡二头。官厅一所、操守宅一所、仓一所、草场一所。”北墙置有暗门，南墙正中辟门带瓮城。领烽堠21座，管理边墙53.2里，置有暖铺52个。

嘉靖十年（1531年）王琼筑“深沟高垒”时，对兴武营以西地段的河东墙进行修葺。《嘉靖宁夏新志》卷三记载：“自黑水东五十里，参将史经以所部兵二千作之；又自毛卜剌堡东二十四里，都指挥吴吉、郑时以夏防秋兵三千作之”。在修葺这段长城的同时，对城堡也进行了修缮。毛卜剌堡肩负着西接清水营界、东接兴武营界的军事防御任务。

现在，毛卜剌堡四周丘陵起伏，城堡坐落在低洼处，布局近正方形，黄土夯筑，基宽10米以上，残高9米左右，其上残宽2—4米，有女墙，夯土厚20厘米左右。

樊新刚　李建华

隰宁堡

隰宁堡是盐池的老地名，源于明代修建的堡城，该堡城位于惠安堡镇南 9.3 公里处。堡城修建好即命名隰宁堡，隰的含义有二：一是指低湿的地方，二是指新开垦的田，宁者，安宁也。显然，隰宁之名，取自当地自然环境和驻堡将士的美好意愿。隰宁堡是明成化年间巡抚徐廷章奏筑，弘治十三年（1500 年），都御史王珣展筑其城。堡城布局呈“凸”字形，南北长 432 米，东西宽 321 米，突出部分南北长 142 米，东西宽 130 米。面南辟门，置瓮城。城墙黄土夯筑，基宽 8 米，残高 2—7 米，顶宽 1—3 米。四隅有敌台，西墙中置腰墩。城北侧有台式建筑遗迹。今城内荒芜，地面散布明代砖瓦及瓷器残片。

惠安堡镇隰宁堡行政村之名即源于此堡。

李建华　樊新刚

萌城堡

萌城堡是盐池的老地名，源于古驿站和堡城，该堡城位于苦水河（古称浦洛河）边、惠安堡镇南32公里处。据《弘治宁夏新志》记载，明弘治以前，这里有旧城一座，扼守灵环道，路旁罗列的墩堠表明宋夏时期这里就是驮盐必经之路。宋置清远军。明弘治十五年（1502年）改为萌城驿，得名以新建之由，萌，新生也。后来渐被称为萌城堡。明清时，萌城堡是盐池池盐南运重要的递运所、批验盐引所。今考其遗址，因地就形，布局略呈长方形，东西长438米，南北宽428米，墙基宽8米，残高2—8米，顶宽3—4米，黄土夯筑，夯层厚15厘米，东、北二墙辟门。四隅有敌台，城中有台式建筑遗迹，地面散布明代砖瓦及瓷器残片、黑釉瓷罐等。

惠安堡镇萌城行政村之名即源于此堡。

李建华　樊新刚

张家场古城

张家场古城位于盐池县城西北15公里的花马池镇东塘村,因附近有一叫张家场的村落,被人称为张家场古城。

古城坐落于荒漠草原之中,四周是缓坡丘陵。古城址呈正方形,每边长约320米,城墙黄土夯筑,基宽约为8米,残高1—4米。城门面向东开,门东侧原有一口水井,早年已毁。城内现为农田,从禾苗的生长情况分析,原有东西向街道。城东有1平方公里的耕地,当地人称东关。古城内有东西向主街道,中部有台式建筑遗迹,全城地面遍布汉代绳纹砖瓦、卷云纹瓦当、铭文砖、陶器残片和生铁块。近几十年来,古城内外,曾出土过2000多斤秦汉钱币,最晚至新莽时期的货布、货泉。在城址周围,已探明约10平方公里的汉代古墓群。已发掘的8座墓室分别为砖室墓、石室墓、土坯墓、土洞墓,形制均为长方形斜坡式墓道,半圆形券拱单室,随葬品有陶灶、壶、博山炉、斧、甑等。由此可见,此城在秦汉时是一座十分繁华的城镇。

2006年5月,张家场古城被国务院确定为全国重点文物保护单位。

春秋时期,中原地区诸侯争霸,相互攻伐,到战国时期,各诸侯先后自立称王,战争不息。位于西部的秦国锐意进取,日趋发展成为强国。秦穆公三十七年(前623年),秦穆公用由余之计,遂称霸西戎,有"秦穆公得由余,七戎八国服于秦"的记载。当时宁夏境内居住着戎族部落,戎族又分为许多支,其中一支是昫衍戎,居住在今盐池县一带,此时已臣服于秦。公元前328年,秦惠文王"纳上郡十五县",今盐池县以东地区为秦所有。公元前320年,秦惠文王巡游盐池一带,当地的昫衍戎族"有献五足牛者",说明当地已服从秦国管辖。秦始皇统一中国后,推行郡县制。公元前213年,派大将蒙恬统兵十万,北逐匈奴,收河南地,因河为塞,筑四十四城,置县管理,在盐池一带置昫衍县,属北地郡。

到了西汉,承秦制,沿用昫衍县,隶属北地郡。一直到东汉时,方撤销了昫衍县行政建制,其地仍隶属北地郡。因此,《汉书·地理志》记载:"昫衍县西汉有,东汉无。”

有学者根据张家场古城的位置和其城内及周边出土文物所反映的线索，推测张家场古城应当是西汉时期的昫衍县城。

李建华　樊新刚

长城关

长城关是明长城千百座雄关中唯一以长城命名的关隘。原关城位于花马池城威胜门北百余米处，雄踞头道边长城之上。

长城关是明嘉靖十年（1531 年）由三边总制王琼主持、宁夏按察副使齐之鸾“领其事”所修建，与深沟高垒（头道边）同期完工。建成后，关楼高耸雄壮，上书“深沟高垒”“朔方天堑”“北门锁钥”“防胡大堑”等字。登临远眺，朔方形势毕至于下。工程完工后，年过七旬的王琼选当年九月九日重阳节登高日，登上刚刚建起来的雄关高楼，壮怀激烈，当即赋诗《九日登长城关楼》，以资纪念。

九日登长城关楼

危楼百尺跨长城，雉堞秋高气肃清。
绝塞平川开堑垒，排空斥堠扬旗旌。
已闻胡出河南境，不用兵屯细柳营。
极喜御戎全上策，倚栏长啸晚烟横。

这首诗的题目中就把该关称为“长城关”，这成为今盐池县长城关得名的重要依据。长城关工程完成之后，齐之鸾撰写了《东关门记》，其中记载有：“在花马池营东者，为喉噤总要，则题曰‘长城关’。高台层楼，雕革虎视，凭栏远眺，朔方形势，毕呈于下，可以折冲樽俎。”《东关门记》明确提到“长城关”，这是长城关得名的又一重要证据。

长城关不仅是战时防范蒙古大军的军事设施，也是和平时期蒙汉通商的重要交易地，关下设有市场，每月进行 3 次交易，商业十分繁华。

长城关关楼毁于民国，城砖也被周围居民拆用，解放初还剩土筑墩台，底阔 30 米许，高 20 余米，高耸矗立，余风犹存。后渐被居民取土和城市建设损毁殆尽。

2016年,盐池县政府在原址西1800米处复建长城关,铁壁高楼,再现当年“北门锁钥”之雄风。如今已成为盐池一景,是群众休闲、游览的好去处。

李建华

沙葱湾

哈巴湖有很多绿色食品,如苦苦菜、地软、高菊花等,尤其是沙葱,可生吃,可熟食,可凉拌,可烹调,鲜美可口,百吃不厌。沙葱是沙漠上一种常见植物,因其形似幼葱,故名沙葱。沙葱不仅营养价值高,而且具有一定的药用价值,富含多种维生素。沙葱腌制品口感上乘,性醇味辣,健胃助消化,可谓食中佳品。

最早知道沙葱可食用的是当地牧羊人。

盐池滩羊养殖已有上千年的历史。滩羊十分聪明,对于饲草特别挑剔,食不厌精,凡是滩羊喜欢吃的植物,不仅非常适口,营养价值也高。

有一年,哈巴湖一带大旱,颗粒无收,当地老百姓只好以陈年余粮加上野菜度日。由于天旱,草原上的草也很稀疏,大家只好到更远的地方去牧羊。有一天,一位牧羊人发现了大片像幼葱的植物,大旱之年却长势很好,而且羊也吃得十分起劲。牧羊人觉得这种植物也许可以当菜吃,于是带回家一些,大家尝试之后,果然香辣可口。从此沙葱走上了老百姓的餐桌。再后来,凡是有大片沙葱的地方,老百姓就不去牧羊了,特意留下来以备荒年。

摘自《王乐井乡志》

盐池县乡村聚落地名简明溯源表

地　名	来　源	所在村
花马池镇	因花马池城而名。	
长城村	因位明长城(头道边)南侧而得名。	
刘八庄	因人而名,此地古时住过一个叫刘老八的人。	
五　堡	位于长城脚下,传说过去曾有堡子,因距花马池城 5 里而得名。	
八　堡	过去有堡,位于花马池城西 8 里处,故名。因村子杨姓居多,又名杨家圈。	长城村
二　堡	传说过去曾有堡子,因位于花马池城西 2 里处,故名。	
北园子	因位于花马池城北,多菜园,故名。	
深　井	村旁有一深井,故名。	
沟沿村	以驻地地名命名。	
德胜墩	此处原有一个烽火墩,红军 1938 年攻打附近的苟池取胜,故名。	
沟　沿	原以李姓人家居住沟沿得名李记沟沿,20 世纪 70 年代后逐步简称为沟沿。	
东　门	因位于县城东门外而得名。	沟沿村
冯记圈	冯姓人家在此建羊圈后逐渐形成村落,故名。	
北　塘	因村北有一个平塘而得名。	
东郭庄	位于城东 15 华里处,又因郭姓居住而得名。	
黄记圈	因黄姓人家曾在此建圈养羊而得名。	
佟记圈村	以驻地地名命名。	
佟记圈	因佟姓人在此地建圈养过羊而得名。	
黄蒿渠	当地盛产黄蒿,故名。	
四儿滩	因山上生长白刺而得名刺儿滩,后谐音为四儿滩,“刺”“四”音近。	佟记圈村
上潘圈	潘姓人住在两庄,并建有羊圈,两庄地势不同,此处高,故名上潘圈。	
下潘圈	潘姓人住在两庄,并建有羊圈,两庄地势不同,此处低,故名下潘圈。	
吴记圈	因吴姓人家在此建圈养羊,后成村落,故名。	
四墩子村	以驻地地名命名。	四墩子村

续表 1

地　名	来　源	所在村
下王庄	王姓人住在两庄，此庄位于王庄东面，地势较低，故得名下王庄。	四墩子村
上王庄	王姓人住在两庄，此庄位于王庄西面，地势较高，故得名上王庄。	
四墩子	因地近花马池城西南第四个烽火墩，故名。	
李毛庄	此处住过李毛匠(以纺织毛线袋为生的工匠)，故名。	
草泥洼	以长草的泥洼地得名。	
红山沟	因村旁有红色石沟，沟名红山沟，故名。	
田记掌村	因田姓人家居住于形如手掌的缓坡地上而得名。	田记掌村
北　场	20 世纪 40 年代，田记掌李姓人家在此建禾场，位于田记掌北面，故名。	
北　庄	以田记掌为中心，位于北，故名。	
中　庄	因近田记掌中心，故名。	
王记圈	因王姓人家在此建圈养羊，后成村落，故名。	
南　庄	以田记掌为中心，位于南，故名。	
史庄子	多居住史姓人家，故名。	
高平堡	因近高平堡城，故名。	
五里坎	因离田记掌村 5 里，地有坎，故名。	
八岔梁村	以梁上有 8 个沟岔口而得名。	八岔梁村
西井滩	地势低平，村西有水井，故名。	
季记梁	村处山梁上，始住季姓人家，故名。	
张记梁	村处山梁上，始住张姓人家，故名。	
南　洼	因处于一山梁南坡洼处而得名。	
夏记墩	因夏姓人家居于“二道边”烽火墩旁而得名。	
双井子	村内原有两眼井并列为双井，故名。现只剩下一眼井。	
小海子	地势低洼，地下水位高，遇下雨形成水滩，蒙古族称水滩为海子，故名。	
郭记沟村	以驻地地名命名。	郭记沟村
柳树梁	近旁梁上有柳树，故名。	
郭记梁	郭姓人在梁坡居住，故名。	
赵记圈	赵姓人建圈养羊，后成村落，故名。	

续表 2

地　名	来　源	所在村
双堆子	1957 年以前村北有两个土堆(蒙古族祭祀先人的敖包),故名。现已无土堆,名称沿用。	郭记沟村
王记梁	王姓人曾在梁上建羊圈,故名。	
周庄子	周姓人家始居此庄,故名。	
潘庄子	潘姓人家始居此庄,故名。	
柳杨堡村	以驻地地名命名。	柳杨堡村
柳杨堡	明朝建堡,周围杨柳成荫,故名。	
杨记圈	曾有名叫杨义的人在此处建羊圈,后成村落,故名。	
下　滩	由于地势较低,位于海牛滩南端,故名。	
上　滩	由于地势较高,位于海牛滩北端,故名。	
东冒寨子	因清代冒姓人在此筑寨子,与冒寨子村相呼应,此村在东,故名。	
上土沟	村北有一条大沟,地势高于东部叫土沟的村落,故名。	
下土沟	由西向东有一条土质沟,沟内有村叫土沟,为与上游的上土沟区分,故名。	
海牛滩	传说该地早年是一湖泊,湖泊常有一头水牛,蒙古族称湖为“海子”,故得名。	
圈洼上	有羊圈建在山洼上,故名。	
庙梁子	古时此处有一座庙宇建在山梁上,故名。	
皖记沟村	以驻地地名命名。	皖记沟村
北王圈	因王姓人家而名,与南王圈相对应。	
李寨子	因李姓人筑寨子而得名。	
皖记沟	传说早年有 1 户皖姓人家在沟边挖窑居住,故名。后皖姓人家不知去向,名称沿用。	
南王圈	因王姓人家而名,与北王圈相对应。	
杨寨子	村中有古寨子,早年有一杨姓人家居住寨子中,故名。现古寨留有遗迹,寨中居住杨明 1 户人家。	
小墩村	村旁有烽火墩一座,墩子比较小,称小墩子,故名。	
马记梁	因马姓人在山梁上居住建场而得名,现有 4 户马姓人居住。	
沙边子村	位于毛乌素沙地南部边缘,1984 年建村,故名。	沙边子村

续表 3

地　名	来　源	所在村
一棵树	传说很早以前有榆树一棵，树干直径两米多，故得名，20 世纪 50 年代末农民将树砍伐。	沙边子村
马苍壕	传说早年沙漠边缘沟壕内绿草丛生，长势茂盛，马匹进去常不见踪影，人称“马藏壕”，后谐音为“马苍壕”。	
西沙边子	位于毛乌素沙地南缘、中沙边子以西，故名。	
中沙边子	位于毛乌素沙地南缘，人称沙边子。1984 年建沙边子村，为了区分，此处改称中沙边子。	
东沙边子	位于毛乌素沙地南缘，中沙边子以东，故名。	
陈记场	曾有陈姓人家在此建羊场，故名。	
巴子洼	村子建在山梁下、刺圪塔（土堆上生长白刺）边。巴子洼名称源于蒙古语，蒙古语把平底上堆起物叫“巴斯洼”，因语音发音和听语等因素，造成后来的名称“巴子洼”。	
东塘村	沿用驻地自然村名。	东塘村
东陈记圈	陈姓人家曾在此地扎圈养羊，为与冒寨子村西陈记圈区分，故名。	
崔记塘	村南有平塘，村子居民以崔姓为主，故名。	
东　塘	因村东有一平塘而得名。	
左记湾	地形弯曲，左姓始居此，故名。	
卢记塘	村旁有平塘，村民以卢姓为主，故名。	
油　坊	因张姓人家在此开油坊而得名。	
张记场	因张姓人家在此建禾场、羊场而得名。	
西　壕	因位于张家场西边沟壕内，故名。	
冒寨子村	以驻地地名命名。	冒寨子村
冒寨子	因清代冒姓人在此筑寨子而得名。	
高记场	原系高姓禾场，成村落后沿用。	
李记场	原系李姓禾场，成村落后沿用。	
北冒寨子	因位于冒寨子北而得名。	
西陈记圈	有陈姓人家在此建圈养过羊，又为与东塘村东陈记圈区分，故名。	
高记圈	因高姓人家在此建羊圈而得名。	
官记圈	因官姓人家在此建羊圈而得名。	

续表 4

地　名	来　源	所在村
蔡记塘	村旁有一平塘,村内原居蔡姓人家,故名。	冒寨子村
红井子	不明。	
叶记圈	因叶姓人家在此建圈养过羊而得名。	
李记沟村	以驻地地名命名。	李记沟村
李记沟	因沟内有李姓人家居住而得名。	
北　台	因村落位于山梁平台上而得名梁台,1961 年分为两个生产队,分称南台、北台,后又合并,保留了北台的名字。	
黄沙窝	因黄姓人家居住的村子周围有沙窝而得名。	
李记沟东场	位于李记沟东的羊场,故名。	
叶记豁子	古长城豁口处居住叶姓人家,故名。当地“豁”与“和”同音,因此常误写为“叶记和子”。	
刘记沟	村南有一条沟,接通红沟梁土沟,因住户多姓刘,故名。	
沟　北	因位于红土沟北沿而得名。	
黄蒿塘	因平塘地生长黄蒿草而得名。	
红沟梁村	以驻地地名命名。	红沟梁村
红沟梁	村在梁上,梁下有沟,沟道为红沙土土质,呈红色,故名。	
张记圈	位于红沟下部,因此处有张姓人氏建羊圈,后多居住张姓,故名。	
十六堡	早年筑有土堡,距县城西 16 华里,故名。	
十六堡新村	搬迁来的移民新村,因靠近十六堡,故名。	
上红沟梁	在红沟梁上,用地势高低区别。	
下红沟梁	在红沟梁上,用地势高低区别。	
高利乌苏村	“高利乌苏”是蒙古语,山高,沟内有清水之意。	高利乌苏村
井　沟	以村南沟内有井而得名。	
马记梁	1932 年马姓在山寨居住,故名。	
侯记坑	因地势低洼,村民多侯姓,故名。	
赵记梁	因在高利乌苏最高梁上,住户多赵姓,故名。	
路记梁	因 1940 年路姓人氏在山梁上居住而得名。	
王记沟	村子附近有洪水冲沟,村内多住王姓人,故名。	

续表 5

地　名	来　源	所在村
段记塘	因 1936 年段姓人家在丘间平塘居住而得名。	高利乌苏村
苏步井村	以驻地地名命名。	苏步井村
苏步井	因 1905 年蒙古族人在此处打井而得名。	
双　井	村中有两口井并列,故名。	
油坊梁	位于小山梁上,1955 年此处曾建过油坊,故名。	
麦垛山	村旁有座小山形似麦垛,故名。	
官记台	因 1930 年官姓人家迁住此地而得名。	
蒙口湾	蒙古族人蒙口 1928 年在此地居住,后搬迁到内蒙古,地名沿用。	
方记壕	因 1926 年方姓人家在壕沟边居住而得名。	
李华台村	以原驻地地名命名。	李华台村
李华台	清朝末年,李姓人家在此地居住,故名。	
北　圈	有人在此地建羊圈,因位于南圈北,故名北圈。	
卢记沟	因 1915 年卢姓人家迁到沟边居住而得名。	
南　圈	因苏步井村民在村南建羊圈,后成村落,故名。	
张记台	1911 年,有张姓人家居山梁平台上,故名。	
南　井	因井得名,位于李华台村南部,故名。	
龙记墩	村旁有烽火墩,村内原住龙姓人氏,故名。	
芨芨沟村	以驻地地名命名。	芨芨沟村
陈记壕	因 1936 年有叫陈华的人在沟壕内居住而得名。	
三道湾	村北有道山梁呈三道弯形,故名。	
英雄堡	明代城堡,据地名志载原名为永兴堡,以永远兴盛之意命名,后叫英雄堡,音讹。	
陈记梁	因 1926 年有叫陈福的人在此梁居住,故名。	
长　城	位于明长城脚下故名,故名。	
青羊井	村南 2 公里八步战台下西侧有一口古井,过去常有青羊饮水,因此得名,现古井仍在。	
叶记场	因 1926 年有叫叶七的人在此建场而得名。	
汪记场	1926 年有汪姓兽医在此建场,故名。	

续表 6

地　名	来　源	所在村
芨芨沟	因沟内芨芨草长得旺盛，故名。	芨芨沟村
三姓庄	1947 年，村住王、温、李三姓，故名，后李姓迁出。	
硝池子村	以原驻地地名命名。	硝池子村
西大井	因在边记场西有一眼大井而得名。	
边记场	因 1936 年有叫边全海的人搬迁到此处扎场设农点而得名。	
罗庄子	因原居住人家的姓氏而得名。	
高记梁	因 1936 年有叫高海的人在此小山梁居住，故名。	
乔记梁	1945 年有叫乔生荣的人在此居住，故名。	
硝池子	村边有盐碱池出硝，人称“硝池子”，村以池命名。	
王记坑	1940 年有叫王生福的人搬迁此处，因地势低洼而得名，今仍以王姓为主。	
周记梁	因 1926 年前后有叫周海的人搬迁到此处小山梁上居住而得名。	
盈德社区	固原、泾源吊庄移民村，2013 年盐池县地名总体规划，政府统一命名。	盈德社区
惠泽社区	县内苏步井吊庄移民村，2013 年盐池县地名总体规划，政府统一命名。	惠泽社区
裕兴社区	县内生态移民新村，2013 年盐池县地名总体规划，政府统一命名。	裕兴社区
北塘社区	县内生态移民新村，2013 年盐池县地名总体规划，政府统一命名。	北塘社区
高沙窝镇	以驻地地名命名。	
高沙窝村	以驻地地名命名。	高沙窝村
高沙窝	因地处沙窝，地势较高，故名。	
余庄子	庄内有一土寨子，住余姓，故名。	
北　坑	因在胡记圈自然村以北的坑内修建成庄，故名。	
胡记圈	此地原有羊圈，成村落后，因胡姓居住，故名。又名“胡家圈”。	
李记圈	村中早先李姓居住，故名，现多住石、叶等姓，原名延续下来。	
马　场	此村明清时为军马场，故得名。	
石记庙子	村前有一座龙王庙，村内石姓居住，故名。	
马场井	村内古时有一口供军马饮水的井，故名。	
南梁村	以驻地地名命名。	南梁村

续表 7

地　名	来　源	所在村
南　梁	原名孙记庙子,后因位于镇的南部山梁而得名。	南梁村
新庄子	1920 年孙姓人从麻黄梁新搬迁于此,遂成村落,故名。	
东　坑	位于新庄子东侧,且地势较低而得名。	
麻黄梁	原名锅底坑,后因附近山梁有麻黄草而得名。	
孙记沙窝	村落地处沙窝,内多住孙姓人家,故名。	
姬家圈	因住户姓氏而得名	
天　池	以前有湖名曰“天池”,盐池十景之“天池饮马”之处,现已干涸。	
孙记南场	在南梁(孙记庙子)南边的羊场。	
孙记庙子	村内原有孙氏出资建造的庙。	
张庄子	因住户姓氏得名。	
石记坑	石姓人家住在洼地,与营西村北石记坑相对。	
长流墩村	以驻地地名命名。	长流墩村
长流墩	村子坐落在烽火墩下,旁有大路,人来车往川流不息,故名。	
顾记圈	顾姓人家在此建羊圈,后形成村落,故名。	
新　场	不明。	
陈记寨子	以村民姓氏命名。	
杨记台	以村民姓氏命名。	
黄记台	村庄位于山顶平台处,黄姓居住,故名。	
小庄子	不明。	
上　圈	不明。	
南　沟	不明。	
砖　井	因村内原有一井,井台箍砖,故名。	
施记圈村	以原驻地地名命名。	施记圈村
施记圈	村内多为施姓居民,故名。	
范记圈	因清末范姓人在此地扎羊场而得名。	
南　场	村驻地以南、原羊场处建村,故名。	
南　台	在范记圈以南的梁台上建村庄,故名。	

续表 8

地　名	来　源	所在村
施记寨子	施姓人家筑的寨子,故名。	施记圈村
高尧子	山梁高处有一窑洞,高窑子被误写为高尧子延续下来。	
黄蒿沟	因村内生长黄蒿草而得名。	
夹　山	因村旁山形似牲畜的肩胛骨而得名胛山子,后谐音为“夹山”。是盐池县与灵武市的分水岭,水向东属盐池,向西归灵武。	
薛井子	村内有井,原住薛姓村民,故名。	
汪记庙子	村内曾有汪氏所建庙宇,故名	
李记庙子	村内李氏曾建庙宇而得名	
营西村	因村在兴武营古城西,故名。	营西村
郭记坑	郭姓人家居住于地势低洼处,故名。	
余记场	余姓人家居于羊场而得名	
闵庄子	以住户姓氏得名。	
张记寨子	张姓在本村打一土寨子,故名。	
蔡记梁	蔡姓人居住此地得名。	
姜记坑	以本村地势低洼,住姜姓居民得名。	
贺庄子	以住户姓氏得名。	
北石记坑	以本村地势低洼,石姓人家居住得名,与南梁村南石记坑相对。	
宝塔村	以驻地地名命名。	宝塔村
宝　塔	因本村原有一古塔得名,塔废已久,曾有“倒塔”之称。	
张记边壕	明长城又名“边墙”,此处有一沟壕为边墙豁口,张姓人家居住,故名。	
东庄子	位于毛卜剌堡以东,故名。	
东　沟	以洪水冲刷的沟为界,庄子位于沟东,故名。	
徐庄子	清代徐姓建村,以姓氏命名。	
魏庄子	清代魏姓建村,以姓氏得名。	
大　冲	沙漠中间大的平坦地。	
小　冲	沙漠中间小的平坦地。	
二步坑村	以原驻地地名命名。	二步坑村

续表 9

地 名	来 源	所在村
二步坑	据传说，明代 10 里为堡，此地距兴武营 10 里，兴武营为一堡，此为二堡，其中“步”与“堡”谐音，日久转化为“二步坑”。	二步坑村
杨记梁	以住户姓氏得名。	
兴武营	因村旁兴武营城而得名。明正统九年，曾建城驻扎兵营。	
东家梁	潘记梁东北小山梁，潘姓在此建禾场，雇工放羊，雇工称东家的山梁，后称东家梁。	
红圪垯	因村庄坐落在红色山圪塔上而得名。	
余记梁	以住户姓氏得名。	
潘记梁	以住户姓氏得名。	
大圪垯村	以驻地地名命名。	大圪垯村
大圪垯	在村东北有一山梁，红军曾建碉堡，村子建在此山旁，故名。	
二步庙	地近二步(堡)，原有一土地庙，故名。	
李记海子	村西南有一水滩(蒙古族称“海子”)，地势低洼，雨季多积水，李姓人家在此居住，故名。	
黑土坑	因本村土地呈黑色，地势低洼有坑而得名。	
泉 胜	村南有口小泉，由于泉水旺盛得名。	
冯记油坊	有叫冯文的人在此开过油坊，成村落后沿用此名。	
李庄子村	以驻地地名命名。	李庄子村
李庄子	原多住李姓人家，故名。	
黄记场	以住户姓氏得名。	
庙 台	庙建于高处，故名。	
蔡记圈	以住户姓氏得名。	
田新庄	以住户姓氏得名。	
小井子坑	不明。	
禹记圈	因姓氏而名。	
北面台	不明。	
刘范坡	以本村刘姓人家得名。	

续表 10

地　名	来　源	所在村
大水坑镇	因驻地在大水坑村，故名。	
大水坑村	以驻地地名命名。	大水坑村
滩羊场	盐池县在此设滩羊养殖场，进行羊种保护，故名。	大水坑村
孙儿庄	本村居民多为孙姓，故名。	大水坑村
七里庄	村距大水坑 7.5 里，因地势平坦（当地人称平坦为塘）得名七里半塘，后演变为七里庄。	大水坑村
大　西	街南有一近百亩自然洼地，积存山洪雨水，常形成大水坑，1970 年以公路为界划分东西两个村，该村在路西，故得名。	大水坑村
大　东	街南有一近百亩自然洼地，积存山洪雨水，常形成大水坑，1970 年以公路为界划分东西两个村，该村在路东，故得名。	大水坑村
张步梁	现村内居住有张姓人家，但名称来历与含义无从考证。	大水坑村
新泉井村	以驻地地名命名。	新泉井村
新泉井	原有冯儿庄、高儿庄两个庄头，1958 年成立新泉井大队时以新打的一眼井命名。	新泉井村
圈湾子	原来谢家羊圈打在山湾里，山洪下来绕山而泄，故名。	新泉井村
高儿庄	高姓人居住得名，1964 年合并到新泉井村。	新泉井村
关记沟	原居民住在一条山沟中，沟中有一条古代庆阳、西峰驮盐官路，故得名官记沟，“官”“关”同音，常写作“关”。	新泉井村
谷山塘	村处于一平地（塘即平地），村旁有一大土丘，似孤山，得名孤山塘，因“孤”“谷”谐音，常写作“谷”。	新泉井村
断兔沟	一说因村庄位于冲沟尽头而得名。另一说此地野兔很多，人们常在沟内追抓野兔，当地方言“追”作“断”，因而得名。	新泉井村
宋堡子村	以驻地地名命名。	宋堡子村
宋堡子	宋氏发财后，在此地建堡子而得名。	宋堡子村
谢记梁	传说谢姓人买此山梁建村而得名。	宋堡子村
姬儿庄	姬姓人家居住于此地而得名。	宋堡子村
毛儿庄	因村旁山梁上生长当地人称“毛儿头刺”的植物而得名。	宋堡子村
北王场	王姓在此地建两个羊场，此场位于北边，故名。	宋堡子村
南王场	王姓在此地建两个羊场，此场位于南边，故名。	宋堡子村
喻记圈	因圈主姓氏而得名。	宋堡子村

续表 11

地　名	来　源	所在村
柳条井村	以驻地地名命名。	柳条井村
柳条井	因村北有一口用柳条围箍的井而得名。	
杨儿庄	杨姓居民居住此地，故名。	
西雪梁	大水坑西有一东南—西北的斜山梁，村在梁西，故名。当地人“斜”“雪”谐音。	
东雪梁	大水坑西有一东南—西北的斜山梁，村在梁东，故名。当地人“斜”“雪”谐音。	
朱新庄	朱姓人从张旧庄迁居此地而得名。	
张旧庄	此地名使用长久，来历无考证。	
玉皇庙	因村旁有座玉皇庙旧址得名。	
沙窝子	村四周均系沙窝，中间地势低洼，形成窝坑，由此得名。	
烂窑坑	地势低洼，因原来有烂箍窑坑遗迹而得名。	
新建村	以原驻地地名命名。	新建村
新　建	原名武记禾场，1965 年“社教”时分别从武记塘、范记圈、双疙瘩三村搬迁数十户到此，新设一个生产队，故名。	
碱沟子	村旁有一条南北走向的盐碱沟，故名。	
黄记井	原名黄家井，因村中有黄姓人早年打的一口井而得名，1980 年地名普查时，因当地“家”“记”谐音，改称黄记井。	
双疙瘩	村西、村南各有一小山圪垯，故名。	
范记圈	因范姓人建圈养羊而得名。	
武记塘	因村处丘陵间平地，居住武、吴两姓得名。	
李　圈	因李姓建羊圈养羊得名。	
余记圈	地势平坦，余姓人扎场牧羊得名。	
牛毛井	村子处在盆地中，地下水位高，水质差，打井容易，形容井似牛毛一样多，又牛踢踏出水，故得名。	
苗古窑	原有苗姓人家在此箍窑居住，故名。	
莎草湾村	以驻地地名命名。	莎草湾村
莎草湾	位于山湾处，山沟内生长莎草，故名。	
麦记渠	沟渠处，种植小麦生长旺盛，故名。	

续表 12

地　名	来　源	所在村
芨芨峁	因山峁生长芨芨草而得名。	莎草湾村
任新庄	早前任姓人家购买此地居住,得名。	
刘记沟	因沟内住刘姓人家而得名。	
观音峁	居地山峁上曾修过观音庙,村以此命名,1965 年“社教”中,因忌讳“庙”字,改为观音峁,后又误为关音峁。	
齐新庄	以住户姓氏得名。	
井沟畔	村庄坐落在沟畔上,沟台上有一眼井,故名。	
黄记圈	因圈主姓氏而得名。	
苏记沟	因沟内原有苏姓人家居住,故名。	
摆宴井村	以驻地地名命名。传清代康熙帝巡访路过此地,当地人宴请议事,当时因为天旱少雨,此处有一口水井,水量充足,解决了人畜饮水困难,后因此得名。	摆宴井村
摆　东	为方便管理,摆宴井自然村分东西两部分,此为东部。	
摆　西	为方便管理,摆宴井自然村分东西两部分,此为西部。	
芦沟子	此村为苦水沟流经地,过去河沟内生长芦草,因此得名。	
梁禾场	原杨姓在此种地建禾场,得名杨禾场,后来杨姓将土地卖给梁姓,更名为梁禾场。	
牛皮沟	传说有一头牛在此沟中被狼吃掉,只剩一张牛皮,因而得名。	
前　指	石油前线指挥部旧址,原无人居住,后从牛皮沟搬来 7 户人居住,成村后得名。	
沟　口	原名李渠子,1965 年后有人家迁居于一条沟的沟口居住,故名。	
孙记沟	孙姓居于梁下沟旁,得名后孙姓迁往他地,名称沿用。	
井　梁	此处有一座寺庙,王姓居住建村,得名王记寺。1965 年规划居民点时将村民迁至一座山梁上居住,山下有井,重新命名为井梁。	
新风湾	原名新坟湾,2013 年盐池县地名总体规划将其改名为新风湾,谐音避讳。	
曹　家	以住户姓氏得名。	
大　掌	村旁一条大山梁下,地形似簸箕掌,故名。	
向阳村	以驻地地名命名。原有李、刘、孙姓人家禾场,1958 年三地合并成立贺坊生产队,1966 年“文化大革命”开始,改名为向阳,沿用至今。	向阳村

续表 13

地　名	来　源	所在村
硝池子	村西有池子产硝,故名。	向阳村
道　沟	村前有条沟,沟内有水自东向西流过。常言道"天下河水向东流",此沟水却反向西流,因而得名"倒沟","倒""道"同音,后来写作"道",变为道沟。	
向　东	村落在向阳村东,故名。	
向　西	村落在向阳村西,故名。	
狼　东	从前有条沟,过去常有狼群出没,得名东狼儿沟,又名狼东,与西狼儿沟(狼西)对应。	
狼　西	与东狼儿沟(狼东)对应。	
沙　洼	因地形低洼并多沙而名。	
齐记庄	因本村居民姓氏得名。	
下　店	不明。	
马儿沟	传说以前山沟草质好,适宜养马,故名。另一说,因过去沟内生长马茹子灌木较多而得名。	
段岘子	两山中间的嵝岘,因洪水冲刷断开而得名。	
刘叶洼	相传很早以前刘姓人在此居住,常年生活独立,不受官府管制,过着游牧生活。后来官府管理,刘姓人不服,随意杀人,人称刘野人。后刘姓迁至山坡居住,得名刘野人洼。由于名称不雅,后更名为刘叶洼。	
红井子村	以驻地地名命名。因村子所在地土质为红沙土,井中水位高,水质好,故名。	红井子村
下青石峁	原无人居住,1981 年,青石峁部分居民迁往此地,沿用原名。为了区分,以所处地势高低,称为下青石峁。	
红井子西	因土质为红沙土,水位高,水质好,居民家家有井,得名红井子。1964年"社教"时,将红井子分为东西两个生产队,此为西片,称西队。	
红井子东	因土质为红沙土,水位高,水质好,居民家家有井,得名红井子。1964年"社教"时,将红井子分为东西两个生产队,此为东片,称东队。	
上青石峁	山顶浑圆,斜坡较陡,峁下有青石,故名。	
刘堡子	原名李阳沟,后李姓绝。1981 年,刘姓人家从涝坝沟迁居此地,因有旧堡子遗迹改名刘家堡子。	
涝坝沟	此地从李阳沟向西延伸,早年洪水淹没了农田,在沟里打一土坝而得名。	

续表 14

地　名	来　源	所在村
傅地坑	以前傅姓人氏在此修墓。	红井子村
甜水河	村南有条沟,水质甜,故名。	
马坊村	以驻地地名命名。	马坊村
马　坊	相传过去为军马营,古驿站,客商多在此落脚,故名。	
石山沟	此处有沟岔 13 个,村庄位于石头山的沟内,故名。	
寺儿沟	过去沟旁建有庙,故名。	
红沟洼	原名牛寨子,1965 年"社教"时更名,以红色土沟洼地取名。	
井　沟	村南一红石沟,沟底有井,水质甜,故名。	
二道沟村	以驻地地名命名。	二道沟村
二道沟	村北有两条大沟,故名。	
沟　沿	因杨姓人家居于沟沿而得名。	
张平庄	原名曹记掌,曹姓搬迁后,村子废弃,后张姓在此建庄,因位于丘陵间平地,故名。	
后　台	位于二道沟后、北面的丘陵平台地上,故名。	
南　洼	因位于二道沟南部山洼处而得名。	
金盆湾	此系精华之地,粮食作物生长很好,故名。	
狼儿嘴	名称来源不明,现已无人居住。	
新桥村	以驻地地名命名。	新桥村
新　桥	原名苏堡子,1965 年新建一砖桥,更名为新桥。	
苏老庄	因本村居民多姓苏而得名。	
上　掌	原名姬家掌,因住于山掌上面而得名。	
下　掌	原名姬家掌,因住于山掌下面而得名。	
林洼子	原以林姓人家住山洼处而得名。	
农　台	原名谢家堡子,因周围地势平坦又叫堡子台,因此地土质好粮食产量较稳定,1964 年更名为农台。	
余圪崂	余姓住在山旮旯处,圪崂:旮旯的地方读音,故名。	
山泉峁	土峁三面有坑,每坑有一泉,故名。	
窑沟畔	沟畔打窑住人,故名。	

续表 15

地　名	来　源	所在村
东风村	原名甘泉畔,1964 年更名,借乘东风之意。	东风村
史堡子	史姓人家在村东南险要处建一土堡防匪,故名。	
吴记掌	吴姓人家住沟谷会合处,地形形似手掌,故名。	
碗石磕	早年宛姓居住,门前有石头沟磕,因而得名,现多写为碗石磕。	
麻记畔	因本村居民姓氏而得名。	
堡　头	因刘姓人家在古堡旁扎禾场而得名。	
甘记畔	村南有一条东西走向的沟,村在沟畔上,与村相对有一甜水泉,故名。	
阎记畔	以住户姓氏和地形得名。	
马记滩	早年马姓人家居住,后绝户,袁姓人家搬入,旧名沿用。	
新庄洼	后洼潘家山潘姓人家新搬来住于山洼处,因而得名,沿用至今。	
李伏渠村	以驻地地名命名。	李伏渠村
李伏渠	原来因沟中多榆树而得名榆树渠,后因地势起伏不平,李姓人家居住于此,更名李伏渠。	
高新庄	清光绪年间,高姓人家从陕西神木逃荒至青石峁,民国初又迁此处建新村,得名高新庄,现逐渐变音称为高兴庄。	
罗庄科	早年居住罗姓人家,同治年间战乱不知去向,留下废庄,故名。	
罗　渠	此村有一冲沟,当地人将冲沟称渠,村中罗姓人不知去向,旧名延续。	
新建塬	原名屈掌,因为屈姓住在山掌而得名。1981 年,农民在原旧址旁建新居,因处在塬顶上而更名。	
西　湾	村庄坐落在张平庄西边的山湾部,故名。	
西　梁	村庄在张平庄西面的山梁上,故名。	
王新庄村	以驻地地名命名。	王新庄村
王新庄	解放前后,别处人家迁居于此,多姓王,故名。	
陈记山	以居民姓氏得名。陈家山也是自然地物名,盐池海拔最高的山。	
崖　峁	因是在陈家山腰部突出的山峁处筑窑成村,故名。	
文记掌	在陈家山下湾处,文姓人家居住在地形呈簸箕掌的地方,故名。	
陈记山禾场	因陈记山农户在此建禾场种地而得名。	
马畔子	马姓居民住在沟畔边,故名。	

续表 16

地　名	来　源	所在村
康　台	因康姓人家在山台下筑窑居住而得名。	王新庄村
惠安堡镇	沿用明盐捕通判堡名,原名有施惠政安民之意。	
惠安堡村	沿用明盐捕通判堡名,原名有施惠政安民之意。	惠安堡村
薛园子	因薛姓人在此种菜园子而得名。	惠安堡村
赵儿庄	以住户姓氏得名。	惠安堡村
南　梁	原名张禾场,因位于惠安堡以南山梁处,后渐称南梁。	惠安堡村
杨儿庄	以住户姓氏得名。2011 年从杨儿庄村划归惠安堡村。	惠安堡村
张儿庄	以住户姓氏得名。2011 年从杨儿庄村划归惠安堡村。	惠安堡村
杨儿庄村	以原驻地地名命名。	杨儿庄村
陈　北	旧称红梁,因位于陈家老庄北面,现称陈北。	杨儿庄村
陈　东	陈姓人家将村庄建于大梁台上,旧称陈大梁,因位于陈家老庄东,现称陈东。	杨儿庄村
陈　西	旧称陈家老庄,因位于陈大梁庄子西面,故又名陈西。	杨儿庄村
陈　圈	以住户姓氏得名。	杨儿庄村
武新庄	武姓人迁于此,建新庄,故名。	杨儿庄村
沙　沟	原有一条沟被沙子埋平,故名。	杨儿庄村
芨芨滩	因所处滩上生长芨芨草而得名。	杨儿庄村
上台子	村子建在高处台地上,人马车辆进入有上台阶之感,故名。	杨儿庄村
隰宁堡村	以驻地地名命名。	隰宁堡村
隰宁堡	沿用隰宁堡古城名称,“隰宁”原意是开垦安民。	隰宁堡村
苦水井	因井水有苦味,故名。	隰宁堡村
洪涝池	古时此地常有洪水聚积成池,故名。自苦水沟形成后,再无涝池。	隰宁堡村
沟　边	因居民沿苦水沟沟沿居住而得名。	隰宁堡村
姚古塘	原名姚沟子,因姚姓在此箍窑居住而得名,后迁于平处,又称姚古塘。	隰宁堡村
曹记洼	曹姓居住在一缓坡上,故名。	隰宁堡村
大坝村	因村子附近有一大坝,形成李家大湾水库,故名。	大坝村
刘忠窑	因名叫刘忠的人在沟边打窑居住而得名。	大坝村

续表 17

地　名	来　源	所在村
贾记圈	因早期圈主为贾姓而得名。	大坝村
刘石嘴	刘姓住在石山嘴南侧，故名。	
杜记沟村	以驻地地名命名。	杜记沟村
大　湾	李姓人家住在大湾附近，故名。	
曹　圈	因名叫曹满堂的人在此处打过羊圈而得名。也叫曹记圈。	
大庄子	与李家小庄对应，以大小区分。	
红土沟	因沟内有红黏土出露而得名。	
杜记沟	清代杜姓在沟旁居住，后搬迁到冯记沟，旧名延续。	
郝记台	因郝姓人在台地上扎场居住得名。	
郝记下庄	因位于郝记山下，故名。	
郭东湾	郭姓人家住在烽火墩旁的洼地处，得名郭墩湾。现已讹为郭东湾。	
郝记山	因郝姓人在山上居住种地而得名。	
关记台	以住户姓氏得名，又名关祭台。	
狼布掌村	以原驻地地名命名。	狼布掌村
新　合	不同地方的群众搬至一起新建村庄，故名。	
大　兴	从大水坑搬来的人新建成庄，故名大新，现多称大兴，取兴旺之意。	
萌　兴	从萌城搬来的人新建成庄，故名萌新，现多称萌兴，取兴旺之意。	
小庄子	与李家大庄对应，以大小区分。	
宋红沟	宋姓住在红色胶泥沟旁，故名。	
王记春口	从狼布掌下来的洪水冲口处，原住王姓人，现住张姓人，“春”“冲”谐音。	
下　滩	位于狼布掌沟口的滩地上，故名。	
狼布掌	原名狼坝掌，早年沟下游筑坝拦水，地形如手掌而得名，后音转为狼布掌。村中原有一康熙年间铸造的铁钟，钟上铭刻有狼坝掌。	
萌城村	村西有萌城古堡，故名。	萌城村
林　泉	山水河边有一泉水，林家在附近建村取此泉水饮用，故名林家泉。现多称林泉。	
新　庄	林家泉自然村的贺文俊等迁此处定居，故名。	

续表 18

地　名	来　源	所在村
孙记山	孙姓人家居于山头，故名。	萌城村
贺陡沟	贺姓人住翻车沟西，沟势陡峭，原来人行欲达需攀登而上。现多记为贺斗沟。	萌城村
南新庄	贺姓人家迁于贺陡沟南 1.7 公里处新建一村，故名。	萌城村
宋儿庄	以住户姓氏得名。	萌城村
北　河	因位于萌城山水河以北而得名，为便于管理，又分上组、下组。	萌城村
南　河	因位于萌城山水河以南而得名，为便于管理，又分东组、西组。	萌城村
付记沟脑	付姓人家住在一条沟的最里面，故名。	萌城村
新　建	原马地掌、付记沟脑、张家禾场 3 个居民点，搬迁合并新建村落得名。	萌城村
沙坡子	因村北有大沙窝，村子位于沙窝南坡处，故名。	萌城村
上　圈	因羊圈位置较高而得名。	萌城村
马地掌	此处地形似马蹄掌，故名。	萌城村
殷记渠	此处原无人家，名叫殷万金的人搬来后成村而得名。	萌城村
周　山	因周氏家族居住在一山上而得名。周家山也是当地山名。	萌城村
老庄渠	不明。	萌城村
新庄渠	有人家迁于此水沟阳坡建村定居，故名。盐池当地也称沟为渠。	萌城村
断岘子	不明。	萌城村
贺陡沟禾场	贺陡沟的贺姓人在山上建禾场种地，后成村落，故名。	萌城村
四股泉村	以驻地地名命名。	四股泉村
四股泉	因村旁石沟内有 4 股泉水而得名，为方便管理，又分为上组、下组。	四股泉村
三岔河	山水河上游 3 个沟岔到此村庄附近合为一流，故名。	四股泉村
石下河	因石姓人家住石子沟下游而得名。	四股泉村
河　口	张姓建村于山水河西口部，故称。	四股泉村
殷记老庄	殷姓祖先居住的庄子。	四股泉村
红土桥	张姓人家搬此建村，土系红色，近有一土桥，故名。	四股泉村
羊粪沟	过去常有人在此放羊，因羊粪多而得名。	四股泉村
石堡子	村南有古堡旧址，村内为石姓人家，故名。	四股泉村

续表 19

地　名	来　源	所在村
大　掌	村子所处地块大而平,形似手掌,故名。	四股泉村
张新庄	张姓人氏迁居于此,故名。	
石湾沟	村西有山,名石湾山,山下有沟,居民住沟西侧,故名。	
下　圈	陈氏曾在此筑窑打羊圈,因位置较低,故名。	
陈记山	陈姓人家居住在山头上,故名。	
营盘山	古兵营所在,四面皆大沟,唯西南小路可行,有小水泉可饮用。	
麦草掌村	以驻地地名命名。	麦草掌村
麦草掌	原名馒头掌,因山掌上生长麦秧草,1958 年改名麦草掌。	
赵窝棚	早先赵姓人家在此搭窝棚种地看瓜,故名。	
石记院子	以住户姓氏得名。	
陈记新庄	以住户姓氏得名。	
南窑子	原名烂窑子,不整齐,后在苦苦渠南筑窑,门户向阳得名。	
饶记台	饶姓人家住在山台上,故名。	
北窑子	此处筑窑向北开门户,故名。	
王冲口	王姓人家住在山底洪水冲口处,故名。	
马坊沟	庄在沟内,此沟古时有过军马坊,因此得名。	
施天池	山高处,雨后积水成湖,风光较好,称天池。原名祁家天池,后祁姓人外出逃难未归,施姓人从沈家洼子迁来,变为施家天池。	
沈记洼子	沈姓人家住在一缓坡上,故名。	
墩　圈	位于固原内边峰火墩下,得名墩圈,又因“墩”“东”谐音,今多称东圈。	
红沟沿	以前村庄位于沟沿上,土系红色,故名。	
李新庄	原名黄记阳洼,1949 年李姓人从麦草掌搬此处建禾场,后成村落,故名。	
沙　坡	因坡上原来多沙子,形成沙坡,故名。	
铁边路	不明。	
黄记坝	因黄姓人家住在此处,故名。	
施记禾场	施姓人家在此处开荒种地,建禾场,故名。当地“禾”“火”同音。	

续表 20

地　名	来　源	所在村
石岗沟	村沟内东南侧有一自然形成的石坑,形状似缸,"缸""岗"同音,后演变为现名。	麦草掌村
王平梁子	因王姓在山上建羊场而得名。	
林记口子村	以原驻地地名命名。	林记口子村
范记塬	范姓人家在塬上居住得名。	
林记口子	林姓人家居住在狼布掌的山口处,故名。现多居王姓人家。	
李记塬	因李姓人家在塬上种地建村而得名。	
王下窝	王姓人住山下湾处,当地人"湾""窝"谐音。	
王大夫掌	因山掌上过去住过姓王的大夫得名。	
代记塬	因代姓人家在塬上种地建村而得名。	
麦地湾	村子所在山湾过去以种小麦为主,故名。	
王庄科	王姓农户在此匡建村得名,方言"匡""科"音近,演变为科。	
汪记塬	汪姓人家在塬上居住,故名。	
万记塬	万姓人家在塬上居住,故名。	
余记湾子	以住户姓氏得名。	
钱记塬	钱姓人家在塬上居住,故名。	
杏树梁村	此处有几棵大杏树,故名。	杏树梁村
窝风掌	因在两山之中不受风的侵袭而得名。	
刘记窝浪子	因刘姓人家住于山窝而得名。	
孙洼子	孙姓人居住在山洼(山坡)阳侧而得名。	
芦口子	芦姓人住在山口处而得名,现多住许姓人。	
张洼子	因张姓人家居住山洼而得名。	
沙渠洼	因位于小沙窝水渠沟的山洼上而得名。	
许窝棚	因许姓人在此种瓜,曾搭一窝棚而得名。	
小口子	因位于风水岭南侧山口处而得名。	
张记窑	张姓人家在山上打窑洞居住,后成村落,故名。	
东　庄	从张记窑分出的人住东边,故名。	

续表 21

地　名	来　源	所在村
薛记山	村子所在山顶上多积雪,本应为雪积山,“雪”“薛”同音,今演变为薛记山。	杏树梁村
施记新庄	施姓住户从施天池搬迁此处新建村庄,故名。	
高兴庄	高姓人家搬此落户新建村庄,原叫高新庄。2013 年盐池县地名总体规划改名为高兴庄,以与大水坑镇高新庄相区别,寄寓美好愿望。	
老盐池村	以原驻地地名命名。	老盐池村
烟墩山	因村旁有烟墩山而得名。	
李记坝	名称来历无从考证,现住尤、邹二姓人家。	
张　庄	因张姓人家居住而得名张儿庄。2013 年盐池县地名总体规划改名为张庄,以与惠安堡村张儿庄相区别。	
梁　台	因梁上有一高而平的台地而得名。	
老盐池	原名盐池堡,明置操守,因与县名重名,民国间改为盐积,但群众习惯加“老”区别于县名,故有现名。	
惠苑村	生态移民新村,2012 年开始建设,移民来自惠安堡镇南部山区。政府统一命名。“苑”,古指种植树木养殖兽禽的地方,象征环境优美。	惠苑村
王乐井乡	以驻地村名命名。	
王乐井村	据传,唐朝年间有一部落王(首领)被迫流落到此,打出一口井,得名王落井。另一种说法是,清代一王姓人在此打出一眼水井,出水时很乐,得名王乐井。	王乐井村
何记墩	村在烽火墩旁,因村中居民多为何姓而得名。	
东　沟	王乐井北有一北南向冲沟,沟两侧有人家,合作化后,以沟为界,东边称东沟或东庄子。	
西　沟	王乐井北有一北南向冲沟,沟两侧有人家,合作化后,以沟为界,西边称西沟或西庄子。	
陈庄子	原为陈姓人家居住,故名。现多居胡、王、蒋姓人。	
盖木庄	名称无从考证。原张姓人居住,后搬到郭记洼。	
边记洼村	以驻地地名命名。	边记洼村
边记洼	地势北高南低,因半鸡鸟(学名石鸡)多而得名半鸡洼,后演变为边记洼。现村中住户以牛、郭、赵、代四姓为主。	
马记掌	因马姓人家居住在山掌处而得名,现叶姓人家居住,旧名沿用。	
叶记渠	叶姓居民住洪水冲沟边,故名。现村中多为郭姓人家。	

续表 22

地　名	来　源	所在村
李渠子	李姓居民住洪水冲沟边，故名。	边记洼村
野湖井	地近野湖岭（旧称野狐岭），因在南沙窝南打井出水，故名。	
石山子村	以驻地地名命名。	石山子村
石山子	因村旁山上多石头而得名。	
赵记沟	以住户姓氏得名。	
周庄子	因周姓人家建村居住而得名。	
曾记畔村	以驻地地名命名。	曾记畔村
曾记畔	原多住曾姓人，故名。现多住冯、陈两姓人家。	
牛记山	以住户姓氏得名。	
佟记山	原住佟姓人家，故名。现多住王姓人。所处山梁也叫佟记山。	
张记沟	因张姓农户住在沟边而得名。	
小阳沟	本村有一小沟，原名阴沟，过去鼠疫横行死了不少人，民国初更名小阳沟，取阳抵阴，以示吉利。与孙家楼村大阳沟相区别。	
三道井	因村中有 3 口井而得名。现村中人家以王、陈、高三姓为主。	
牛记圈村	以驻地地名命名。	牛记圈村
牛记圈	清代时，柳杨堡海牛滩牛姓人氏在此设牧点，得名牛记圈场，后牛姓搬迁，略去“场”字。	
毛记庄	因住户姓氏而得名。	
赵记圈	此处原有羊圈，村内住赵姓人家，故名。	
安定堡	村名借用村旁安定堡名。明时筑堡，置操守，取“国定社稷安”之意。	
马记圈	因马姓人氏迁入此地建牧点而得名。	
小沙窝	本村生长沙蒿草，又因周围沙窝大，而此处沙窝小，故名。现居官姓人家。	
张步井	张姓人在此打了 8 眼水井才满足了用水需求，得名张八井，后演变为张步井。现村中多为孙姓人家。	
官记圈	以本村官姓居民姓氏得名。	
西　场	因村子位于官记圈西边的牧场上，故名。	
刘相庄	原住刘相、刘科，后刘姓绝门，现住官姓人家。	
北　梁	因在牛记圈北边的山梁上，故名。	

续表 23

地　名	来　源	所在村
牛　东	因村中水井旁长有牛毛样小草，得名牛毛井，后分为东、西两队，此处是东队。	牛记圈村
牛　西	因村中水井旁长有牛毛样小草，得名牛毛井，后分为东、西两队，此处是西队。	
东火山子	因位于火山子以东的丘陵山地，故名。孙姓人曾在此建羊场。	
姚　梁	因地势较高，早年有庙，人称庙梁。后狼布掌官姓人来此打窑居住，得名窑梁。"窑""姚"谐音，后习惯写为姚梁。	
白记井	原为白氏在此打井得名，后因众人吃水，亦有人称百家井。现村中以王姓为主。	
刘四渠村	以驻地地名命名。	刘四渠村
刘四渠	小冲沟为渠，原以刘姓人家命名。现多居朱姓人家。	
沙记渠	因沙姓居民居住在洪水沟旁而得名。	
南阳沟	清代叫崖窑沟，因在沟崖打窑洞居住而得名，崖也读 ái，当地方言又读作 nái，后渐谐音为南阳沟，取"阳"亦表示吉祥。	
郭记洼	郭姓居民居住在缓坡丘陵上，故名。	
官西庄	早年这一带官姓人家居住，筑有东西两个寨子，后称庄，此寨子在西，故名官西庄。	
官东庄	早年这一带官姓人家居住，筑有东西两个寨子，后称庄，此寨子在东，故名官东庄。	
郑家堡村	以驻地地名命名。	郑家堡村
郑家堡	古时此地为军马场，后有一郑姓人在此开设一家铺子谋生，人称郑家铺子，后演变为郑家堡子、郑家堡。	
康庄子	康姓人最早在梁坡打窑洞居住，人称康记窑头，后康姓人绝后，任姓人迁入，沿用旧名，现简称康庄子。	
丁记井	因丁姓居民在此打一水井而得名。现村中以薛、夏、乔三姓为主。	
牛头沟	相传本村附近，洪水从沟内冲出过牛头化石，故名牛头沟。又说村庄附近的沟岔形状很像牛头，故名。	
西　湾	因本庄处于一山湾西边，故名。	
汪水塘	因村庄所在地附近地势低洼，经常积水，故名。	
鸦儿沟村	以驻地地名命名。	鸦儿沟村
鸦儿沟	本村烽火墩下的沟内经常乌鸦成群，故名。	

续表 24

地　名	来　源	所在村
平凉台	村庄坐落在山腰平台处,气候凉爽,故名。	鸦儿沟村
七家渠	村四周沟较大,7 户人居住在小沟处,当地人叫小沟为渠,故名。	
三道沟	因本村位于从七家渠向东数第三条沟处,故名。	
官滩村	以驻地地名命名。	官滩村
官　滩	相传清时,此处是放牧官马的滩地,故名。	
南　庄	村子位于官滩南边,故名。现居住的几户人家都搬到官滩。	
王吾岔村	以驻地地名命名。	王吾岔村
王吾岔	有王、杨、高、郭、赵五姓人家在沟岔处居住,五姓户大人多,故名,现多住高姓人家。	
刘记窑	刘姓人家建窑洞居于此,故名。	
平阳沟	本叫阴沟,过去鼠疫流行,人死较多,后更名取平安之意。	
孙家楼村	以驻地地名命名。	孙家楼村
孙家楼	古时孙姓人拾金不昧,失主盖楼酬谢孙氏,故名。	
王记圈	王姓人家居住于此,故名。	
火山子	此处有山,霜冻较晚,故名火山子。	
大阳沟	原名大阴沟,古时人称阴曹地府为阴,不吉利,改称阳。与曾记畔村小阳沟相区别。	
范庄子	以住户范姓得名。现村中以司、付、陈姓为主。	
刘圈坑	低洼之地,刘氏建圈牧羊,后成村落,故名。	
狼子沟	村在沟内,沟中有狼洞,生狼子,故名。	
贺井子	贺姓人住在井西、南边,故得名。	
狼洞沟村	东南沟底豁口处有狼洞穴,故名。	狼洞沟村
苦蒿沟	因沟内生长苦蒿草得名。	
徐光滩	古时此滩为徐刚所有,方言“刚”“光”谐音,故名。现村中居刘姓人。	
朱家窑	朱姓居民在山坡凿窑而居,故名。	
西狼洞沟	村中有小山沟,传说沟内曾有狼洞穴,得名狼洞沟,此村位于沟西,故名。	
东狼洞沟	村中有小山沟,传说沟内曾有狼洞穴,得名狼洞沟,此村位于沟东,故名。	

续表 25

地　名	来　源	所在村
双圪垯村	以原驻地地名命名。	双圪垯村
高庄子	周姓人家居住,因庄子地势较高而得名。又说原为高姓人家居住,故名。	
寇西场	位于寇庄子以西的牧场,故称西场。2013 年盐池县地名总体规划改名为寇西场,以与牛记圈村西场相区别。	
北　台	位于西双圪垯偏西北的平台上,故名。	
西双圪垯	因附近有两个对称山丘(当地人称圪塔),村子位于山丘西,故名。	
东双圪垯	因附近有两个对称山丘(当地人称圪塔),村子位于山丘东,故名。	
郭庄子	以住户姓氏得名。	
钱记滩	因钱姓人家居住滩地而得名。	
寇庄子	以住户姓氏得名。	
郭记场	以住户姓氏得名。	
青山乡	以原驻地青山村得名,现驻侯记河。	
青山村	以原驻地地名命名。清代是商道上一小镇,从莲花池、苟池驮盐往环县、灵州的第一站。	青山村
六里洼	刘姓人家住山下洼处,距乡政府 6 华里,故名。	
侯记河	因村里有条小河流过,侯姓人居住于此,故名。	
尖山湾	村旁有小山峰尖顶,峰下有沟,沟湾有村,故名。	
杨成沟	村西有条沟,村内原是杨、陈二姓人家居住,“陈”“成”谐音,故名。	
王记场	因 1936 年王姓人在此建场放牧得名。	
苦参湾	处于山梁湾,湾内生长苦参草,故名。	
谢记湾	以住户姓氏得名。	
猫头梁村	以驻地地名命名。	猫头梁村
猫头梁	村北山梁上生长猫头刺、骆驼刺,故名。	
斗沟子	以沟势陡峭得名,“陡”“斗”同音。	
二道湖	原来在上游刘窑头与赵记塘之间有一湖称头道湖(现已干涸),此处是下游邻近的湖,故称二道湖。	
牛记圈	以住户姓氏命名。	
庙　湾	村北山梁上有庙一座,村子位于梁下山湾处,故名。	

续表 26

地　名	来　源	所在村
太平庙	过去此处建太白庙一座，故叫太白庙，后讹为太平庙。	猫头梁村
郝记台村	以驻地地名命名。	郝记台村
郝记台	村子地处台地上，居民以郝姓为主，故名。	
刘窑头	清末刘姓人打窑居住于此，故名。	
井　坑	村庄建于滩上，村内有水井，故名。井现已废弃。	
六庄滩	因 6 个姓的人家在此种地而得名。	
赵记场	民国初，因赵姓人在此居住得名。	
北马坊西队	古时为军马场，故名马坊，为与大水坑镇马坊相区别称北马坊。现分为两队，西边的村子称北马坊西队。	
北马坊东队	古时为军马场，故名马坊，为与大水坑镇马坊相区别称北马坊。现分为两队，东边的村子称北马坊东队。	
田西湾	因田姓人居于冯记梁西的山湾里而得名。	
冯记梁	因冯姓人居于梁上而得名。	
方山村	以原驻地地名命名。	方山村
海子塘	以村东积存雨水的低洼海子有水眼得名。	
高　圈	以圈主姓氏得名。	
尚　圈	以圈主姓氏得名。	
小青山	村南侧有大山一座，人称青山。2013 年盐池县地名总体规划改名为小青山，以与青山村相区别。	
方　山	村北有座山，因山顶呈方形得名。	
南　梁	位于尚记圈南部，故名。	
西　台	位于营盘台以西的台上，故名。	
得胜利	不明。	
吴记油坊	解放前，吴家在此开油坊，故名。	
营盘台村	以驻地地名命名。	营盘台村
营盘台	因古时驻扎过兵营得名。	
红　庄	因庄子所在地土质呈红色得名。	
张　圈	以圈主姓氏命名。	

续表 27

地 名	来 源	所在村
王 台	王姓人居住在一块较高台地,故名。	营盘台村
东 湾	村庄坐落在有烽火墩的山湾处,故名,方言“东”“墩”谐音。	
吴记圪垯	因村四周有 5 个山疙瘩而得名。“吴”“五”同音。	
小 水	村内有一条小沟,沟内有一小水泉,故名。	
月儿泉村	以驻地地名命名。	月儿泉村
月儿泉	村近有一沟,形似弯月,沟内有泉,故名。	
赵记塘	因赵姓人居住在积水塘处得名,现多住刘姓人。	
路记红庄	路姓村庄建于红土坡上,故名。	
张记圈	以住户姓氏得名。	
东 梁	位于月儿泉东的山梁上,故名。	
库 团	原名宁家苦滩,因宁姓人家居住在有苦水的滩上而得名,当地称洼地为坑,故名苦滩坑,后误写为苦团坑,后简称库团。	
牛圈坑	此地低洼似坑,草原茂盛,草质优良,人们在此养牛,后逐渐形成村落,得名。	
雷记沟	相传此地有一棵 6 人合抱不住的大榆树,有一天乌云满天,雷鸣电闪,雷击坏了榆树,瞬间洪水猛涨,把村东冲开了一条沟,得名雷击沟,后人将雷击沟写成雷记沟,沿用至今。	
火庄台	此台上禾草生长较好,当地火、禾谐音,故名火庄台,亦称火庄子。	
李记台	因李姓住户而得名。	
古峰庄村	以驻地地名命名。	古峰庄村
古峰庄	因村南角有座孤坟而得名,古峰、孤坟谐音。	
长山子	因村北的山梁较长得名。	
甘洼山	相传村北洼地有一泉水,水淹没了周围的地面,唯独村子没被淹没而干着。“干”“甘”同音,后写成甘洼山。	
龙记湾	因龙姓人家居住在靠西南—东北走向的山湾处得名。	
糜子滩	此处糜子生长较好,故名。	
大井湾	因山湾处有一水井得名。	
旺四滩村	以驻地地名命名。	旺四滩村
旺四滩	王姓人居住滩地,清朝同治前此地是个热闹的集市,名为王市滩,当地“市”“四”谐音,后来传成旺四滩。	

续表 28

地 名	来 源	所在村
陈记圈	陈姓人建羊圈得名,后成村落。	旺四滩村
石记场	1930 年有个叫石占江的人建禾场,后成村落,故名。	
田记台	因田姓人居住台地上而得名。	
黄米湾	此处适宜生长糜子,而且所产黄米好吃,故名。	
龚记场	因龚姓人建禾场得名。	
吴小口子	因吴姓人家住在小山口处得名。	
侯记场	因侯姓人建禾场得名。	
冯记沟乡	以驻地村名命名。	
冯记沟村	以驻地地名命名。	冯记沟村
冯记沟	村南、东、西有沟,村中多居住冯姓居民,故名。	
王冲庄	清代时杜姓人从惠安堡杜记沟搬迁此地居住,该地东、西、北均是山梁,中间地势平坦,低洼处经常积水,故名汪冲庄。“汪”“王”谐音,“冲”为高地间的平地。现村中以范姓为主。	
三墩子	村东有一烽火墩,从张记墩数起是第三个,故名。	
臭水坑	以前有一小水坑,因水发臭而得名,现为一土坑。	
王申庄	村庄地形较低似坑,王姓人居住得名“王深庄”,当地“深”“申”同音,后演变为王申庄。	
黄草梁	山梁上生长黄蒿草,故名。	
冯记台	冯姓人居住在山台上,故名。	
金渠子	金姓人居住在沟边(当地称沟为渠),故名。	
冯王圪垯	村旁有山圪塔,王姓人居住于此,故名王圪瘩。为与汪水塘村王圪垯区别,在 2013 年盐池县地名总体规划时,命名为冯王圪垯。	
臭木井	滩羊场牧场站点,旁有一井。	
张记墩	因张姓人居住在烽火墩下得名。	
尖儿庄	翦姓人从灵武逃荒至此地定居,故名。	
凤凰梁	相传此处落过凤凰,又因山台形似凤凰展翅之势,故名。	
红井坑	村旁有一深坑,土色为红,故名。	
丁记掌村	以驻地地名命名。	丁记掌村

续表 29

地　名	来　源	所在村
丁记掌	东西走向的一条山梁与南北走向的一条山梁呈“丁”字状交接，村庄卧在簸箕掌上，故名。现村中居民以侯姓为主。	丁记掌村
马禾庄	马姓人在此建禾场得名，“禾”“和”谐音，又叫马和庄。	
青马圈	古时圈养黑马的圈址，黑为青，故名。	
石井坑	村北有一石头箍砌的井，因周姓人家居住，得名周石井子，后来石、李姓人迁入，又演变为现名。	
丰车梁	山台形似推车，人称推车梁，现谐音为丰车梁，取庄稼丰收之意。	
三道井	村子有西南至东北走向的两条山梁，山梁中间呈夹道，夹道有路有井，得名山道井，方言“山”“三”谐音，日久转化为三道井。	
王记圈	因住户姓氏得名。又名王家圈。	
李记台	因李姓人居住在台地上得名。现村中居民多是王姓。	
双庄坑	村子处在地势较低的低洼地带，居民分居坑南坑北两片，故名双庄坑。	
暴记春村	以驻地地名命名。	暴记春村
暴记春	早年人们在此地发现豹子，清代开始住人便叫豹记冲。当地人把山梁中间平地叫“冲”。方言“冲”“春”谐音，现传成暴记春。	
铁柱泉	以明时筑城卫泉，因泉涌如注，水色似铁，叫铁柱泉，村随泉名。	
崾冰洼	因此处蒌冰草茂盛而得名。有地图上写为要冰洼或崾冰洼。	
杜　圈	王冲庄杜姓人在此建羊圈，叫下圈，后改为现名。	
杨儿庄子	位于暴记春东，因暴记春的杨生华到此建场而得名，亦有人称东场。	
张记场	解放前，因张姓人家在此建禾场而得名。	
杨记坑	原名周记井子，周姓人用砖箍筑水井得名，1956 年杨姓人到此居住，因地势低洼，改为杨记坑。	
杨庄台	村在山台上，杨姓人居住，故名。	
东　升	原名东场，“文化大革命”时改为东升。	
尚记圈	因尚姓人在此建羊圈得名，后打一寨子又叫尚家寨子，寨了倒塌后这一地方渐被人唤作尚记圈。	
回六庄村	合作社时期，将 6 个回族聚居村庄合为一个大队得名。	回六庄村
岔　岱	村庄坐落在山冈上，周围有沟岔，故名。	
苦　水	因村旁沟中水质苦咸得名。	

续表 30

地 名	来 源	所在村
强记滩	因强姓人家居住在滩地上得名。	回六庄村
井 沟	因村东沟沿上有水井而得名。	
南 滩	位于井沟南面的滩地上,故名。	
老庄子	王申庄居民最先居住的地方,故名老庄子。	
马儿庄村	以驻地地名命名。	马儿庄村
马儿庄	明朝时期,在距村北 2 公里处,有一口放饮军马的井叫马殁井。1917 年朱姓人迁此居住,取名马庄,由于方言习惯,后称“马儿庄”。	
黑土坑	因坐落在黑色土质的坑内得名。	
叶儿庄	因居住叶姓人家而得名。	
南 场	位于渠台南的羊场,故名。	
黎 明	原名下午,1964 年更名为黎明,取光明有生气之意。	
龚儿庄	以住户姓氏得名。	
汪水塘村	以驻地地名命名。	汪水塘村
汪水塘	下大雨后村周围成一汪水塘,又因王姓人居住于此,故名。	
宋新庄	合作社时期,黎明宋姓人家搬迁此地建村,故名	
黄米沟	此处适宜生长糜子,故名。	
陈水塘	陈姓人居住庄内,村西有水滩,故名。	
王圪垯	王姓人居住村内,村西有一山圪垯,故名。	
余记梁	村庄坐落在小山梁上,余姓人居住,故名。	
南金渠子	金姓人家的村庄坐落在小沟旁,故名金渠子。为了与冯记沟村金渠子区别,2013 年盐池县地名总体规划时,命名为南金渠子。	
殷家圈	以圈主姓氏得名。	
平台村	以驻地地名命名。	平台村
平 台	张筐庄人搬到山梁较平处居住,故名。	
余台子	村庄坐落在山台上,居民多余姓,故名。现多住陶姓人家。	
乔儿庄	庄内居民多是乔姓,故名。	
张筐庄	以住户姓氏得名。	
深 井	村内有一井较深,故名。	

续表 31

地　名	来　源	所在村
闫兴庄	阎姓人家 1965 年从露水湾搬迁至此居住，故名。现多写作闫兴庄。	平台村
雨强村	以驻地地名命名。	雨强村
雨　强	早前，为求雨而筑庙，村子取名雨强，以盼降雨。	
尚　圈	以住户姓氏得名。	
张　圈	以住户姓氏得名。	
桃胡台	此山台曾住过一个留大胡子的陶姓人，后演变为桃胡台。	
牛记口子	村东西各有一小山口，牛姓人家居住，故名。	
闫小口子	因闫姓人居住在一小山口而得名。	
尚小口子	村西有一小山口，尚姓人居住，故名。	
大圪垯坑	四周均是大圪垯，中间有一个大土坑，故名。	
南　台	村庄坐落在尚记小口子南边台地上，故名。	
杜窑沟	村西有一条沟，杜姓人打窑居住于此，故名。	
胡　圈	以住户姓氏得名。	
麻黄山乡	以驻地村名命名。	
麻黄山村	以驻地地名命名。	麻黄山村
麻黄山	村落在麻黄山上，山上麻黄草茂盛。	
武记湾	此处有两道大山湾，住 5 家得名五家湾，后演变为现名。	
谢儿渠	村南有一小沟渠，村中多住谢姓人，故名。	
马记口子	村庄前后涧地生长麻黄草，西边有一山口得名麻黄口子，日久演变为马记口子。	
张记洼子	张姓人家居住在山坡下，故名。	
杨沙沟	村西有条沙土沟。村中居住杨姓人家，故名。	
范禾场	范家在此开禾场种地，后成村落，故名，当地“禾”“伙”谐音。	
营盘山	村子所在地地势险要，古时驻扎兵营，故名。	
马儿庄	无从考证。	
松记水村	塬下沟内有小泉水，质甜，孙姓人居住，“孙”“松”谐音，故名。	松记水村
松记水	塬下沟内有小泉水，质甜，孙姓人居住，“孙”“松”谐音，故名。	

续表 32

地　名	来　源	所在村
高记沟	村南有条大沟，此村位于较高处，故名。	松记水村
大路洼	因村子紧靠过去的驮盐大路边坡洼地处，故名。	
贺新庄	贺姓大户原居住于贺渠，解放以前有部分人搬迁至此建村，故名。	
惠记畔	因惠姓人家在一条沟畔上居住而得名。	
河沟台	底下有长流河，人们居住于台上，故名。	
贺　渠	村中有一小沟渠，贺姓人居住在沟渠山坡上，故名。	
贺　塬	贺姓人家居住在塬头上，故名。	
杨崖窑	杨姓人家在崖畔打窑居住，故名。	
前禾场	不明。	
大　梁	村南有一大山梁，故名。	
塘　洼	原住孙姓，谐为松家水，后住唐姓人，渐称唐洼，现多写为塘洼。	
景新庄	景姓人家搬到此处定居，故名。	
景新庄塬畔	景新庄人搬于塬上居住，故名。	
段头嘴	村庄坐落在塬嘴处，塬在此断连，故名。	
饶平庄	饶姓人家在山头平地居住，故名。	
杏树湾	村子所在的山湾过去长十余棵杏树，故名。	
中嘴子	位于前塬、杏树湾中间的一个山嘴子，故名，又因长有榆树，也有人称榆树峁。	
庄科湾	不明。	
前　塬	因塬尽沟出而得名。	
井滩子村	以驻地地名命名。	井滩子村
上高窑	清光绪年间居住尚姓人家，因窑建在山顶部得名尚高窑，“尚”“上”同音，后演变为上高窑。	
陈记洼	陈姓人家住在山洼，故名。	
李新庄	李姓人家搬到此处定居，故名。	
康　掌	清朝光绪年间，康姓人家在山掌居住，故名。	
张记湾	1914 年有张姓人家从同心迁此建庄居住，故名。	
郭记洼	清朝光绪年间，郭姓人家从甘肃移居此地，因在山坡上居住，故名。	

续表 33

地　名	来　源	所在村
佘记洼	清朝光绪年间,因佘姓人居住得名,后佘姓人搬到灵武,旧名沿用。	井滩子村
甘　沟	村子建在一条无水大沟旁,而得名干沟,“干”“甘”同音。	井滩子村
井滩子	清宣统年间,侯姓人居住。1912 年侯姓人搬迁到青山侯记河,王姓人买侯姓人田地耕种。在山下滩地王姓人打井一眼,水量大,水质好,方圆十里来此取水,得名井滩子。	井滩子村
下高窑村	以驻地地名命名。	下高窑村
下高窑	村子所在地比井滩子村的上高窑低,故名。	下高窑村
桑堡子	村中以前有堡子,居住桑姓人家,故名。	下高窑村
下高禾场	有下高窑村村民到此地开禾场种地,后定居,故名。	下高窑村
上甘沟	村子建在一条无水大沟旁,而得名干沟,“干”“甘”同音。	下高窑村
凉风掌	村子所在地地形似手掌,是个凉风口,故名。	下高窑村
刘记口子	刘姓人家居住在山口处,故名。	下高窑村
堡子塘	因位于古堡旁的平塘处而得名。	下高窑村
燕儿台	村子建在一山梁平台上,相传燕子经常聚集于此,故名。	下高窑村
黄羊岭村	以原驻地地名命名。	黄羊岭村
黄羊岭	以前人少,山中常有黄羊出没,故名。黄羊现已绝迹。	黄羊岭村
阳　山	村庄在山中向阳处,故名。	黄羊岭村
门坎岭	村南有一小山岭形状似门坎,故名。	黄羊岭村
白草岭	村子附近山岭生长白草,故名。	黄羊岭村
韩渠子	位于门坎岭下的一条小沟渠,渠畔韩姓人家居住,故名。	黄羊岭村
高嵝岘	地势高且险要,仅有土桥可行,别无出路,故名。	黄羊岭村
军地梁	1936 年,红军徐海东部在山梁种过地,搞过生产,因而得名。	黄羊岭村
寺儿掌	因古寺庙位于山下簸箕掌处而得名。	黄羊岭村
长　岭	因村子所在的山岭较长,故名。	黄羊岭村
李阳洼	李记畔部分人搬迁至阳洼处生活居住,故名。	黄羊岭村
庙　滩	因 20 世纪 50 年代村民曾在滩上建龙王庙,故名。	黄羊岭村
李记畔	因李姓人家居住在山畔上而得名。	黄羊岭村
何新庄村	以原驻地地名命名。	何新庄村

续表 34

地　名	来　源	所在村
何新庄	百年前何姓人在此建庄,称新庄子,亦称何新庄,沿用至今。	何新庄村
何团庄	以前驻过军队,现何姓人居住,故名。	
何记山	位于山坡西北的大山梁,住何姓人,故名。	
西　掌	位于何新庄以西的山掌处,故名。	
阳　洼	因位于阳洼处,故名,又叫小涧子阳洼。	
赵记湾	赵姓人家居于山湾而得名。现多住何姓人家。	
天子塘	传闻康熙、乾隆来过此处,盆地底部称塘,故名。	
水坑沿	村旁地势低,下雨时雨水汇聚不溢出,故名。	
白记洼子	村庄位于低洼处,解放前是红区、白区交界处,此地为白军占,故名白记洼子,现刘姓人居住。	
管记掌村	在山掌上,原来是管姓人居住,故名。	管记掌村
天池塘	村子所在地地势虽高,但平塘可耕,水土不失,故名。	
石葱湾	村子所在山湾生长石葱,故名。	
沙坡子	住姬姓人家的村庄位于沙坡西南,故名。	
西胶泥湾	因山湾里有胶泥(红色黏土),周围群众常挖胶泥糊水窖,故称胶泥湾。2013 年盐池县地名总体规划改名为西胶泥湾，以与本乡胶泥湾村的胶泥湾相区别。	
新庄子	解放前后一部分管记掌人搬迁至此成庄,名新庄子,沿用至今。	
巴儿掌	村子所在地山形似手掌,又以山小而得名。	
贺背洼	从门坎岭看,此处是阴山洼,贺姓人居住,故名。	
张八山	解放前后,有个叫张八的河南皮匠迁居于此,故名。	
李记沟	沟旁村落,原李姓人家居住,故名。	
后洼村	以驻地地名命名。	后洼村
后　洼	位于山脊背洼处,故名。	
郭堡子	村内郭氏居住,村东南处有一堡子,故名。	
后　塘	村子位于后洼北边,处于盆地底部,故名。当地盆地底部称塘。	
阳　岗	此村位于向阳坡高岗处,故名。	
古罗坡	不明。	

续表 35

地　名	来　源	所在村
白芨滩	此村滩上生长柏芨灌木，柏芨和白记谐音，故名。	后洼村
梁　畔	山梁畔处筑窑而居，故名。	
马会台	村南向阳处有一古庙台，过去每年四月八日庙会，故名。	
沙　塬	沙崾岘前面有沙土混合的小平原，故名。	
白土峁	山峁上土质为白浆土，故名。	
天　池	不明。	
豆角嘴	山嘴处豌豆生长较好，故名。	
王记台	台地上王姓人居住，故名。	
包塬村	以驻地地名命名。	包塬村
包　塬	包姓人居住在塬上，故名。	
孙崾岘	孙姓人居住在山崾岘处，故名。	
庄子台	1966 年，余堡子人迁至台地上居住，故名。	
瓦盆嘴	不明。	
冯圪塄	冯姓人在两山结合山脚处居住，故名。	
史禾场	清代史姓人建的禾场，渐成村落，故名。	
余堡子	现住余姓居民，过去有防御土匪用的堡子，故名。	
穆　塬	穆姓人家在塬头上居住，故名。	
冯前庄	冯姓人居住，又在包塬南部，故名。	
史圪塄	史姓人在两山结合山脚处居住，故名。	
李塬畔村	以驻地地名命名。	李塬畔村
李塬畔	李姓人居住在塬上，故名。	
下湾里	村子在李塬畔西北山湾里，地势较塬低，故名。	
张南沟	位于堡头上南面，隔沟相望，张姓人居住，故名。	
张塬畔	原张姓人家居于塬畔上，故名。现居民杂姓。	
羊圈山	原无人，山上有 3 个羊圈，水草均好，后沿用此名。	
王石峁	位于石峁上，原住王姓人家，故名。	
庙记梁	山梁上以前有一土地庙，故名。	

续表 36

地　名	来　源	所在村
刘峁庄	刘姓在山峁上居住,故名。	李塬畔村
曾记畔	曾姓人住在阳畔上,故名。	
胶泥湾村	以驻地地名命名。	胶泥湾村
胶泥湾	山湾里有胶泥,周围群众常挖胶泥糊水窖,故名。	
范塘塘	盆地底部称淌(塘),范姓人居住,故名。现地图上多标作范塘塘。	
胶阳洼	天池塘高姓人为种地方便,在向阳山坡上打窑临时避雨休息,人称雨阳洼、阳洼,现住高姓人,和甘肃环县交界。2013 年盐池县地名总体规划改名为胶阳洼,以与本乡何新庄村阳洼相区别。	
树儿渠	当地自然形成的冲沟称渠,传说渠中有一棵一二百年的大树,故名。	
陈吾台	以前有陈、吴二姓人家住在山台,故名陈吴台,后谐音为陈吾台。	
寺嘴子	相传旧时山背上有一座寺庙,山前石壁凸出像鹰嘴,因而得名。	
冯崾岘	冯姓人居住在山口(崾岘),故名。	
史记湾	史姓人居住沟湾处,故名。	
青　山	村南有青石山蕴藏石膏矿,品质佳,故名。	
平庄村	以驻地地名命名。	平庄村
平　庄	以前唐姓人家在平地上建庄,故名。	
刘记洼	原名刘记坬,刘姓人居住在山坡上,故名。因"坬"冷僻难记,渐被人们记作刘记洼。	
张禾场	张姓建禾场,方便种地,逐渐成村,故名。	
谢畔子	实为谢姓人居住在河畔,方言"谢""薛"谐音,被叫作薛畔子。	
中　滩	殷家洼以西、范家畔以东,中间有平滩地可耕,村子居于滩上,故名。	
徐畔子	徐姓人家居住在山坡边上,故名。	
董圪崂	董姓人家居住在山脚边,故名。	
沙崾岘村	以驻地地名命名。	沙崾岘村
沙崾岘	两侧皆沟,独中间沙路可行,故称。	
张世梁	梁上原住张姓人家,故名。	
王公地渠	不明。有的地图上标为王工地渠。	
潘　山	潘姓人家在山顶上居住,故名。	

续表 37

地　名	来　源	所在村
棉蓬洼	原名棉蓬坬，因山坡上生长棉蓬草而得名。为避冷僻字，2013 年盐池县地名总体规划将其改名为棉蓬洼。	沙崾岘村
海彩坪	相传沟里有一眼泉水，水量大形成一水滩（当地人称海子），传说当地人求雨用瓶到此取水，“瓶”“坪”同音，演变成海彩坪。	
余洼子	余姓人居住在山坡上，故名余坬子。为避冷僻字，2013 年盐池县地名总体规划将其改名为余洼子。	
二道梁	从什字河向西数起，本村所在山梁是第二道，故名。	
周大坝	周姓人住在山后，附近有洪水自然汇集成的坝，故名。	
刘　台	刘姓人家居住于台上，故名。	
塬畔上	过去村民住在洼处，后居于塬边，故名塬畔上。	
吴新庄	吴姓人原住余洼子，后搬迁至此建村，故名。	
大伙店	古时环县驮盐必经之地，是一条私盐路，有 3 家合伙开店，故名。	
余台台	余姓人在余洼子南台地上建禾场，后成村落，故名。	

摘自《盐池县地名总体规划 2013—2030 年》

盐池县主要社区地名简明溯源表

地　名	来　源	所在镇 / 乡
北关社区	位于花马池城北门(威胜门)附近,故名。	花马池镇
小井坑社区	社区建成之前原是一自然村,处坑洼之地,且有一些小型水井,故名。	
利民社区	位于利民路附近,故名。	
龙辰社区	取自龙辰苑住宅区专名。	
花园社区	位于县城中心位置,取名花园,寓意环境优美。	
芙蓉社区	原名陵园社区,为避讳,2016 年引用辖区内芙蓉园小区专名,更名为芙蓉社区。	
南关社区	位于花马池城南门(广惠门)外侧,故名。	
振兴社区	取盐池振兴之意。	
龙翔社区	地处县城西北部新区,取名龙翔,龙马飞翔,寓意美好。	
西苑社区	地处县城古城墙西侧,取名西苑,富有诗意,寓意美好。	
安康社区	取祈福安康之意。	高沙窝镇
惠安社区	位于惠安堡镇镇建区内,故名。	惠安堡镇
兴盛社区	取事业兴盛之意。	大水坑镇
裕民社区	取富裕人民之意。	
石油社区	因多住石油系统人员及家属,故名。	
兴隆社区	取事业兴隆之意。	冯记沟乡

李建华　米文宝　朱志玲　杨金平

盐池县主要街道地名简明溯源表

地 名	来 源	所在镇/乡
平安大道	县城标志性主干道。南北走向,南起盐池火车站,北至长城关立交桥,长 8630 米,宽 60 米,原名西环路,2013 年盐池县地名总体规划命名为平安大道,寓意出入平安,盐池人民走向康庄大道。	花马池镇
盐川大道	县城标志性主干道。南北走向,南起花马寺,北至民族东街,长 7200 米,宽 60 米。2013 年盐池县地名总规划命名为盐川大道。隋代曾在盐池一带设置盐川郡。古名今用。	
盐州南路 盐州北路	主干道。南北走向,南起花马寺,北至红军东街,长 8500 米,宽 37 米。盐池一带西魏和唐代时期属盐州,古名今用。	
花马池东街 花马池西街	主干道。东西走向,东起盐兴路,西至丰收北路,长 6670 米,宽 40 米。明代筑花马池城,为长城沿线重要关防,今盐池县城即由花马池城发展而来,古名今用。	
防秋东街 防秋西街	主干道。东西走向,东起盐川大道与民族东街路口,西至平安大道,长 4520 米,宽 42 米,原名北环路。明代,蒙古铁骑经常趁秋季兵强马壮之时侵扰明地,每年秋季三边总督要到长城沿线出巡三边,督促"防秋"事务。花马池城、长城关是主要督防关卡。2013 年盐池县地名总规划将城北这条街命名为防秋东街、防秋西街,以纪念历史事件。	
民族东街 民族西街	主干道。东西走向,东起盐定立交桥,西至高平堡,长 20000 米,宽 40 米。原为 307 国道经盐池县城段。盐池县是汉、回、蒙古等民族共同生息的地方,盐池县政府将这条街命名为民族东街、民族西街,祈福民族团结,和谐共进。	
文化街	县城标志性主干道。东西走向,东起盐州南路,西至丰收南路,长 4170 米,宽 68 米。因该街道文化、教育、体育单位较多,故命名为文化街。	
广惠东街 广惠西街	主干道。东西走向,东起银达路,西至四墩子立交桥,长 15500 米,宽 40 米。花马池城南门叫广惠门,这条街在南门外,故名广惠东街、广惠西街。	
凝翠东街 凝翠西街	主干道。东西走向,东起徐记梁路,西至五原南路,长 9470 米,宽 30 米。原名南二环路。因路南紧邻花马寺国家森林公园,路两边绿树成荫,风景优美,2013 年盐池县地名总体规划以"凝翠"命名,寓意沙海绿洲,环境幽美。	
东顺路	主干道。南北走向,南起凝翠东街,北至民族东街,长 2660 米,宽 40 米。因位于花马池城外东侧,故名东顺路。	

续表 1

地 名	来 源	所在镇 / 乡
昫衍南路 昫衍北路	次干道。南北走向，南起凝翠东街，北至民族东街，长 2750 米，宽 20 米。春秋战国时期盐池一带为昫衍戎地，秦初在盐池一带置昫衍县，昫衍县是宁夏北方最早出现的县治，今有学者认为盐池县北部的张家场古城即为古昫衍县城址。古名今用。	花马池镇
鼓楼南路 鼓楼北路	次干道。南北走向，南起解鞍东街，北至北园东街，长 2640 米，宽 21 米。花马池城中原有鼓楼，平时司时，战时司鼓，这条南北穿过鼓楼的街道被称为鼓楼路。2013 年盐池县地名总体规划依据规范，分段命名为鼓楼南路、鼓楼北路。	花马池镇
福州南路 福州北路	次干道，南北走向，南起凝翠西街，北至红军西街，长 4600 米，宽 24 米。福建省对口支援宁夏，福州市曾支援盐池县扶贫项目，因此这条街被命名为福州路，以示纪念与感激，2013 年盐池县地名总体规划依据规范，分段命名为福州南路、福州北路。	花马池镇
盐林南路 盐林北路	主干道。南北走向，南接平安大道，北起防秋西街，长 6440 米，宽 44 米。因起自盐池县城，穿过城南林场（花马寺国家森林公园），故得名盐林南路、盐林北路。	花马池镇
后卫南路 后卫北路	主干道。南北走向，南起凝翠西街，北至民族西街，长 3000 米，宽 45 米。明代曾在花马池城置宁夏后卫，加强防务。2013 年盐池县地名总体规划将此街命名为后卫南路、后卫北路，古名今用。	花马池镇
兴武南路 兴武北路	主干道。南北走向，南起翠云街，北至民族西街，长 4430 米，宽 45 米。明代曾在盐池县境内设置兴武营守御千户所，加强防务。2013 年盐池县地名总体规划将此街命名为兴武南路、兴武北路，古名今用。	花马池镇
五原南路 五原北路	主干道。南北走向，南起盐池火车站，北至长城关立交桥，长 11100 米，宽 30 米。隋唐时，盐池一带属五原县管辖。2013 年盐池县地名总体规划将此街命名为五原南路、五原北路，古名今用。	花马池镇
兴盛东街 兴盛西街	主干道。东西走向，东起裕农路，西至裕工路，长 4160 米，宽 30 米。原为大红线和盐惠公路经大水坑镇镇建区段。专名取词“兴盛”，寓意大水坑镇兴旺昌盛。	大水坑镇
裕民南路 裕民北路	主干道。南北走向，南起达悦西街，北至水悦西街，长 1540 米，宽 30 米。原为大麻公路和盐惠公路经大水坑镇镇建区段。专名取词“兴盛”，寓意大水坑镇兴旺昌盛。	大水坑镇
长庆南路 长庆北路	主干道。南北走向，南起达悦西街，北至水悦西街，长 1940 米，宽 30 米。大水坑镇是长庆油田在盐池县的一个基地，大水坑镇因石油而兴，此街专名采词“长庆”，记录明示其产业渊源。	大水坑镇
兴惠街	主干道。东西走向，东起温池街，西至惠安北路，长 3070 米，宽 30 米。原为盐惠公路经惠安堡镇镇建区段。专名取词“兴惠”，寓意振兴惠安堡。	惠安堡镇

续表 2

地　名	来　源	所在镇 / 乡
惠安南路 惠安北路	主干道。南北走向，南起罗山街，北至温池街，长 6630 米，宽 30 米。原为 211 国道经惠安堡镇镇建区段。因是惠安堡镇南北向主干道，专名“惠安”采自惠安堡镇镇名。	惠安堡镇
金沙街	主干道。东南—西北走向，东起缚沙路，西至龙跃路，长 2550 米，宽 32 米。原为 307 国道经高沙窝镇镇建区段。高沙窝镇原来沙化严重，遍地沙窝，经盐池县人民多年治沙，现植被恢复，生态修复，并依托宁东能源化工基地发展工业、光伏发电、风电等产业，发展势头良好，此路命名“金沙街”，寓意穷沙窝变金沙窝。	高沙窝镇
亚苏南路 亚苏北路	主干道。南北走向，南起神沙街，北至高沙窝立交桥，长 1980 米，宽 28 米。路名源于蒙古语，在蒙古语中“亚苏”有品质、骨骼的意思。	

李建华　米文宝　朱志玲　杨金平

自然遗迹地名故事

花马池的传说(一)

相传很久很久以前,在今天盐池和定边交界的地方,有一条很长的川地,川地里布满了大大小小的湖泊,就像天上的星星。其中有个湖特别大,湖水清清,湖岸野草茂密。

有一年盛夏中午,住在湖附近的百姓突然发现湖边的草丛中,有一匹高头骏马。大伙纷纷围拢上去观看,原来是一匹色彩斑斓、扬鬃翘尾的骏马。开始,大家都以为是蒙古草原上脱缰而来的坐骑。可是,这匹马可望而不可即,当人们靠近时,花马就纵身跳进湖里。几个好动的年轻人脱掉衣服,扑通、扑通地扎入湖水中捕捉。花马在水中游来游去,年轻人也不示弱,奋力追捕,眼看要逮住了,忽听得咴咴一声长嘶,花马突然潜入水底,小伙子们在水里浮上沉下,摸呀,找呀,折腾了半天,连花马的影子也没见。大伙都叹了口气说:“好端端的一匹骏马给淹死了!”谁知第二天中午,花马又在湖边悠然自得地啃吃着青草。人们觉得奇怪,好玩爱动的小伙子们又去捕捉,花马仍然潜入湖底。一连几天,天天如此。以后,人们便不去惊动它了,都说这是匹神马,让它自由自在地吃草喝水。

转眼到了冬天,花马吃得膘肥体壮,滚瓜溜圆。一天清晨,天空飘扬着雪花,湖面结了一层冰,忽听见花马一声长嘶,刹那间,湖面的冰层裂开,湖水哗哗地翻着水浪。花马纵身跃入湖中,水浪立即平静,湖面上又结上了白花花的冰层。从此花马再也没有跃出湖面。等到夏天,天气炎热的时候,人们发现湖水蒸发后,结晶成盐,湖泊变成了一个大盐池。自此,千百年来,这盐湖的盐再也没有用完。人们为了纪念那匹神奇的花马,把这个大盐池叫作花马池。在池边修筑了一座城,就叫作花马池城了。

口述:吴浩棠

整理:张树林　高耀山

花马池的传说(二)

明朝正统年间,花马池城建在边墙(长城)外,防守困难,常常遭受蒙古部落的侵扰。到了天顺年间,朝廷决定放弃旧城,在边墙内另筑新城。可是,新城筑在什么地方呢?地方官员们每天起来东查西看,吵吵嚷嚷,总是定不下来。

有一天,老百姓突然发现有一匹色彩斑斓的高头骏马从旧城里蹿了出来。只见它长嘶一声,昂首翘尾,围着旧城转了3圈后,向南飞奔而去。守城官吏闻讯,立即派人快马加鞭,跟踪追撵,一口气追了数十里,来到一块地势平整的滩地上。花马跑到这里后停了下来,随即唰唰地撒了一泡尿。然后一动不动地站在那里,追撵花马的士兵们围上前一看,全惊呆了,刚才还活蹦乱跳的骏马,刹那间变成了一匹铁铸的马,几十人上去推不动,挪不动,用棍子一敲,铁马还发出当当的响声,铁马刚才撒尿的地方,竟然出现了一眼清泉,泉水哗哗地往出涌。

追马的士兵们马上回城报告。守城的将官立即前来察看,不禁喜出望外,便决定在这里修筑新城。于是征丁起夫,破土动工,时间不长,一座新城就立在了花马停留地的西侧。在花马变成铁马的地方盖了一座庙堂,将它供奉起来。新城竣工后,取名花马池城。

口述:吴浩棠

整理:张树林　高耀山

花马池的传说(三)

传说很久以前,有个勤劳勇敢的小伙子,名叫龟兹,在青海湖种盐,救济民众。不料,当地有个叫回新昌的恶霸霸占了这个宝湖。回新昌为了榨取更多的钱财,还强迫龟兹做他的盐官,为他种更多的盐。回新昌阴险毒辣,心肠坏透,众人都把他叫“坏心肠”。然而“坏心肠”却有一个心地善良、貌美如花的女儿,名叫莲花。

莲花喜欢龟兹的忠厚朴实、勤劳勇敢。龟兹有一只小黑狗和一匹小花马,莲花也很喜爱。她经常偷偷跟着龟兹,骑上小花马,带上小黑狗,在青海湖畔玩耍。天长日久,她和龟兹产生了爱情。后来被她的父亲“坏心肠”发现。这还了得,“坏心肠”骂龟兹:“癞蛤蟆想吃天鹅肉!”

随即将龟兹打入地牢。

莲花得知此事,悲痛万分,连夜救出龟兹,带了盐种,牵着小花马,领上小黑狗,逃离青海湖,朝东北方向逃去。

一路上,他们害怕“坏心肠”向官府报告,逢州过县不敢进城。他们不知走了多长时间,终于来到了现在盐池和定边的交界处。这时已人困马乏,疲惫不堪,甚为可怜,就在当地老乡家暂住休息。老乡们听了他们的故事,尤其得知他们是长途跋涉来到这里的,对他们更加同情。两人在老乡家里安心地住了一段时间。一天,龟兹去村子外面闲转,他看到村子周围大大小小有很多湖,湖水晶莹透彻。回来后,他和老乡说,这些湖里如果种上盐,这里就富裕了。乡亲们听龟兹说能种盐,根本不相信。这些乡亲虽然不知道怎么产盐,但都吃过盐,他们知道盐往水里一放就化,怎么能种盐呢?龟兹从身上拿出带来的盐根给乡亲们认真解释,又把打盐的经过详细地讲解了一遍,乡亲们都将信将疑的。这时有个老乡提出,既然你会种盐,我们这里有湖水,你们就住在这里种盐吧。龟兹和莲花一商量,走遍天下都一样,既然这里的乡亲愿意收留他们,不如就地住下。两个人在乡亲们的帮助下,在湖边建了一座房子,选定一个喜庆的日子结了婚。自此,龟兹和莲花两人在这里开始种盐。龟兹种盐的消息被乡亲们传出后,周围百里之内的百姓都来这里驮盐,人们为了记住这个地方,把这个盐湖叫龟兹盐湖。

每到冬天这里天寒地冻,老乡们就裹着羊皮取暖。心灵手巧的莲花用羊羔皮做成小袄穿在自己身上,用老羊皮做成了大袄穿在丈夫身上。老乡们看见都很羡慕,纷纷向莲花请教。不久,这种皮衣裳就传遍千家万户。

每到夏天人们都来这里打盐,热闹非凡。特别是龟兹和莲花饲养的那匹小花马,吃草饮水,欢蹦乱跳,咴咴长鸣,显得更加可爱。有时候它还很通灵性地领着人们寻找四方透明的盐根。后来,当地的百姓就把这个盐湖叫花马池。

勤劳的莲花,更是个闲不住的人,她常带着小黑狗到花马池北边的湖里种盐,人们就把这儿叫"苟(狗)池"。一年秋天,莲花在花马池南边的湖里种盐时,临产生下了个胖娃娃。人们顺口把这儿叫"娃娃池"。正当乡亲们为莲花的娃娃欢欢喜喜地过满月的时候,"坏心肠"带着人马从青海湖赶来了。"坏心肠"逼龟兹和莲花返回青海湖,龟兹宁死不从,就被"坏心肠"杀害了。莲花悲痛欲绝,无奈跟随父亲西归,但在途中跳进一个湖中自杀了。后来,人们为纪念她,就把这个盐湖叫成了"莲花池"。

乡亲们念着龟兹和莲花的好,争着抚养他们的孩子。

龟兹和莲花的儿子长大成人,带着父母留下的花马和黑狗去青海湖报了仇。

再后来,他带着盐种继承父业,听说去东海边种盐了,所以海水也成咸的了。

搜集整理:曹秀宏

花马池的传说(四)

到过花马池的人都知道,这里的盐是由盐根生的。要是挖掉盐根,湖水就不会再生盐了,所以不管哪朝哪代都制止挖盐根。盐根看起来四方四正,大多像手指头大小,零碎有拳头大的,它透亮透亮的,中间还有个小眼眼,它埋在湖水底下就能生盐,挖出来还能治病,像心口子疼、火眼、牙疼及牲口的眼热毒等都能治。因此人们都叫它“盐宝宝”。

说起“盐宝宝”,还有个美丽的民间传说。

很久很久以前,花马池周围还没有人家,是个大海子,方圆百十里地都是海子,在海子的中心有7个水眼,每个水眼都有胳膊那么粗。到夏秋时,海子里的水明亮得像面镜子,四周的沙丘倒映在水中。微风一吹,湖面就像铺了一块绿绸子一样在抖动。进入寒冬腊月,海子里的水结了冰,太阳一照明晃晃地缭得人眼都睁不开。

那时候,这个海子里的水是甜的,不产盐,海子边长着茂盛的青草,绿茵茵的。有个叫花良的贫苦善良的小伙子,在这里放牧自己的十几只羊和一匹大白马。有一天,花良把羊赶到沙梁上,拉着大白马到海子边上洗脸。猛然间,从平静的水面上,映出一个非常秀美的女子,她身材苗条,可满脸愁苦,正呆呆地张望。花良心一动:这荒滩野岭,哪里冒出个女子来,她来找谁?不妨上前问一问。他假装去赶羊,慢慢地走过去,只见那女子一脸泪痕。一问才知道她叫王宝宝,家住百里以外的王家庄,家里很穷,妈妈在她6岁那年就死了,她是被揽工的父亲拉扯大的。没料想,前不久父亲累死在财主的家里,她向财主借了点银子,草草埋葬了父亲。狠心的财主派人强拉她去做小老婆抵债。王宝宝死活不依,乘人不备,深夜逃出来,两天两夜,才跑到这海子边。经过一番交谈,宝宝见花良是个好后生,花良见宝宝是个贴心人,两人就结为夫妻。婚后,情投意合,恩恩爱爱,就在海子边定居下来。那十几只羊也长得体壮膘肥,大白马吃得滚瓜溜圆,两人日子过得美满幸福。

哪知好日子没过多久,头顶一声炸雷,乌云遮住了太阳。财主派来10多个家丁,抢走了王宝宝和羊群,霸占了海子和大草原。花良满怀仇恨又无力搭救宝宝,只得拉着那匹大白马,离开了海子和草原,流落他乡。

财主派来几十个家丁安营扎寨，看守着海子和草原，他的牛羊和牲口满滩遍野。清澈的湖水渐渐浑浊了,倒映在水中的沙影被驱散了,海子的涟漪不见了。不久,胳膊粗的7个水眼也不往外冒水了。明镜似的大海子,很快变成焦黄的干滩,消息传到财主的耳朵里,他连忙命家丁去挖水眼。一连挖了七七四十九天,连一滴水也没见。财主眼睁睁地看着自己的牛羊、牲口渴死,只好下令离开。

可怜的花良听到财主离开后,立即赶回大海子边,看到水眼干枯了,海子也不见了,牧草枯萎了。花良瞅着这一派惨景,眼窝里直冒火星。他咒骂狠心的财主,思念被抢去的宝宝,强打起精神骑上大白马到处打问宝宝的下落。一连走了三七二十一天,才打问清楚:王宝宝在被财主抢去的当天晚上,不愿受辱,含恨自杀了。花良听到这个消息,眼窝一黑,一头从马上栽了下来。不知过了多久,他才醒过来,大白马还乖乖卧在他的身边。花良挣扎着爬上马背,大白马仰头长嘶一声,飞起四蹄,把他驮回海子边。

花良回来以后,整天不吃不喝,呆呆地站在海子滩上,不停地流着泪水,不住声地高叫:“宝宝,宝宝!”声音十分凄惨。大白马也好像晓得主人的心思,乖乖地守在花良身边,也不吃草、不喝水。花良高叫一声“宝宝”,大白马跟着长嘶一声。人的高叫声,马的长嘶声,一声连着一声,声声不断,尤其是更深夜静时,十里以外都能听到。

花良站在海子滩上,高声叫了九九八十一天“宝宝”,泪水流了无数。在他站的海子滩上,汪了很大一摊泪水。后来,人叫声和马嘶声低哑了、变小了,再后来叫声渐渐消失了,偶尔在深夜还能听到一两声撕心裂肺的悲切叫声。

不知过了多久,花良和大白马依然站在海子滩上,可都早已死了。当人们发现时,死去的花良和大白马已变成了石人、石马,浑身透亮,白花花的。说不清又过了多久,只听天空轰隆一声巨响,石人、石马被炸成无数方方正正的小块,小的有指头大,大些的有拳头大,散落在海子滩上。同时,7个水眼又开始往外冒水了。可是,水比以前小得多了,味道也不再是甜的,而是咸的,人不能吃,牲口不能喝。

天长日久,这里不再是汪洋几十里的大海子了,而是分成六七个不连贯的小海子。渐渐地,海子里的水经太阳一晒,水面上凝结出一层白花花的盐粒。人们说,从水眼里流出来的水是花良的泪水，盐是由盐根生出来的，这盐根是花良和大白马变的。因为盐根能生盐，还能为穷人治病，人们把它当成宝贝一样看待。不知从哪年哪日起，海子边建起了村庄，住在这里的都是穷苦人，靠打盐谋生。他们没有忘记给自己带来财富、幸福的花良和大白马，将大海子改名"花马池"，意思是花良和大白马送给人间的盐池。给盐根起名"盐宝宝"，让王宝宝和花良永远在一起。说来奇怪，四周六七个盐湖，唯独花马池有盐根，其他的盐湖虽说产盐，可没盐根。

后来，人们在花马池南畔建了座庙，塑了花良的像，每逢过节穷苦的盐民总是来到庙前，点几炷香，烧几张纸，叩几个头，祈求花良在天之灵，保佑盐业丰收。同时，也留下一个古老的规矩，不论是什么人，都不得挖盐根，动"盐宝宝"。

搜集整理：曹秀宏

铁柱泉的传说(一)

在盐池县城西南约40公里的冯记沟乡暴记春村，有座古砖城，城门向东，门口向东南120米处有一股泉水，古称“铁铸泉”。古时候，泉水汇集，在附近还形成一片很大的湖面，周围草木丰茂。北方游牧民族经常来这里饮马放牧，以便养精蓄锐，向南直取庆阳、环县，所以这儿成为马背民族骚扰中原的中间站。“汉堡唐陵朱打墙”。到了明代，为了巩固边防，曾经重修长城，还在长城和交通要道周边修筑了许多城堡，构筑系统的防御体系。这股泉水是双方争夺的重要水源，明朝专门筑城建堡把铁铸泉守护起来。

当时的泉水有两处，一大一小，大泉隔在城内，小泉则在城外。传说泉中还有匹金马驹，有时在城里大泉中嘶叫，时而又到城外小泉中现形。因此，有人猜想这两泉在地下可能相通。有好事者头一天在城内泉中放进一根木头，等到第二天，这根木头却在城外泉里漂了出来。

有一年，从外地来了师徒两名法师，想收复泉中的金马驹，但两泉相通不好捉拿。于是他们便在两泉相通的暗道中炼铁铸管，切断通道，这样就把金马驹困在了城里的大泉中。然后师父双手戴上手套，一只手套是红的，另一只手套是黑的，并对徒弟说：“你把马笼头拿着，我下水底捉拿，当我把红手伸出水面，说明我已经把马逮住了，你就赶快把马笼头递到我手中。假如我把黑手伸出水面，说明我降伏不了这宝贝，有危险，这时你要赶快抓住我的手往上拉。切记！切记！”叮嘱完，师父诵读咒语就下水了。徒弟立在岸上等候。过了一个时辰又一个时辰，从正当午时等到半夜子时，徒弟的眼看花了，腿站麻了，困倦得想睡一觉。忽然，哗啦一声，一只比一张席还大的手伸出水面，吓得徒弟毛发直竖。由于夜里黑，眼也花，手又大得惊人，徒弟分辨不清是红是黑，只是惊得魂不附体，一时不知所措，愣在那里。突然，又是一声，这是马的嘶叫声，惊天动地。随着声音，师父那只可怕的手从水面上消失了。那贪婪的师父发财不成倒赔了条性命。第二天日出时，泉中射出一道金光，向南直冲罗山。自此,金马驹再也不见了,城里的泉水也干涸了,而在罗山北坡上出现了一汪清澈的泉水。由于地下的通水道被铁水浇铸,城外的小泉得以幸存下来,“铁铸泉”因此得名。不过,现在人们已经把“铁铸泉”称作“铁柱泉”了。

周永祥

铁柱泉的传说(二)

铁柱泉的神秘不在当年的泉水喷涌如注,也不在蒙古铁骑的蜂拥而至,而在后来的民间传说。

传说明代景泰年间,有一李姓秀才途经铁柱泉,发现一处幽深的洞窟。好奇之下,他带领仆人点着蜡烛进了洞窟,在洞里发现一个石门,推开石门,看到里面有一尊铜铸佛像,旁边躺着两具僧人尸体,盖着华丽的锦被,僧尸肌腴唇红,栩栩如生,像睡着了一样。尸体左右摆着各种金银珠宝,琳琅满目。

李秀才惊喜万分,不顾一切地把金银珠宝往怀里揣、兜里装、手里拿,身上装得鼓鼓囊囊。当他起身要走时,突然刮来一股阴风将蜡烛吹灭,石门自动关闭,刹那间鼓钹齐鸣,声如雷鸣,室内变得一团漆黑。李秀才怕得要死,怎么也找不到来路,他赶快丢掉金银珠宝,稀里糊涂地从一个小窟窿里爬了出来,惊魂不定,浑身直冒虚汗。

第二天,他带领家丁,手拿铁锹、镢头再到此处满地挖掘,岩石坚固如铁,挖了半天也没找到洞窟的踪迹。500年来,当年传说中埋藏珠宝的神秘石窟定格在史书中,不知有多少探宝人不辞辛苦,想方设法寻找洞窟,但始终都没能如愿。志书中这则带有传奇色彩的记载,为铁柱泉抹上一层神秘色彩。

这个民间传说,在《弘治宁夏新志》《嘉靖宁夏新志》《万历朔方新志》《嘉庆灵州志迹》等史志“历代祥异”中,均有记载,引来了历朝历代无数的探宝者。但迄今为止,也没听说铁柱泉的宝藏被盗取,也没听说谁发现了铁柱泉的宝藏。或许真有宝藏,只是没有被发现而已,期待有一天铁柱泉的宝藏之谜会大白于天下。

佟建鑫

霜蛰坑和青马圈

传说清朝康熙皇帝巡视宁夏的时候，有一天中午来到一个名叫双庄坑的地方。

康熙走得又饥又渴，他想在此地休息一下，路过几户人家，都不许他进去。又见这几户人家对粮食极不爱惜，饭粒满地，康熙便顺口说道："双庄坑是霜蛰坑。"

后来，双庄坑的霜期果然比其他地方来得早，去得晚。

康熙又走了10多里，傍晚，来到一个名叫青马圈的地方。只见这个村子里的人一个个都很有礼貌，而且十分爱惜粮食，哪怕小孩掉了一粒米饭，也要捡起来吃掉。康熙到这里，穿的也是便衣，可这里的人热情地接待了他，有吃有住。康熙甚为感动，脱口而出"永不冻是青马圈"。

后来，青马圈的霜期果然比其他地方来得迟，去得早。

口述：杨宗国

整理：杨　科

青马圈永不冻的传说

在盐池的中心地带有个叫青马圈的小村子,这里既没有什么特产,也未出什么英雄人物,只是居住着20多户老实巴交的庄户人,但在方圆百十里地却很有名。因为这里每年霜冻比较晚,有“永不冻的青马圈”之说。

相传,在很久以前,有一年庄稼长得特别好。人们盼望着盼望着,眼都盼红了,只盼着一旦庄稼成熟,便可以开镰收割,来个大丰收了。

这时霜神爷下凡视察人间。正值白露节的前3天,霜神爷扮成一个瘸老头,他拄着拐棍一瘸一拐地来到一个名叫双庄坑的村庄。当时天已很晚了,他沿门叫喊想投宿一晚,竟然没有一家开门。

老人只好向北走,爬上了一道大坡,已是五更寒的时候。又到了一个村庄,勤劳的农夫都已经起床下地干活了。当他们看到这位瘸老头被冻得鼻涕直流,浑身哆嗦,怪可怜的,便急忙放下庄稼活,把老人扶上老牛车,带回家中。这里的村妇也十分好客,又是给老人煨炕又是烧火,又端茶又做汤,把老人感动得不知说什么好。天刚亮,老人说什么也不待了,大家看老人很困难,就给老人披了件羊皮袄,又装了些干粮,送老人起身了。当送到村口时,老人问道:“你们这村叫什么名字?”大家说:“青马圈。”“那南面坡下的村庄叫什么名字?”大伙回答说:“双庄坑。”老人信口道:“双庄坑,双庄坑改作霜占坑,霜来先杀霜占坑,永不冻的青马圈。”说完老人就不见了。大家这才醒悟,原来是神仙下凡了。果然在当天天亮时,双庄坑下了严严实实一层厚霜,青马圈却安然无恙。自此后,每年都是这样,在白露节前后,双庄坑总要有一次霜冻,只是轻重程度不同,而青马圈却总是青枝绿叶,要等庄稼成熟收割完才霜冻。所以在盐池县就有了“永不冻的青马圈”的说法。

周永祥

一棵树

盐池柳杨堡沙边子村西有一个地方叫“一棵树”，那里过去确有一棵老榆树。传说，当年牧民在此挖了一个饮牲畜的水井，后来弃之不用。若干年后从井里长出一棵榆树，而且越长越大，树干挤满了井口，长出了井沿，年复一年，日复一日，无论天旱雨涝，都是生机盎然、枝繁叶茂、茁壮向上。可在周边方圆十几公里内的茫茫沙海中，没有任何树木，这棵树就成了这里独一无二的“神树”。

这棵“神树”像一把张开的巨伞，孤独地矗立在渺无人烟的沙漠草原上，十几里以外的村民都能看见它的身影。古时人都比较迷信，附近的老百姓都把这棵树奉为神灵，逢年过节要给它烧香、叩头，祈求护佑。谁家有了灾难病疾，就跪在树下焚香、祷告，病愈之后还会恪守诺言，去给老榆树“还愿”，往树上挂锦幛。锦幛选用彩色绸缎，有的长八九尺，有的一两丈，无一定规。上面写着“法内无边”“有求必应”“保佑四方”等各种颂词。挂在老榆树的枝头，使其随风飘扬。当时年代，布料十分金贵，却没有人肯去偷。年长日久，挂在上面的锦幛多了。旧的锦幛被风吹雨淋，丝丝缕缕的像蛛网；新的不断补充上去，把老榆树打扮得五彩缤纷，就像老戏里披挂上阵的元帅，煞是威风。

老榆树树龄高达几百岁，树皮特别粗糙，上面“千沟万壑”，十分苍老；树干高约10米，需要四五个小伙子合围才能搂住；树枝很粗壮，呈椭圆形，行人可以在上面行走、休息；树冠之大，可以遮蔽一亩地。老榆树主干中间像一个平坦的圆桌，牧羊人用铁锹在树干上砍出一个个台阶，爬上高高的树杈合伙打牌、玩乐，并且可以时不时察看下面吃草的羊群。老榆树下可乘凉、休闲、娱乐，大树给周边村民带来无穷的乐趣。

风云变幻，20世纪六七十年代，老榆树也遭到了灭顶之灾。当时，运动形势一浪高过一浪，“破四旧、立四新”的口号响彻城市乡村和大街小巷。“神树”也成了“革命”的对象。公社拖拉机站征得上级同意，决定砍掉这棵老榆树。放树人有些害怕，用传统迷信的方法对树祭拜了一番，才鼓足勇气，动手伐树。他们用斧头和长条钢锯经过一整天，才放倒了这棵古树。把树干一米一米分段后，用拖拉机拉了回去。后来公社用这些木料做了墩柜。

从此“神树”没有了，围绕神树所产生的传说故事层出不穷……据当地人说，到了中午时分，站在最高的沙头上，隐约还能看到冠盖数亩的“神树”。每到夜深人静的时候，周围的人们似乎还能听到“神树”树叶唰唰唰的声音。

现在老榆树没了，但它旁边的村落仍被人们叫“一棵树”，当年的传奇故事老百姓还在口口相传。

杨金毅

海子塘

盐池县青山乡乡政府一路向东有一个村庄叫海子塘村，它是青山乡方山村下属的一个自然村。这村庄之所以叫海子塘，是源于一个古老的传说。

海子塘村东南有一片大平塘，在以前，那里是一片海子（面积小的湖泊，盐池人称之为海子）。海子的中心有一个巨大的海眼，那海眼深不可测，据说可以一直通到东海里。因为通着东海，所以无论冬夏，海子里的水从不减少。这海子养育着周边百十里的村庄的人畜。春、夏、秋是海子最热闹的季节。且不说方圆百里的牛、羊、驴、马、骡子、骆驼自清晨至傍晚，络绎不绝地前来饮水，行人牧童歌声不断。但就那海子里的鱼鳖虾蟹，以及赶到这里来饮水的飞禽走兽就成百上千，鱼跃鹰飞，蛙叫蝉鸣，一派生机。

海子的北面有一条干沟（现在人们称之为郝记干沟）深约3丈，沟畔上有一户郝姓人家——老两口与儿子郝义，在沟畔上打了两孔窑居住。他们没有土地和牛羊，祖祖辈辈靠给有钱人家放牧牛羊为生。这家人因为贫穷成婚都晚，且每一代都不生女儿，只生一个儿子。到了郝义这一辈已经单传了七代。郝义为人诚实善良，勤劳能干。他给别人干活就像给自己家干一样，实心实意，绝不偷懒耍滑，放羊羊肥，牧牛牛壮。庄邻院舍谁家遇了事他都尽力去帮忙，属于人们常说的“走路都怕把蚂蚁踏死”的善良人。就是这样一个人见人爱、人见人夸的好青年，却因为贫穷娶不上个媳妇。

这一年，郝义给人家放牛，刚把牛赶到海子边上，他骑的那匹小红马就驮着他往东跑，他掣紧挂口（衔在牲口口里的铁链，用于控制指挥牲口的器具，又叫嚼口），那马却不听，仰着头，一口气跑到海子的东岸上，一声长嘶便猛地停了下来。郝义下马一看，沙滩上躺着一条红色的小蛇，已奄奄一息，浑身瑟瑟发抖。忽然，一个奇形怪状的东西迅速向小蛇扑来，郝义抡起马鞭向那怪物抽去，只见那怪物一闪转身奔向海子，纵身跳进了水里。

郝义捧起那小蛇端详,哪里也没有受伤,却依然瑟瑟发抖。他小心翼翼地捧着蛇儿,牵着马回到家,把蛇儿放在他窑里的暖炕上,用自己的破被子围了一个圈儿,这才骑上马去海子边放牛。

这一天,郝义心神不宁、焦灼不安,眼前时不时地出现那小蛇可怜的样子。好容易等到太阳落山,急忙把牛群圈进了主家的牛圈里,掉转头一路奔跑回到家。打开窑门一看,只见自己的破被叠得整整齐齐地放在炕角上,小蛇却没了踪影。他就急急忙忙窑里窑外犄角旮旯到处搜寻,哪里有半点影子。问老娘老爹,他们更是连啥都不知道。急得他出来进去地转圈圈,连晚饭也三扒两咽地吃了两口就放下了碗。

晚上要睡觉了,郝义却一点睡意也没有,他再次把家里所有的东西翻了一遍又一遍,凡是有可能藏住小蛇的地方他都看了一次又一次,直把自己折腾得疲惫不堪,栽倒就睡着了。

睡梦里,一位漂亮的姑娘来到他们家,径直进了他的窑洞,笑盈盈地对他说:“谢谢你!今天救了我,不然我一定遭乌将军的毒手。”说着低下了头眼圈就红了,那样子更加叫人心疼。过了好一阵,那姑娘又说:“我是东海龙王的小女儿,出来玩走错了路,到了你们这里,被海子里的乌将军发现,要逼我跟他成亲。我刚逃到海子边上就被你救了。我现在还是兽身,如果你能为我烧七七四十九天香,我就能够变成人身,就有办法回到龙宫里去了。”郝义见她说得可怜,就说:“能行!能行!一定能行!”声音大得把自己都喊醒了。原来是一个梦,但是梦里的姑娘和她说的每一句话他都记得清清楚楚。这咋能是梦呢?郝义再也睡不着了,他反复掂量这事,最后终于决定:既然已经答应了人家,就不管是真是假,俗话说“应人事小,误人事大”,一个男人咋能说话不算数呢。

第二天一大早,郝义就借了掌柜家的马到城里买了一只铜香炉,买了几把子香,在窑掌里掏了一个小洞,安置好香炉就把香点上了。从点上第一炷香开始,那香火就一直没有断过。白天,放牲口无论离家有多远,只要头一炷香一烧完,他就肯定跑回来上第二炷香;晚上,无论睡得多么沉,有多么瞌睡,他都要爬起来上香。就这样,他尽心尽力地上了整整四十九天香。

第四十九天的黄昏时分,郝义点着了一炷香,正要往香炉里插,就听见一个熟悉的声音说:“够了,不用再上了!我已经变成人形了。”郝义掉转身子一看,正是那天晚上梦见的那位女子。她说:“你去把你的爹娘请过来,我有话要和你们说。”

郝义叫来了爹娘，那女子就对老两口说明了事情的原委，并且说："我知道你们家几辈子单传，如今你们的儿子救了我，我要报答他，如果你们同意，我就嫁给他，为你家生子留后。"没等姑娘把话说完，老两口就迫不及待地答应了。

那龙王之女，原是为了报恩才答应为郝义生儿育女，心想生完孩子，自己就可以回龙宫去了。岂料和郝义一家生活的时间越长，相处得越和睦，关系越融洽。逐渐地，感情越来越深，竟然与郝义成了一对恩爱夫妻。不久，姑娘怀孕了，第二年春天生下了一个大胖小子，一家人高兴得嘴都合不拢。

正当郝义一家日子过得红红火火，夫妻恩恩爱爱，家景兴旺，日子像蜜糖一样甜美的时候，一天早晨，龙王的女儿哭了，郝义心里着急得手足无措。妻子拉住他的手说："郎君啊！我们的夫妻到头啦！"趴在郝义的肩上泣不成声地说，龙王派遣的虾兵蟹将找到她了，今天中午就要带她回龙宫。郝义一听一个晴天霹雳轰得他魂飞魄散，一把搂住妻子放声大哭。郝义的爹娘赶过来，一听缘由也哭了起来。一家五口老少三代哭了个天昏地暗。

眼看就要晌午了，妻子把郝义推开说："事已至此，哭也无用。你记住，如果你们想我想得厉害了，就给我烧香，我偷偷地从海眼里回来看望你们。"一家人流着眼泪答应着。一会儿工夫，天上布满了乌云，接着雷鸣电闪，风雨交加，只听得轰隆一声巨响，震得山摇地动。一家人缓过神来一看，龙女早已没有了踪迹。

龙女走后，又回来了两次，都是郝义连烧几日香后她才回来，但只是匆匆地见上一面就赶忙走了，连拉两句话的工夫都没有。第三次上香是孩子整岁了，郝义连上了十天香，妻子却仍没有回来。

第十天的晚上，郝义梦见妻子回来了，流着泪对他说："乌将军告诉了龙王，龙王大怒，命令虾兵蟹将堵住了海子眼，明天海子里的水就分到南梁、红庄、郝记干沟等附近的沟泉里，从今往后咱们就再也见不上面……"说罢痛哭失声，郝义也大哭，却把自己哭醒了。

第二天，海子里果然连一滴水也没有了，而郝记干沟等沟岔里却都有了水，只是那水特别苦涩。人们都说，那是龙女的眼泪流进了沟泉里。

口述：郝　彦

整理：冯　彪

老虎沟

传说明代时，麻黄山还是溪涧险恶，豺狼所居，人迹罕至。周氏先祖移民于此定居，常常遭到猛虎袭击，白天黑夜，人畜遭殃，方圆几十里的人们生活在恐惧之中。正在无奈之际，周氏有弟兄二人从外习武归来，听说此事后，立即召集族人商讨治虎之计。首先跟踪监视老虎的行动规律，藏身之地。有一天终于捕捉到了老虎的踪迹，隐藏在村子西南一条狭窄的深沟里。村民纷纷出动将沟口封堵，周氏两弟兄各执一哨棒，闯进虎穴。说时迟，那时快，未等老虎反扑，弟兄俩左右夹击，直捣老虎软肋，老虎腹部遭到重创后无法反扑。在众人的协助下，猛虎被消灭了。于是周边的众乡邻纷纷赶来祝贺，自此人们过上了安居乐业的生活。为了纪念这一为民除害的业绩，周氏居住的这一村庄被尊称为“打虎店”，那打虎的沟就叫“老虎沟”了。

周景珠

田记掌

田记掌在盐池(花马池)县城正西方向。出城一路向西是一个漫上坡,叫五里坎,从五里坎越往西坡越陡,过了佟记山,山岭绵延起伏百余里,与灵武东山山脉相接壤。从五里坎到佟记山有十余华里。南面有田记掌与石山子之间的凹地叫南塘,北面有田记掌与北梁之间的凹地叫北滩,中间躺着山脊梁,很像人的手掌。由于田家祖先们最早居住开发,故叫田记掌。有人说这个山梁像人参,也有人说像一条卧龙,它的头部在佟记山,尾部在五里坎,龙爪左边石山子梁,右边北梁,龙嘴在羊路洼蔡记羊场西面的山坳里。每逢田记掌下大雨,站在庄头向西北方向看去,龙嘴就在那个山坳里吞云吐雾,布阵行云,电闪雷鸣,黑压压一片云山像一堵墙一样向田记掌压来,一阵大风过后,倾盆大雨如注而下。记得有几次卧龙发怒,突降暴雨,不但冲了二堡,还冲毁了花马池城北园子的一些设施,造成了比较严重的损失。

摘自《盐池县田记掌刘氏族谱》

武记塘与芨芨滩

清康熙二十六年(1687 年)后,朝廷实行“与民杂耕”政策,有山西晋中及陕北一带人口不断涌入花马池,居民以牧养牛、驴、驼、羊为主,地方畜牧业发展迅速,居民过着农耕牧养的生活。听老人传言,康熙初年,定边县南山史畔村有一武氏先祖携两子来到宁夏后卫(今盐池县)境内,一子落籍铁柱泉堡辖地,定居红井子村西 3 公里处丘陵塘地,村落以姓氏命名为武记塘。另一子落籍惠安堡辖地,定居惠安堡东南 10 公里处荒漠滩地,村落周边因生长芨芨草而得名芨芨滩。

清雍正三年(1725 年),朝廷废卫所制,宁夏设府,下辖一州四县,灵州下辖 36 堡,惠安堡为其中之一。芨芨滩属灵州惠安堡。据老人传言,早年间,芨芨滩一带是平滩,曾经亦是水草丰茂之地,与周边的寺儿庙滩、龙王庙滩并称“三滩”。

传说当年芨芨滩村境内有一眼泉水自地下喷涌而出,水流湍急,用两块磨盘都压不住。当地人利用泉水发展小畦灌溉,种植小麦亩产达到 500 斤左右。某年,有一喇嘛云游至此,发现眼泉,惊异于苍茫荒漠中竟然有如此奇景,遂心图不轨,寻到仙境处,见一通体金色的健硕马驹正悠然吃草,便每天采一把青草拿来喂食,取得了神马驹的信任,一日,将红头绳化作甘草做就的缰绳套住了马头,牵走了神马,悄悄盗走了本地风水。从此,芨芨滩失去了泉水,地下水位下降,碱气却上升。先前的水浇地,开始大面积泛碱,再也无法种小麦,种植其他粮食也很少有收成。再后来一场大雨,暴发山洪,从摆宴井、牛皮沟一带流向芨芨滩,冲毁农田,淤泥形成土丘,长期经风沙侵蚀流沙压埋,遍地长满了刺疙瘩和芨芨草。

摘自《盐池武氏族谱》

海牛滩

盐池县花马池镇柳杨堡村有个自然村叫海牛滩，这个村子已经很老了。为什么叫海牛滩呢？众多解释都认为这个村子住的是牛姓人家，村子周围就是盐碱地，生长茂盛的芨芨草，盐碱地又适宜于种麻子，芨芨草和麻子长成了一片绿海，所以叫海牛滩。但当地老年人认为其说有误，说叫海牛滩是因为这里在阴雨天常常会听到牛叫，且叫声很大，似乎离你很近，循声追去却不见牛影，而叫声又从另一处地方发出。人们认为这种声音是地下潮气鼓胀释放出的，其声如牛叫，所以人们就把这里叫海牛滩了。

侯凤章

猫头梁

青山乡北部有道梁叫猫头梁，梁下有个村子叫猫头梁，名字中有猫，却与猫无关，是盐池草原常见的一种植物赋予了它们名字。盐池草原干旱，长出的植物也多带刺，如骆驼刺、白刺、猫头刺等等。植物长刺，一则是防止水分散失，二则是保护自己免于被食草动物啃得精光。

猫头刺就生长在干旱的梁坡上。青山乡北部的红石梁被太阳烤灼得一片焦红，其他野草都无法在那座山梁上生长，猫头刺却无所畏惧地扎根疯长。猫头刺开花时能红遍整座山坡。猫头刺花小而繁，就开放在细密的芒刺之间，鲜嫩粉红，连片的猫头刺花在山坡上漫卷，远望像是铺在山上的粉红地毯，这山望着那山粉黛，这坡连着那坡红艳，越开越红，越开越艳。

于是红石梁被人们叫成了猫头梁，有个村子就在开满猫头刺花的红石梁下，猫头刺也成就了村子的名字。

猫头刺不结果，但它也为盐池人抵挡着风沙。猫头刺就生长在干旱的山梁上，一长一堆，堆不大，被沙子淤埋着，看不到它的根，枝条短而细，芒刺也短而细，尖锐如针。猫头刺正是凭着这尖锐细密的芒刺而显露着它的威严，让人望而生畏，飞鸟野兽看见它也要退避三舍。

每年腊月二十三一过，盐池农家都要烤炉馍馍。猫头刺的干枝烤炉馍馍最好，它的火力说软可软，说硬可硬，可谓“不温不火”。铁炉架起来，猫头刺煨在炉下，男主人坐在旁边，一会用火棍拨一下燃烧的猫头刺，猫头刺像睡着了又醒来一样，红红地照一照炉底，又睡着了。等它睡成一堆灰时，炉馍馍就以酥脆嫩黄的容颜和主家见面了。

侯凤章

红井子和苦参湾

盐池县的大水坑镇有个地方叫红井子。当地红色土地，打出的井水很清甜，甜中带醇，远近闻名。青山乡有一个地方叫苦参湾，苦参湾的井水却又咸又苦，苦中带涩。而红井子与苦参湾南北相距不过七八公里。这是为什么呢？

相传很久以前，太上老君下界察访民情。他化作一名乞丐，头戴破草帽，身穿麻布衣服，脚蹬烂草鞋，肩背油布袋，手里拄着一根劈了头的木棍，慢慢腾腾地往前走。

这一天，天气又闷又热，火辣辣的太阳烤得人头顶上都要冒烟。老君爷走得又饥又渴。行走间，隐约发现前面有一个村庄。他加快脚步来到村前，只见村东头有一座大府院的门楼又高又大，两扇黑漆铜环大门紧紧地闭着，门框上贴着一副对联，上联是“万贯家私为我配”，下联是“千尊宾客弃吾去”，横批是“莫氏福园”。

老君爷知道这家是个很有钱的财主。干脆就在这儿吃茶用膳吧，于是上前笃笃敲了两下门。黑漆大门嘎吱一声开了一条缝，一个贼眉鼠眼、长得哈巴狗一样的人出现在门口。他上下打量了老君爷一番，操着公鸭嗓子问道：

“你是干什么的？”

“施主，有饭舍一碗，无饭舍茶一杯。”

“没有！”随着声音，大门嘎地一下关上了。

老君爷吃了闭门羹，仍然不甘心。他又上前使劲打了一下门，当啷一声门开了，一个留着仁丹胡子、长得像桶一样粗的大胖子出现在门口。他品着茶，慢条斯理地说：“何人随便打我莫家的大门？”

老君认定他就是这家的主人，便赶忙答话：“有饭舍一碗，无饭舍茶一杯。”

“嗤。”大胖子瞪了一下三角眼，气冲冲地说，“没有。”然后要转身进院。

老君爷一看他又要关门，一侧身挤到门里，连声哀求：“请施主开恩，请施主开恩！”

“滚！”财主又恶狠狠地瞪了老君爷一眼，大声喊道：“来人哪，把这个臭叫花子给我轰出去！”说时迟，那时快，两个彪形大汉从屋里奔出来，围着老君爷就要打。

正在这时，“哈巴狗”急忙走到财主跟前，贴到耳根上嘀咕了几句，财主听罢，眯着小眼睛，翘起仁丹胡，阴笑了几声，吩咐道：“来人哪，给要饭的赏一碗‘绿茶’。”话音未落，“哈巴狗”走进伙计的厨房，端了一碗绿汪汪的“茶水”。老君爷渴得要命，接过咕嘟咕嘟一气喝完了。谁知道“哈巴狗”这小子冒坏，给老君爷端的是淘菜的水。老君爷喝完水咂咂嘴，又苦又涩。他懊丧地说：“世上没有苦参湾这么苦的水呀！”老君爷的嘴是金口玉言，说铁不成钢。一句话把个苦参湾的甜水说成了苦水。从此，这里的水再也吃不成了。

太上老君在苦参湾受了一肚子窝囊气，心中闷闷不乐。他沿着一条羊肠小道一直往南走。走了10来里路，远远看见一个小山丘下面有一座茅草屋。前面有一个70多岁的老太太提着一瓦罐水，颤颤巍巍地往回走。老君爷赶忙上前道：“老人家，口渴难当，舍一口凉水吧！”

老太太仔细打量了一下面前这个衣服破烂的叫花子，怜悯地说：“可怜！可怜！凉水喝下去会闹肚子，快进屋歇歇，我给你烧点开水。”

老君爷跟着老太太走进草屋。老太太连忙点火烧了一碗开水。老君爷接过水碗，先品尝了一口，咂咂嘴。由于先前喝的那碗水特别苦，所以这碗水就显得特别甜。太上老君不由地脱口而出：“世上没有比这里更甜的水呀！”

从此这一带的水变得又清又甜了。

且说老君爷喝了老太太的水后，口不渴了，心里十分高兴。他问老太太：“老人家，您的水是从哪里打来的？”老太太说：“是从10里以外用瓦罐提回来的。”老君爷听罢，心里十分感动，拉住老太太的手说：“老人家，为了报答您的恩德，我就特地给您凿口井吧！”说完，他口中念念有词，伸出中指朝地下一戳，一眼水井打成了。井水清亮照人，一眼可以看见井底，一吸鼻子仿佛就能闻到一股醇香的味道呢！

老君爷又在井沿上题诗一首：

一碗苦汤莫家喝
一人刻薄害人多
若要四夫来打水

亏你还在世上活

写罢，飘然而去。

自从有了这口水井，不但老太太吃水方便，而且周围的百姓也来这里打水。一时间，这口井前人来人往，非常红火。从此，人们把这口水井取名红井子。

而苦参湾的水变苦后，财主莫胖子也来红井子打水。他发现了井沿上的诗后，自以为受了很大的侮辱，便发誓不吃红井子的水。谁知道，咬着牙吃了两天苦参湾的苦水，全家人就开始闹肚子，连吐带泻……从此，莫家渐渐衰败了。

搜集整理：韩向春

苦参湾

“苦参湾的水，驴喝了就拌嘴，人吃上活见鬼。”这句话在盐池广泛流传。

苦参湾原来叫侯记湾，水很甜，那么为什么又会变苦了呢？

据说康熙访贤，路过此地，时值6月，日头像一盆火似的烤着。康熙一行人，晒得汗流浃背，口干舌燥，走到一户人家要水喝。因那时土匪经常残害百姓，这家就老太太一人在家，把康熙误认为土匪，一气之下就把淘苦苦菜的水给了康熙。康熙渴得嗓子冒烟，顾不得许多，一口气就喝了很多，最后越喝越苦涩，随口就说了一句“这地方的水怎么又苦又涩”。皇帝是金口玉牙，说啥就是啥，从此这里的水就变得又苦又涩，人们吃水要到十几里以外去驮。后来，人们也就把侯记湾叫成苦参湾了。

口述：何文华

整理：杨文举

九龙口

盐池县红井子新桥村与陕西定边冯地坑的交界处，有一条长达2000余米的深沟，叫梧桐沟。沟内有一眼泉水，常年不干，顺着这条沟流向南川。站在沟头一眼望去，九道弯弯，犹如一条九头龙张开嘴，这里就是传说中的九龙口。

第一沟湾是龙首之处，有唐代建大庙一座，叫九龙庙。明清时，这里每年要举行三月庙会，如今却冷清了，只有断壁残墙。

这里流传着一个动人的故事。唐朝时期，梧桐沟南有一个村庄，叫李家庄，庄上住着一位先生，叫李钟。他精通文墨，广知地理五行、阳世三要，为人极是诚实。只因连年应考，不能中举，故而以卜签卦、观风脉、看地理为业，方圆百里的乡亲选阴基阳宅皆来请他。

李钟有两男一女。长子李琪，性格温和，自小学文，饱读诗书，四书五经，无所不通。次子李玮，自小喜欢弄枪舞棒，骑马射箭，倒也练就一身功夫，只是生性过急，常常受到父亲的训斥。小妹李莲，善良贤淑，已婚配于人。一家生活虽说过得不富裕，但粗茶淡饭倒也过得去。

年复一年，日复一日。有一天李钟突然患病卧床不起，自知不愈，就唤来儿女们道："为父已不行了，不久即要离开人世，我死后，你兄弟二人，一个学文，一个学武，要谋前程，切不可荒废。"兄弟二人一看父亲生命垂危，急忙跪在床前说："爹！您老一生为别人看过不计其数的茔地，只是不曾为您自己选定一角，您老要是眼睛一闭，我们往何处葬您？"李钟说："我早已想过这事，只是未曾告诉过你们，我死后，丧葬恰和别人不同，你们要切记三件事：一是我死后要立即下葬，不可久留，任何人不许哭丧；二是下葬时将我身上衣服全部脱光，一件不留；三是你二人将我的棺材抬上绕着九龙口方向走，什么时候绳子自己断了，棺材所落之地便是我的葬身之地。如果三件事都做到，那么，在我下葬后一百天整，你弟兄二人向南射出三箭，然后启程，会有好前程的。"说完合目而亡。

李琪兄妹三人，按照父亲临终之嘱，将其衣服脱光，成好殓后，准备合棺。女儿却偷偷泪流。李莲寻思，父亲一生省吃俭用，抚养我等成人，难道就这样赤身裸体入土，心实不忍。于是她趁哥哥不注意，偷偷将一块巾帕放进棺材。待合棺后，弟兄二人抬上棺材，急急向九龙口走去。棺材越抬越重，不知走了多远，李玮在后边抬得有些急了，心想，这么粗的绳子啥时才能自己断，我何不悄悄磨断它。趁李琪不注意，李玮拾起一块石头在后面偷偷地磨了起来，恰到九龙口龙首之处，绳子断了，棺材突然落了下来。李玮忙说："哥，照父亲说的办，就在这里挖坑吧。"李琪累得满头大汗，放下抬捧，弟兄二人急忙挖坑下葬，把后事全部办妥。

到了李钟下葬第九十九天，李玮再也等不住了，劝哥哥说："哥咱们走吧，差一半天有啥关系。"李琪想了想，只好依了兄弟。按照父亲遗嘱，二人取来弓箭，向南射出第一箭，又射出第二箭，只见空中风吼雷鸣，射完第三箭后，地响成一片。弟兄二人惊恐不已，急忙回家。却说这一天，唐太宗忽觉心神不宁，正在大厅前踱步，忽从大殿外飞来一支箭，却在距离正殿有 100 多米远的地方，突然跌落下来。太宗正在惊奇，忽然朝着他又飞来一支箭，只见箭到大殿门口时，却又跌落了下来。太宗正要唤人，问明何处飞箭，猛然又飞来一支箭，正射进大殿门口，直朝他飞来。太宗急忙躲在大殿柱子之后，却见那箭飞来牢牢钉在柱子上。太宗大吃一惊，急忙呼唤卫士，查找刺客，卫士搜遍前宫后宫、左庭右庭，并无刺客。

这时丞相魏徵求见，太宗把飞箭之事告诉魏徵，魏徵道："启奏万岁，臣夜观天象。九龙口有能人出生，命人前去查询剪除。"

太宗准奏，派老臣尉迟敬德前去查询。尉迟敬德接受君命，不敢怠慢，顺着魏徵所指的路线，不到一日，来到九龙口。站在山顶一看，只见山下云雾弥漫，龙首之处添有一座新墓，靠山向水，大有仙山蓬莱之势。敬德不由暗暗称奇，急命卫士开墓验棺，还没等打开，只见墓内冒出一股青烟，紧接着一声巨响，墓内冲出一条草龙腾空而起，上下翻腾，只是不能驾云。原来是一条丝巾缚住龙爪，最后终于坠地，尉迟敬德急命人斩首。听得此墓主人姓李，下令要将其满门抄斩，并上书朝廷，在此龙首建庙一座，称之为九龙庙，以镇风脉。

李琪、李玮逃亡外地，只得改名换姓，幸免一死。

搜集整理：冯学智

铁柱双泉

铁柱泉位于盐池县城西南冯记沟乡境内，古时候是一片很大的湖，周围水草茂盛。唐朝李益曾形象地描述“绿杨著水草如烟，旧时盐州饮马泉”，就是铁柱泉的真实写照。自唐宋以来，这块肥沃的土地便是北方游牧民族和中原王朝的必争之地，辽阔的草原，丰饶的牧草，丰沛的湖水，使这里成为驻军放牧、休养生息，直取中原的中转站。到了明朝，湖水变成了泉水。明嘉靖年间，兵部尚书刘天和率部修筑铁柱泉城，目的是抵御蒙古鞑靼入侵，保护水源，保障边防供给。

铁柱泉城因泉而名，城内城外两处泉水，世称双泉，像两颗璀璨的珍珠，镶嵌在广袤的草原上，滋润着这方土地，养育着这里的人民。传说，盐州草原上有两个龙泉，铁柱泉城筑起后，龙母泉锁在城里，龙公泉一路追来，却被挡在了城外。这城只有一道城门，朝东开，瓮城造型像宝珠。城里城外两龙斗宝戏珠，隔墙相守，形影不离。后来有人看到泉里有个金马驹，时而在城里的泉中嘶鸣，时而又在城外的泉水中显现，而且游移不定。原来，金马驹将两泉从地下连了起来，双泉相通，日夜喷涌，两龙才得以相会。

相传城里的龙母泉泉水来自于城西南百里处的罗山之上。这山孤峰兀立在宁夏中部，常年云雾缭绕，山上树木茂密、遮天蔽日，有大小泉眼几十处。罗山东坡有一洼泉水，清澈甘洌，坡下住了一户人家，世代练功习武，户主名叫邬青。一天，邬青的孩子到泉边玩耍，手里拿着一根鞭杆（棍棒）。这鞭杆乃梧桐木质，长 5 尺，挺直沉重。这时，泉边跑着几只小黄鸭，小孩用鞭杆追赶玩耍。突然手一松，不慎将这鞭杆落入泉水之中，一眨眼工夫不见了。泉水很深，小孩不敢下去打捞，便回到了家中，把鞭杆掉入泉中之事告诉家人。

过了一年，邬青的一个邻居走了百十来里，来到马儿庄，一路口渴，到一个龚姓大户人家喝水，待他转身走的时候，发现这户人家门背后立着一根长长的木棍，再近前一看，原来是一根梧桐棍。邻居问这木棍是从哪里来的，龚家人答曰他家门前有一口井，井水常年不干枯。不久前，庄里组织人力淘井(清理井里的淤泥)，发现井下面有一根木棍，井里还有一孔西南东北走向的水洞，木棍在水洞里横着，淘井人把这根木棍捞了出来。邻居听了龚家人的叙述，感到奇怪。他想，这井水可能是从罗山脚下流过来的，与罗山泉水相通，要不然，这木棍怎能漂到这里?邻居将罗山下邬青家小孩头一年丢棍一事说了，龚家人觉得蹊跷，于是将木棍交给邻居，并嘱咐带还给主人，邻居答应了。

这年冬天，龚家人用斗子(柳条编织的盛水桶子)在井里打水，一不小心斗子掉入井中，再用扁担打捞，扁担也跟着落入井中。打水人赶忙回家找来几人打捞，井里只有斗子没有扁担，他们猜测，扁担可能被庄上其他人家打捞走了。

铁柱泉自建城以来，居住的人越来越多，城里先后建起了龙王庙、玉皇庙、娘娘庙等多处庙宇，每逢农历四月初八，周边庄上的百姓都来这里赶集、逛庙会，城里城外商贾云集、人山人海。这期间庙里的和尚十分忙碌，打扫场地，担水做饭，念经做法事。有一天，龚姓人也来赶庙会，在熙熙攘攘的人群中，他看到和尚担水的扁担就是自己失手掉在井里的那根，几十里路，怎么会到这里？龚姓人找和尚问这根扁担的来历，和尚说，扁担是从泉里打捞上来的，他们用来担水。龚姓人很疑惑，难道他的扁担是从井里漂过来的？如果是这样，那么罗山的泉水暗通马儿庄的井水，马儿庄的井水又连通铁柱泉城内的泉水。跟大家一说，大家明白了，原来龙母泉的水来自罗山啊!

铁柱泉城外的泉叫龙公泉，有一亩多大，蓝天映衬，波光粼粼。据传，龙公泉的水来自城东部的南海子、哈巴湖一带，泉眼时而浮现在地表草丛之中，时而深入地下。若站在泉眼附近，有时能听到潺潺向西的水流声，为这城外的泉池补充了无穷无尽的水源。

铁柱泉古城内外的双泉，是大自然赐给草原的生命之水。后来，城里的泉水干涸，城外也仅剩下很少的一点水。有人说:喇嘛捉拿金马驹失手后，金马驹跑到了罗山，带走了城里的泉水，所以泉水枯竭了。

搜集整理:杨金毅

活城、死城和花马池盐根的传说

很久以前，盐场堡的盐湖都归盐池县管辖，那时候，较大的盐湖有 3 个，可奇怪的是所有的盐湖只有花马池老湖的池盐有盐根，要说这湖里盐根的来历，还有这么一个故事。

传说康熙微服私访宁夏，走到安边城时，被城里的富豪给扣住了。半夜，康熙帝撬开窗子逃了出来。跑了一会，来到了一个沙窝，迷失了方向，正不知所措时，忽见前面有一个灯笼。他以为遇到一户人家，想上前问问路。不承想，康熙帝走，灯笼就走，康熙帝停下，灯笼也停下，康熙走快，灯笼也移动得快了。不一会工夫，灯笼不见了，康熙帝抬头一看，前面是座城池，他上前仔细一辨认是到了定边城。康熙走到城门前正准备敲门时，城门就打开了，进城一看许多店铺已经开门，街边卖早点的，包子、饼子、稀饭什么都有，尤其是定边城里的硬早点——羊肉汤剁面，更是香气扑鼻，锅里的大块羊肉让人眼馋。跑了半夜，康熙已经饿了，他让店家给他称了一块羊肉，又来了一碗剁面。吃饱后，他在定边城里转了起来。那天正是定边城的集市，从盐池（当时叫花马池）等地赶来做生意的人很多，城里很热闹。康熙看到人来人往、生意兴隆的定边城，心里想：这真是一座活城。

等到下午，康熙离开定边准备到花马池去，心想只有 60 来里的路，骑上马一会就赶到了。没想到，他刚出定边城不远就遇上了大风，那风刮得人连眼睛都睁不开，一条车马走过的土路也被沙子压得看不清了。康熙知道一直向西走就能到花马池城，可他走着走着就转进了花马池盐湖。盐湖的路很不好走，沿着盐湖埂，康熙转来转去转了几个时辰，终于摸到湖边看盐湖的一户人家。由于早晨吃了羊肉，经过这样一番折腾，康熙的胃也难受了，肚子也不舒服了。康熙坐在看盐湖老人的炕上双手捂着胸口头上直冒冷汗。看盐湖的老人见状，连忙烧了一壶开水，又拿出一撮盐放进壶里。康熙喝了盐水，感觉一下好多了，他问老人这是什么方子，老人说："喝了花马池盐湖的水，胸口就不疼了，可灵验了。"康熙说："这湖水里有什么？还有盐根哩！”这一句“还有盐根”的敕封使花马池盐湖真的有了盐根。

肚子不难受了，在老人的指点下，康熙又向花马池城走去。由于在途中耽搁的时间太长了，等他走到花马池城时，已经是小半夜了。康熙上前敲城门，连敲了很长时间，守城的士兵因风大没有听见，康熙气地骂道：“这真是个死城。”

从此，定边城人来人往，商贸繁荣，确实是个活城；花马池城经营萧条，居民稀少，是个缺乏生气的死城。而花马池盐湖周围大小十来个盐湖，只有花马池盐湖的食盐有盐根，正如故事里讲的，这都是康熙帝给封下的。

口述：刘忠义

整理：刘国君

观音峁和苦水泉

大水坑向东40里,有一座山梁叫观音峁。在观音峁东南山下,有一条20多丈深的大沟叫苦水沟,沟畔有一眼泉叫苦水泉,泉水清清亮亮,但苦涩得很。

相传很久以前,泉水甘甜。泉畔住着一位俊俏姑娘,叫观音,跟着老爹过日子。有一年秋天,观音姑娘下沟收谷子,忽然看见石头缝里长着一棵木瓜树,上面结满黄澄澄的木瓜。观音放下镰刀,一步步爬上山坡。谁知刚摘了一颗木瓜,就觉得脚下一空,从山坡上滚了下去。

就在这时,一个打柴的小伙子路过,见观音姑娘躺在山沟,急忙上前抱起了她。小伙子轻声呼唤:“姑娘,醒一醒。”观音睁开双眼。小伙子问道:“疼得厉害吗?家住在哪里?”观音无力地用手指了指家的方向,又昏过去了。小伙子顺着观音指的方向,终于找到了观音的家。

观音的老爹看到女儿摔成这样,非常着急。小伙子说:“老爹,不要着急。我叫柴娃,地里的庄稼我帮你收吧。”观音爹高兴地点了点头。日子长了,观音爹看到柴娃心地好又勤快,就做主为他们成了亲。

有一天,柴娃上山打柴去了,一群狼窜到观音家里,拖走了观音和她爹。正好柴娃回来,拿起斧头,奔向狼群,从狼群里夺下了观音爹,可是一只灰狼拖住观音不放,柴娃扑了上去,一把拖住观音,用力一扯,因用力过猛,两人摔下了山沟。

柴娃醒过来,观音姑娘已经没气了。柴娃哭得死去活来,他把观音埋到西北面的山梁上。柴娃从此饭也吃不下去,趴在山上哭了七七四十九天,眼泪渗入地下,流到了沟里,泉水变得又苦又涩。这里的一切都变苦了,石苦、水苦、草苦、花苦。

现在你到观音峁和苦水沟看一看,观音姑娘的坟还在,满山的白石头是柴娃的尸骨,苦水沟的周围长满了苦花子、苦豆子和苦苦菜。

搜集整理:冯学智

灵应山甘草仙子的传说

灵应山在盐池县城西南 29 公里的地方，那里一直流传着一个甘草仙子的故事。传说过去的灵应山又高又险，远远瞭见山峰叠着山峰，近看岩石陡峭，十分险要。在山东侧的陡壁悬崖上，有数十个石窟，那就是人们为供奉甘草仙子而开凿的。

在很早以前，灵应山下有一个小村庄，住着一对善良的夫妇，生有一女，长得十分心疼，又活泼又机灵，起了个名字叫灵灵。灵灵五六岁时，就会帮爹妈干活，出外拾柴火、掏苦菜，回家洗锅做饭喂猪狗，啥活都干。家境虽说清苦，可夫妻俩却把灵灵当成掌上明珠，疼爱得了不得。灵灵 13 岁那年春天，灵应山一带发生了瘟疫，村子里一下子就有好多人染上了病，灵灵的爹妈也病倒了，灵灵成天不失闲（没空闲），不是在家伺候爹妈，就是跑上山挖甘草，熬汤为爹妈治病。可一两个月过去了，庄子里病倒的人越来越多，灵灵爹妈病得连炕也下不来了，这一下可把灵灵急坏了。

这天，灵灵一大早就上山挖甘草。全庄子的人都靠熬甘草汤治病，漫山遍野的甘草已经挖光了。灵灵在山上转了大半天，连个甘草的影影也没见着。她想起爹妈的病，急得坐在地上就呜呜地哭了起来。正哭得伤心时，走来一个白胡子老汉，问："小姑娘，为啥一个人坐在这搭哭鼻子？"

灵灵仰起泪脸瞅了瞅白胡子老汉，就将全庄子的人和爹妈得病的情形，以及挖甘草熬汤治病的事说了一遍。

白胡子老人听完了说："姑娘，一般的草汤只能维持病人的生命，除不了病根，要治这种病，只有喝铁心甘草汤。这种铁心甘草又粗又长，甘草心是赤红色的，是由一般甘草经毒蛇咬过后长成的，十分稀罕，极不容易挖到。"白胡子老人说到这里停了停，又说："不过这座山上倒有一株。"

灵灵听说山上有铁心甘草，一骨碌站起来，忙问："在哪搭（哪里）呢？"

白胡子老人说："在山顶那块大石头的背后。我说姑娘，现在天快黑了，你还是先回家去吧，明天再上山挖。”说罢，转身朝北走去，眨眼就不见了身影。

灵灵听说山上有铁心甘草，好高兴。她没听老人的劝告，也不管天黑不黑，等老人一走，她就向山顶爬去，到山顶时，天色已麻麻黑了，灵灵走到那块大石头前，沿着石头走了一圈，果然在大石头背后有一株长得很旺的甘草秧。灵灵顾不得一天的劳累，挥起铁锹就挖，不大一会，一根足有大拇指粗、二尺多长的甘草露了出来，灵灵喜欢得不得了，猫下腰伸手抓住甘草，使劲将甘草拔起来。随着拔起的甘草，带出一条鞭杆粗、三尺多长的蛇，猛地向灵灵的胳膊腕咬了一口，刺溜一声钻到大石头缝里。灵灵顿时感觉到胳膊腕一阵生疼，眼窝发黑，一屁股坐在地上。过了一阵，灵灵缓过气来，不顾疼痛，拔腿就往回跑。待灵灵跑回家时，那只胳膊已经全部红肿了，她上气不接下气地说：“铁心甘草挖来了，熬成汤喝，病保管好。”话刚一说完，灵灵就一头栽倒在地上，再也没有醒来。

灵灵死后，爹妈把她埋在半山腰。爹妈喝了铁心甘草熬的汤，病很快就好了。一个多月后，灵灵的坟四周，长出了很多甘草秧。当人们挖出甘草时，全都是又粗又长的铁心甘草。庄子里的人喝了铁心甘草汤，病全都好了。

后来，人们为了纪念这位为救全庄人献出性命的灵灵姑娘，把埋葬灵灵的这座山改名叫灵应山，并在半山腰凿了好多石洞，刻上灵灵的石像，称“甘草仙子”，还把灵灵死的那天（农历三月三）作为纪念日。每逢三月初三，灵应山都要举行庙会，周围的乡邻们成群结队，络绎不绝来到这里虔诚膜拜，祈求阖家无灾无病，事事如意。这种习俗，一直流传至今。

搜集整理：刘怡乐

卧凤掌

盐池县惠安堡镇南部有一个很偏僻的地方叫卧凤掌(窝风掌)。传说在以前,麻黄山里有一个小村子,只有一户人家。这家人养着一群羊,靠种几亩旱地维持生活,日子过得很一般。儿子柱子长到20来岁还说不上个媳妇,家里人很着急,可在这周围几十里都没有人烟,想说个媳妇都没有方向。有一天,柱子在山上放羊,突然看到,从很远的地方飞来了一只金凤凰,这只凤凰在山顶上盘旋了一周后,就落在山脚下。柱子好奇地跑到山脚下,想仔细看看这只凤凰,可他跑到山脚却怎么也找不到那只凤凰。他在山间里找着找着,发现有一个姑娘走在山路上,他连忙上前问,姑娘说她是外地的,和家人失散流落到此。柱子就把姑娘领回了家,可这姑娘在他家住了很长时间都不说回家的事情。后来,在父母的主持下,柱子和姑娘成了家。小两口相亲相爱,过了一年多后,姑娘生下了一儿一女。等到儿女长到五六岁的时候,这个姑娘变成凤凰飞走了。从此,这个小村子就被人起了个吉祥的名字"卧凤掌",后被人们传为了"窝风掌"。

搜集整理:刘怡乐　刘玉珠

天池子

天池子位于盐池县城西 40 公里的高沙窝镇南梁村，其地处于花马池镇和高沙窝镇的东西川谷地带，古谓之天河。川谷的西岸原有淡水湖，所处地势较高，故名天池子。

相传当年周穆王应西王母之邀，前往瑶池赴宴。周穆王召来造父（秦人之祖先，为周王养马驾车，尤善驾驭，能在崇山峻岭之间驾车驰骋），命他即刻驾车。造父急忙牵来他那 8 匹体格雄健、神态飘逸的骏马，套好车，穿山越岭，风驰电掣般一路疾奔。

到了昫衍一带，只见一片台地无边无际。穆王一行，人困马乏，向西远眺，瑶池尚在天际。穆王心灰，停车休息，心想此处若有一池水，让马儿们喝好，那样我们也就好赶路了，抬头一看，眼前果然出现了碧波粼粼天池。穆王喜出望外，赶紧令人解辔饮马，那马饮了天池之水，精神抖擞，龙腾虎跃，拉着穆王如飞般奔向瑶池。

由于周穆王在这里饮马，且在此处休息后赴瑶池饮宴，这儿被人们称为“天池子”，“天池饮马”也成为盐池八景之一。

冯　彪

凤　池

惠安堡盐池又叫凤池。相传很久以前这里是一片沙漠，寸草不生，飞沙走石，人们很难在这里生活。有一天突然飞来一只凤凰，落在沙滩上，久久不愿飞走。人们都惊呆了，看着凤凰，盼望它能带来幸福。凤凰飞走不久，这里的沙滩就变成了湖泊，湖泊里又长出了盐，晶莹剔透。从此，人们开始捞盐、卖盐，过上了好日子。于是就把这里的盐湖叫作凤池。

摘自《惠安堡镇志》

苗儿沟神泉

青山乡大方山的东北脚下，有一条沟，因经常有狼在那一带挖洞养育狼崽，所以当地人称之为“狼儿沟”。狼儿沟自大方山发源，一路向东直到莲花池，全长十六七里，它的源头有3个沟垴子，其中一条，位于狼儿沟西南侧，长约10丈，在距狼儿沟沟口4丈处，离地面两尺多高处是一层羊肝石，从羊肝石的缝隙中，时常浸出水来，那水只能将尺许见方的羊肝石润湿，却不能够流到地面，春、夏、秋三季晴天里，那方羊肝石湿润润、水汪汪的，到了冬天，那半沟洼上就会结出冰来。

1928年，盐池遭受百年不遇的特大旱灾，村民大多流离失所，逃荒要饭。狼儿沟北畔的郝老大则在当年开春之际，就向别人揽下了活计，并提前支取了工钱，到定边城里买回了粮食，一家人安安稳稳地度过了年馑。

就是那年春天，一个放羊娃见郝老大在耧地，便跟在后面扯闲磨，忽然看见郝老大摇动的是空耧，耧斗里连一颗籽种也没有，就惊奇地说：“你的耧斗里连一颗籽种都没有，你在耧啥呢？”郝老大丢开耧，一把捂住他的嘴，说：“不要胡说！”那放羊娃被捂得上不来气，就拼命挣扎。好大工夫郝老大才放开他，对他说：“我告诉了你，你可不能给任何人说！今年咱这里要遭大年馑，老天要收这一方人呢，我耧空耧就是要掩人耳目，不敢泄露天机，怕遭老天谴责呢！留下点籽种好叫婆姨娃娃们度年馑。这可是天机，谁泄露了谁就会遭大灾祸！”

年馑过后，放羊娃才把这事告诉了大人，人们就去问郝老大，咋知道今年是大年馑呢？郝老大这才告诉大家，他的先人早就告诉他，狼儿沟的西南侧沟垴子有一方浸水的羊肝石，每到冬至那天就会结冰。如果冰结得大，那么来年的天年就好；如果冰结得小，来年的年景就不好；如果一点儿冰都不结，那肯定就是一个大年馑。

自此后，人们就把那个沟岔叫苗儿沟，把那浸水的羊肝石称之为神泉。每年到了冬至那天，人们都要去苗儿沟看神泉水，预知来年的收成，据说非常灵验。

口述：李建新

整理：冯　彪

八卦山

盐池县青山乡西行近十里，有一个个山包，各自独立，不相连属、不相依傍，形状酷似麦垛，当地人称之为“麦垛山”。麦垛山北边又有一座山，也是独自耸立，比诸“麦垛”要高大得多。而且山头上有壕、有包，呈八卦状，所以被称为“八卦山”。八卦山西北的那一“卦”豁口格外深而且大。

当地一直流传着这样一种说法：在几百年前，八卦山上的八卦豁口与山包都是一般深浅，一样大小，均匀美观，呈标准的八卦形状。那一年，一匹金马驹被人追赶，无处遁藏，哀求八卦山神收容隐藏，山神见其可怜，便应允了，将它藏在山顶面向西那一“卦”之中。

原来那金马驹，一直在中原的一座大山之中，每日在大山深处幻成马形，奔跑驰骋、自由自在。不料，一日正要得高兴，却被一位贪财的道士识破。那道士便想将它捉住，换成钱财以享荣华富贵。金马驹见道士仗剑而来心怀歹意，便发足狂奔。道士见状，便作法紧紧追赶。一路上，一逃一追，风驰电掣向西北而来。金马驹奔到八卦山就精疲力竭了，得八卦山神庇护藏在了山中。道士在周围仔细搜寻，盘桓了一个多月，终于因为八卦山神精心保护，也因法力有限，没能找到金马驹。道士灰溜溜地回中原去了。

但那道士并未就此罢休，他下定决心一定要捉住这匹金马驹。于是他一面在山中苦修，提高自己的法力，一面督促自己的得意弟子修行，防备死后没人继承自己的意愿。果然老道士忽然间得了急病，知道自己将不久于人世，赶紧把最有能力的弟子召到病榻前，说出追金马驹的事情，并嘱托徒弟一定要替自己完成心愿，又讲了金马驹藏匿的大致方位、捉金马驹的具体方法和注意事项，嘱托完毕便死了。

于是那小道士就背上师父留下的宝剑，向西而行，一路风餐露宿，走了将近两个月，来到了麦垛山附近。他天天在麦垛山周围转悠着，认真仔细地观察着，终于在一天清晨远远瞭见八卦山面向西北的那一“卦”，隐隐地泛着金光，心中一阵狂喜，大步流星地赶到山前，念动咒语，祭起了宝剑，突然一声断喝，那宝剑便泛着青光飞向西北的那一“卦”，只听得轰隆一声震天巨响，山顶扬起遮天蔽日的黄尘，一匹金光闪闪的小马驹，从尘埃中蹿出，向西北奔去。而八卦山西北的那一“卦”被砍出了一个又深又大的豁口。

那道士见状，急忙收回宝剑向西北疾追，追了十来里路，到了一道小山坡前，只见金光一闪，就再也不见了金马驹的踪影。两代道士费尽千辛万苦，终究没有捉住金马驹，没得着本不该属于他们的荣华富贵。

20 世纪 90 年代，在那道山坡上修筑公路，挖出来几块金牌。有人说那些金牌就是那匹金马驹化成的。

口述：李占福

整理：冯　彪

施记沟　潘记沟

青山乡东北 10 里处的方山村高记圈附近有一道深沟,名叫施记沟。施记沟往北 5 里多处的郝记台村刘庄滩附近,还有一条深沟名叫潘记沟。这两处原本是高台地,因为一场暴雨,便冲出了两条大深沟。

相传很久以前,高记圈北面的高台上住着一户姓施的有钱人家,牛、驴、骡、马、骆驼成百上千,羊只成千上万。当地人将那家掌柜的称作施万羊。施万羊是个暴发起来的土财主,没见过大世面,也不懂大道理。他无论和谁相处,都觉着自己高人一等,态度非常傲慢,恶习养成,就连神佛也不看在眼里。

那一年大旱,从春至夏一滴雨也没下,人们连一块庄稼也没种下。村里人就抓了羊来到龙王庙前,跪下来领牲(将羊用冷水搓洗,羊竖起毛,弓起腰脊抖掉身上的水珠,这样就表示神灵接受了请求,若神灵不答应,那么羊就不抖毛,所求之事便不应验)。由于旱情过于严重,全村的男女老少都来到了庙院,黑压压跪了一院子人。施万羊见人们领牲求雨,便踱着方步来到庙前,看到羊并没领牲,便走进庙里,对着龙王像说:“龙王啊!龙王!我有心给你老人家磕个头,又怕弄脏了我的绸缎衣裳。你就旱吧!你即使不下雨,光啃羊蹄子也足够我啃三年!”说完,转身出了龙王庙,跨过人群出了庙院。

他抬头望天,见太阳口有簸箕篮大的一片云彩,忽然一声霹雳,那片云彩迅速地翻滚起来。瞬间,乌云似走马一般向四面奔开,整个天空布满了乌云,又一个焦雷,大雨便从天上泼了下来,一眨眼工夫平地上漫起了一尺多深的水。施万羊的羊圈里公羊在水中抵头,每打一下,洪水便涨一下,羊都被水漂起来了,兀自挣扎着抵头。施万羊的羊、牛、马、驴、骡、骆驼全部被洪水冲走了,大雨依然不停地往下泼,直到高高的台地上冲出了一道二三里长、十多丈深的大沟。这就是今天的施记沟。

水推施记沟的那天,北面的刘庄滩也遭了洪灾。刘庄滩也有一位大财主,这财主姓潘,他积攒了许多金银财宝,光银子就装了满满的八大缸,周围人都称他“潘八缸”。潘八缸见大雨冲坏了庄稼，冲垮了房屋，冲走了牛羊，便跑到高高的山梁上，仰面朝天大声喊道：“推吧，推吧，你就尽情地推吧！你推走了我的浮财，我还有底财呢！”忽听天空又一声霹雳，炸得整个大地都簌簌发抖。地面上一下漫起了一尺多深的水，转眼间高梁地上拉出来一道四五里长、十余丈深的大沟。因为这沟是冲潘财主来的，所以大伙就称它潘记沟。

口述：李自孝

整理：冯　彪

情人坡的传说

在哈巴湖一带，流传着一首歌谣："情人坡，情人坡，情人坡下相思多，若要结得好姻缘，月圆之夜拜姮娥。"

歌谣背后，流传着一个美丽动人的故事。

花马池及哈巴湖周边一带，虽地处边陲，历史上却为兵家必争之地。历朝历代狼烟四起，杀伐不断，到了明代，朝廷在花马池境内先后修筑了两道长城，分别叫河东墙和深沟高垒，当地人也叫头道边和二道边。修筑这两道长城前后耗时达数十年之久。其间，朝廷从全国各地抽调军户、兵丁，筑长城守要扼。大批的青壮年被迫远离家乡，来到边塞苦寒之地，而留在家乡的恋人则引颈倚户，翘首等待心上人的归来，一年，二年，三年，杳无音信。

守城的军士归期无望，常常在寒光照铁衣的夜晚，一曲曲怨恨的羌笛随风而起。家乡的恋人盼郎无归，闺房传出了琵琶悲音。凄婉悲凉的乐声直冲云霄，连广寒宫中的嫦娥仙子听了都忍不住落下泪来。嫦娥仙子有感于自己的身世处境，觉得应该为尘世中这些相爱男女做点什么。于是嫦娥前去求月老，希望月老能够多牵红绳，让有情人早成眷属。月老听嫦娥道明原委后，难为情地说："天庭对于下界凡尘的姻缘都有定制，不符合条件的，我也不能乱牵红绳，否则就犯了天条了。再说，下界战乱纷争不断，悲欢离合咎由自取，这也是上天对他们的惩罚。"嫦娥说："发动战争的是那些有野心的人，普通老百姓又有什么错呢？"月老一听也对，老百姓也是受害者。本来月老也很同情下界这些男女的遭遇，于是月老给嫦娥出主意说："这件事我做不合适，你做合适。"嫦娥说："怎么做？"月老微笑着对嫦娥说："月圆人圆。"嫦娥一听，恍然大悟。原来，天庭有条不成文的规定，就是对在月圆之夜成就的姻缘不加干涉，以示上天有德。

于是在月圆之夜，嫦娥仙子就忙着当起了"月老"。

由于哈巴湖距长城不远，热恋中的年轻人通常把哈巴湖一些僻静的沙坡、树林当作幽会的地方，并把这些地方取名为“情人坡”。因此，在哈巴湖，“情人坡”不仅仅只有一处，只要是和心上人待在一起的地方，都可以称作“情人坡”。

摘自《王乐井乡志》

月儿泉

青山乡有个行政村叫月儿泉，村子的东北边有一道沟，沟里有眼泉叫月儿泉。传说很早以前，这是一条干沟，这里没有井，也没有泉，人畜饮水都很困难。后来，这里发生了一个悲惨的故事，干沟里才出现了一个很大的泉眼。

那是一个夏天的晌午，村东头牛谷雨的老娘正倚着窗台打盹，突然听到一个微弱的声音：“大妈，大妈！”她一抬头，见一女子靠在门上摇摇欲倒，赶忙过去扶住。那娃已经晕了，她扶着慢慢地放在炕上，赶忙舀了一马勺水给灌上。那娃睁开眼睛了，有气无力地说：“大妈，有吃的吗？给我吃上一口。”家里啥吃的都没有，只有早饭后铲下的一点锅巴，用水泡上给她端来。那娃叽里咕噜连嚼带咽把那点锅巴吃进了肚子。

那娃吃了东西后，有了点儿精神，告诉牛大娘说她是神木人，名叫月儿，和男人一起逃荒出来，男人病了，这阵子还在东边的沟垴子躺着，她来给男人找口水。说完一骨碌爬起来，舀了一碗水就出门去了。

沟垴子离庄子还有一里多路，她走的时候，男人就只剩上来的气，没有下去的气了。她小跑着，趺趺绊绊地，一路跑一路想。月儿和她的男人是私奔离家的，男人叫山根，和她同村，自小两人就要好，但是两家大人却是仇家。提起他俩成亲的事，两家家长都暴跳如雷。两人知道要在家里成婚那是万万不可能的，于是商量好，找了个机会逃了出来。一路上他俩充满希望地设计着将来：逃到家人找不到的地方，先给人揽工受苦，积攒工钱置买土地、牛羊，靠勤劳的双手过幸福的生活。

现在男人命悬一线，赶紧把这口救命水让他喝上呀！心里越急，越觉着跑得太慢,她咬着牙加快了步子。眼看到了沟垴子跟前,一个踉跄水碗掉在了地上,碗打碎了,水淌光了。扑到男人跟前,咋也叫不醒。一摸身子,已经僵硬了。男人去了,她怎么活呀?即便活着还有啥意思,于是纵身一跃,头下脚上,跳进了沟里。

奇怪的是,就在月儿跳下去的地方,出现了一个水泉,泉水清澈甘甜。人们为了纪念那苦命的孩子,就把那泉叫作月儿泉。村子也因此改名为月儿泉村了。

口述:李自孝

整理:冯　彪

黑店沟　雷记沟

青山乡月儿泉村东约3里处，有一道沟，当地人称为黑店沟，往东南六七里处有一条沟名叫雷记沟。

很久以前，月儿泉村北有一条大路，那是从惠安堡通往定边县城的一条官道，是陕北地区经过盐池通往甘肃省（平凉、西峰地区）的唯一通道，那条路东西向，往来客商络绎不绝。据说，有一个名叫谢二的人就在这条路上沿着沟畔打了几挂窑，开了一个店。后来，有许多单身客商住进这个店以后就失踪了。渐渐地，传出了谢二开黑店的说法。那谢二渐渐地成为当地的富汉，欺男霸女无恶不作。

那年夏天的一个上午，突然下起了雷雨，一连串的炸雷响个不停，从黑店沟一直响到雷记沟，一个震天的霹雳后，那雷声才住了。雨后，那声霹雳炸响的地方出现了一条很深的沟就是今天的雷记沟（雷击沟）。黑店沟的店主谢二也无端地失踪了。有人说大雨中，一条巨大的蝎子往南飞，雷声就追着那蝎子，那声霹雳后，雷声停了，蝎子也不见了。

人们就说，那谢二就是一条蝎子精，开黑店作恶太多，天怒人怨遭了天谴。

据说，直到今天，每当正午或入夜时分，黑店沟那儿座破窑洞里就有胡琴、三弦的音乐声和戏子唱戏的声音。正午和入夜时分，妇女儿童是绝对不敢路过黑店沟的。据说那唱戏的声音就是那些被谢二杀害了的商贾回不了家乡，成了孤魂野鬼，常常请戏子唱戏。

口述：刘彩芬

整理：冯　彪

灵应山

盐池县境内有一座香火极盛的寺院,叫灵应寺。灵应寺坐落在灵应山上。灵应山在盐池城西南约70里处,在陕西省定边县城的正西方,离定边县城约60里。一出定边城向西望去,灵应山郁郁葱葱,很有些灵秀之气。

灵应寺出现于约400年前。那时盐池县境内虽有数处庙宇,但都规模极小,一庙一神。百姓们祈求神灵救助,往往所求不当。譬如想求儿女吧,近百里之内却只有一座龙王庙,虽然也虔诚地烧香祷告、花钱布施,但往往有求无应。百姓们很有怨气,渐渐地对神灵们也颇有非议。人神互怨,灾难就常常在这一带降临,百姓们不堪其苦,呼天抢地,怨声载道。时日既久,便惊动了玉皇大帝。

于是玉皇大帝命太白金星了解情况,金星察得实情,报给了玉帝,玉帝就派牵牛星下凡,命他在盐池境内寻访一位行善积德、福泽深厚人家的子弟,度其成神,管理盐池一境事务,满足百姓需求,保佑一方生灵。

牵牛星化作凡人下界,逐城逐镇地寻访,见到城里许多挂着朱红匾额的"慈善人家",暗地里一查,却发现这些人人前吃斋念佛,背地里却欺心昧己,也找过一些相貌俊雅的,一经查访,却一个个男盗女娼。牵牛星直跑得疲惫不堪,容颜憔悴,咋都找不到一个合适的人。正愁得百无良方,恰恰碰到了下凡巡视的太白金星,就向他请教。太白金星手捋长须哈哈大笑:"当今人间,巧伪甚多,容貌俊美内心肮脏的比比皆是,至于有钱人则更多是些为富不仁、沽名钓誉的。像你这样的找法,怕是永远也找不到真正的好人。你必须去那些穷人中去,他们虽然容貌普通,无权无势,但大多心地善良、道德高尚,其中有许多积善积德的高尚之人,到时候只怕你会觉得个个都好,拿不准该选哪一个呢……"

牵牛星一向以踏实著称,到穷人中一访,就发现好人实在太多,一时间还真的难以决定。于是他就下决心查遍所有穷人,一定要在他们中间找一个最好的来掌管这一方生灵。

这一天他来到了青山乡地界。青山街东面的方山村，有一位给别人放羊的受苦娃娃，娃娃家祖祖辈辈受苦，世世代代行善。这娃娃也是既勤劳又善良，虽然不多烧香礼佛也不曾吃斋诵经，却时时处处动善念行善事，立身处世正正经经、端端方方，水晶一样透明，婴儿一般纯真。牵牛星访到了这个娃娃十分高兴，决定度他成神。

放羊娃娃在三月初二这一天，赶着羊儿上了灵应山，那山顶上是一片宽阔的草原，生长着连片莎草、籽儿条、地椒椒、高菊花、野黄芪之类的细草，方圆十里内没有人家，也没有庄稼。羊儿只要到了这架山上，就各个低下头来忙忙碌碌地不停地吃草，再也顾不上到处乱跑了。那放羊娃娃见羊儿吃得乖乖儿的，就坐在那里打瞌睡。牵牛星见他来了，就想还是再考验考验他吧，就遁入地下喊道："山开了吗？山开了吗？"

放羊娃娃迷迷糊糊地听见地下的喊声，起先还以为是幻觉，再仔细一听，确实有声音从地下传了上来。就觉得很奇怪，他不知道啥东西在地下喊，他怕那是山妖鬼怪或是什么害人的东西在诱惑人，就没敢贸然应声。喊了两声后，就再也没有声音了。整个下午他都在思谋：这到底是咋回事呢？总是想不出个所以然来。

放羊娃回去吃晚饭的时候，对掌柜的说："我今天放羊到南面那座小山上，正在打瞌睡，忽然听见地底下有人喊'闪开了吗？闪开了吗？'我怕是啥妖怪，就没敢应声。回来了，我又想，要是啥人遇到了难处，求人帮助呢？您说要是再遇见了，我该咋办呢？"

老掌柜是个精明人，他听老辈人说，宝物藏得久了该出世时，总需要借助人力，如果有人顺着它的口气应一声，它就可以出世了。我明天早早上山，听到喊声就答应，要有宝藏我不就发大财了嘛。突然他又转念一想：一旦那不是宝物要出世，而是真的山妖鬼怪，那我不就是自找灾祸吗？他眼珠一转就想出了一个两全其美的法子，让放羊娃去喊，喊开了，是宝藏，我及时赶去，不怕得不到宝物。如果是山妖，灾祸当然会降临在放羊娃的头上。他也知道这娃娃心地善良不贪图钱财。于是就编了一套谎话："哎哟！那你遇见的怕是受难的神灵了。听老人们说，神灵在没有完全修炼成功的时候总是磨难重重，尤其是即将成功时更是艰难，非得有积善之人帮忙才能功德圆满，成就正果。如果没人帮他，他就只好待在那里受罪。你要是再听见你就应他一声'闪开了！'他得到你的帮助就可以修成正果了。"放羊娃哪里知道掌柜的诡计，信以为真，一心想着如何帮助受难的神灵。

睡觉的时候，这娃娃咋都睡不着，他想象着那神灵受难的样子，后悔自己当时疑神疑鬼没给他应声。他越想越着急，眼前似乎真的出现那神灵受难的形象，正在可怜巴巴地等待着自己。想到这里，他就再也待不住了。他连忙穿上衣服，出门准备上山。刚一出去，正好听见南面传来一声狼嚎，他想，这阵出去肯定会被狼吃了，那谁还会救那受难的神灵呢？就又返了回来，睡在炕上，眼睛一闭，那神灵受难的形象就浮现在他的眼前，心中一急，翻身起来，那形象就又不见了。就这样，他翻来覆去地折腾了一夜。好不容易盼到了天亮，他匆匆忙忙地扒了几口饭，就急急忙忙赶着羊群往山上走。

到了山上，他就往昨天听到喊声的地方走去。好大一阵子都听不见一点儿声音，他正焦急地在那里跺脚呢，忽然昨天那声音又出现了："山开了吗？"他就急忙应道："闪开了！"就听见轰隆一声震天巨响，山裂开了一道大口子，豁口里出现了一座寺院，那放羊娃娃化作了一尊神像，被安放在寺院的正殿里，成了灵应山的开山祖师。

原来牵牛星昨天一直跟着放羊娃娃，观察他的举动，见这娃娃时时处处为他人着想，就决定选他为灵应山祖师。今天听他一应声，就连忙施展法力，劈开大山，建成寺院，让放羊娃娃成了这一方之主，管一片土地。

再说那掌柜的见娃娃赶着羊儿上山，就偷偷尾随在后面，满心盼望着放羊娃娃为他喊开大山，为他喊出财宝来。见娃娃在山上转悠，他急得心都快从咽喉里跳出来了。正急着，忽听一声巨响，震得人心都颤抖了，就见一道烟尘冲天而起，大山也裂开一道巨大的豁口。孩子不见了，连跟着孩子的牧羊犬也不见了。于是满怀希望地赶了过去：裂开了的山中一定有数不清的财宝。远远地望去，但见那豁口里隐隐地放射着光芒，那就是宝物在放光呢！掌柜向豁口奔去，到跟前一看，张开的嘴就再也合不上了，只见那豁口里面竟然出现了一座寺院，院子里一共有 7 座殿堂，每一座殿堂里都塑着神像。待走进正殿，抬头一看，大吃一惊，魂飞魄散！原来正殿正位上安放的竟然就是放羊娃娃！只见他依然慈眉善目，但宝像庄严不怒自威。旁边是他的牧羊犬，连那犬儿也威武了许多……他不由地两膝发软，扑通一声跪在了地上，鸡啄米一样地磕起头来。

磕了一会儿，他又不忿起来了：这娃娃既能成神，连牧羊犬都带携着成了神，咋就不提携自己也成神呢？心里不忿，手指头就不由地指了那神像一指头，忽然他的那根指头一下子肿了起来，头也迸裂似的疼。他一下就吓呆了，赶紧跪下来磕头祷告。奇怪，指头不肿了，头也不疼了。

回家的时候，这掌柜就像做梦一样，恍恍惚惚听放羊娃娃对他说：你也不要怨我，世上生灵的命运虽说由上天注定，但大多还是靠自己积修，像你这样面上一套，背地里又是一套，咋能有好结果呢？那牧羊犬虽然是头畜生，但它忠心为主，一心一意，你咋能比上它呢？你记住吧！行善自有好报，再不要怨天怨地了。

这掌柜回去后，就向人们炫耀，说他看见了真神成神的全过程，真神还念旧情，和他拉了半天话……为圆自己的谎言，就经常到寺里烧香敬神。

周围的百姓见灵应山上凭空出现了一座寺院，有那么多的神灵，所以遇到什么难处就上山烧香敬神，求神灵赐福保佑。

后来，人们根据灵应寺的由来（神灵隐藏在地底下），又叫它灵隐寺。

每年的农历三月三日，成千上万的善男信女到灵应寺礼神拜佛，许愿、还愿，灵应山上热闹非凡。

口述：吴溢棠

整理：冯　彪

乏牛坡

在古盐州中部横亘着一道红砂石山梁,可别小看它,它是内陆荒漠地区的沙海明珠。这里所有的内陆河都发源于此山梁。如从红石山梁北坡流出的野狐岭沟、红山沟,从东坡流出的猫头梁沟、二道湖沟等,潺潺流水滋润着方圆几十里的大草原,这里山清水秀,湖泊荡漾,蓝天白云,林草丰茂。但就在此山梁的西段,本该“壮牛”的山洼,却有个地名“乏牛坡”。

很久以前,北边刘家沟的刘姓人路过此地,被天苍苍野茫茫的草原美景惊呆了。何不在此开辟一块牧场呢?于是举家赶着牛、马、羊、骆驼迁徙此地,借山坡挖窑洞穴居于此,过起了“风吹草低见牛羊”的世外桃源生活。后来光景过大了,就在窑头上建房兴家,繁衍生息,便衍生出了“刘家窑头”这个村庄名称。由于刘家人好客,南来北往的人都到这里歇脚,久而久之就踩出了一条走花马池的驿路大道。

人是贪婪的,自然环境好,就无节制地繁衍生息,人口急剧膨胀。人多口多,为了生存就拼命地开荒、打柴,挖甘草,过度放牧,无休止地揭去土地爷的一层层外衣。土地爷忍无可忍,终于在一怒之下,断掉了条条溪流,湖泊随之干涸,草原急骤退化,沙丘逐年增多,沙尘暴越来越大。这一警钟并没有让村民警觉,后来又在山顶上发现了石灰石,花马池、定边城建设需要大量的石灰,于是采矿把山梁挖得千疮百孔,烧石灰把沙蒿柴砍光。这下竟然侵害到了山神爷的肌体。山神爷一怒之下与土地爷联合,索性把一个个沙丘连了起来,变成一望无际的沙海。沙丘淹没了通往花马池城的大道。自此,村民们赶老牛车翻越山梁时,由于路陡坡长,沙丘连绵,只能两三辆车结伴同行。当车辆爬至半山坡时,牛困人饥,行动不得,只能把另外几辆车上的牛卸了下来,套在一辆车上,车户合伙,牛拉人推,齐心协力把第一辆车送上山顶,以此类推,把几辆车送上山顶,便有了民谣:“十牛爬坡九牛乏,一牛累死半山坡”。自此,这刘家窑头的山坡就成了远近闻名的“乏牛坡”。在定边来上山拉石灰的人中流传着这样的顺口溜:

西面有个红山梁，以前放牧狼吃羊
现今赶车上山岗，十牛拉车五人搡

人们受到大自然的惩罚之后，终于醒悟了，退耕还林，退牧还草，与土地爷、山神爷和平共处，有山歌为证：

昔日要过乏牛坡，汗水流尽泪水多
种一葫芦打一瓢，沙进人退没法活
如今再上乏牛坡，莺歌燕舞山花多
风吹柳条翻绿浪，柏油大路穿山过
今昔对比乏牛坡，保护区内山歌多
林草还给土神爷，人与自然真谐和

周永祥

人文景观地名故事

二道边

雄伟壮观的万里长城，自西向东进入盐池县境内的兴武营，便分成两条：一条偏南擦县城北门向东而去，称之为头道边；另一条偏北，离县城 50 余里，向东而去，称之为二道边。

二道边是怎样形成的？相传，明朝时期为保卫边疆安宁，决定筑长城御敌。宁夏至陕西这段长城由都御史杨一清督办，下令征调陕甘宁各府各卫 9 万多民夫，破土动工。工程进度要求“马跑多快，墙打多快”。具体指挥工程的是个酒鬼，常常因喝得酩酊大醉而误事。当长城筑到兴武营时，这位指挥官酒瘾发作，也不告诉民夫修边的路线，便一头钻进兴武营饮酒去了。他酒足饭饱方上马出城，放眼一看，众多民夫影儿也不见了，再仔细观察，发现新筑的边墙向北偏了方向。糟糕，线路搞错了！酒鬼心头一慌，酒醒大半。于是快马加鞭，沿着新墙向东追去，一口气追了 100 多里，才撵上筑边民夫。酒鬼不惜劳民伤财，又把民夫拉回兴武营，依照路线重新筑起。从此，在盐池留下两道相并的边墙。

口述：王占山

整理：林　山

八步战台的铁心

由盐池县城西去70余里，头道边内侧原有一座高大的军事堡垒——八步战台。战台为方形，坐落在坞城正中，基阔50米，条石垫脚，台高20多米，甃以青砖，拔地而起，南面墙下有拱形门洞，入内可拾级而上。第三层中间是房屋，屋内当顶有一只倒悬的铁坠，称之为“铁心”。北角有马路台阶，可以登临顶上，四面共有小房11间，门均向内开。共有12孔拱圆形箭窗向外开。从窗户往外看，一眼望不到边。战台顶部，可算第四层，是砖铺平台，四周有砖围的雉堞（城上如齿状的矮墙）垛口。这座战台是明朝修筑的，在它东面还有四步、六步、七步3个战台，不过，比起八步战台的雄伟来，就相差很远。

传说，明朝皇帝为了加强长城沿线的防守，同时派了两名将军在头道边内监造战台。其中一位将军是只求快不图好，一年时间修筑了3座战台，这就是四步战台、六步战台和七步战台。另外一位将官则图工程牢固，精心监造，不求速度，花了3年时间，才造了一座八步战台。糊涂的皇帝听了这两位将官修筑战台的情况后，立即传旨对一年修起3座战台的将官嘉奖晋升，而对3年修起1座战台的将官处以死刑，并下令将他的心扒出来，挂在八步战台内的屋顶，以儆效尤。这就是那颗倒悬的“铁心”。因为这位将官死得冤枉，他的心终不干枯，就一直挂在八步战台之内。

这些战台早已被历史淹没，但修筑战台的故事却在当地群众中流传下来。

口述：王占山

整理：张树林

马踏井

早先在盐池县兴武营古城郊外，有一口水井，叫“马踏井”。井水很旺，从石缝溢出地面，忽向东流，忽向西流，方向变幻不定。当地老年人根据多年水流方向的变化，总结出一条经验来。每年春节时，溢出的井水流向哪个方向，哪个方向的收成就好，相反的方向收成就差。人们说，这是一口神井，不是人挖的，是关公的赤兔马踏出来的。

传说，从前兴武营城下住着一位老头，靠放羊生活。有一天，太阳快落山的时候，老头的羊群也快收圈了。忽然，从东面驰来一匹枣红色的高头大马，马上坐着一位红脸长须、身穿绿袍的将官，到了老头跟前，勒马缮问：“老兄，太阳落山前，我能到灵州城吗？”牧羊老头打量了一下这位将官，摇摇头回答：“太阳马上落山了，灵州离这 100 多里，要在日落前赶到，除非神人神马！”

在将官和老头说话的当儿，那匹马大概是赶路口渴了，便抬起碗口大的前蹄，在地上嗵嗵嗵刨开了一个深坑。霎时，坑内清凉凉的水溢了出来，这马低头喝了个够，然后昂起头咴咴一声长嘶，驮着主人向西而去，眨眼不见踪影。

牧羊老头看呆了，半晌才醒过神来。他忙蹲下，双手掬起一捧清水，喝了两口，甘甜无比。这时太阳已经下山，老头急忙将羊群收进圈，连夜把这个消息告诉了全城百姓。

第二天一早，城里城外都来观看这口神奇的水井，品尝甘美的井水。牧羊老头又给大家讲述那位骑马将军的形象，人们纷纷议论，说不出那将官是谁。这时候一位年岁最大的爷爷说：“那是关公，他骑的马叫赤兔马，是匹神马。”人们听罢，一下子明白了，便一起动手，把那口井用砖箍了起来，取名马踏井，从此井水没有干枯过。

后来，当地百姓为了纪念关公饮马这件事，就用生铁铸了一尊高大的关公像，红脸长须，和真人一样，胯下一匹大铁马，供奉在兴武营城门楼上。

据说,那天关公在日落时,果然赶到灵州城。因此,在灵州城也供奉着一尊铁铸关公像和赤兔马。

口述:任永训

整理:张树林

摆宴井

盐池县大水坑镇南40里有个摆宴井村。

相传，清朝康熙皇帝不愿整天坐在皇宫里听大臣报告情况，而是喜欢微服私访，体察民情，故深得老百姓的赞誉。

有一年春天，康熙皇帝扮作一个读书人，骑一匹白马，带一位随从，走到离花马池城100多里的一座山上，已经累得人困马乏，渴得嗓子冒烟。远远望见山脚下有缕缕炊烟，料有一座山村，便径直投奔而去。

到了村口，看见几个庄户人正在井边打水，主仆二人喜之不禁，急忙过去要水喝了起来，还连连称赞："好水！好水！"庄户人又为他们打水饮了马。

当时的社会是"万般皆下品，唯有读书高"。一般读书人都以为自己高尚，不愿搭理普通老百姓。可这位读书人不仅眉清目秀，器宇不凡，而且态度和蔼，瞧得起庄稼汉。因此庄里人对他特别亲热，问他哪里人，上哪去，客人笑着回答说："我是个读书人，从南边上来，是去京赶考。"好客的乡下人，看看天色已晚，便挽留客人住下来，歇息一宿，第二天再走。

读书人并不推辞，住了下来。村里人听说来了位知书达理、平易近人的读书人，都来和他攀谈起来，大家谈得十分投机。

第二天，村里人置办了丰盛的宴席，款待这位难得光临一次的文人。山村没什么海参鱼肚，却有山鸡、野兔、羊羔肉，读书人胃口大开，吃得津津有味，还连连称赞："好菜，难得的好菜。"吃罢饭，日头已经西斜，读书人要走了，村里人一直把他们送出村口。

主仆二人出了村，又走了10里多，来到一个前有小溪，后有沙梁，只有几户人家的小村庄。这时候，日头西坠，已近黄昏了。在这地广人稀的荒漠沙原，村庄相距都是一二十里，走过这村，就没了这店，两人只好又在这个小村投宿。次日早起登程，继续向北去了。

过了半年,县衙里传下话来,说春上康熙皇帝访宁夏,路过花马池地方,在城南百里外的一个村子受到父老乡亲的热情款待,龙颜大悦,村中的老少这才恍然大悟。为了纪念这件荣耀的事情,人们就把这个村子叫作摆宴井村。把康熙皇帝到村子去过的那座山叫王到山,把第二天投宿的那个小村庄取名黑夜访,这些地名至今沿用下来了。

口述:刘生禄

整理:张树林　高耀山

英雄堡羊救人的故事

英雄堡位于花马池镇芨芨沟村，在堡子附近的长城内侧有个村子也叫英雄堡，村子里住着一禹姓大户人家。1928年，大旱，英雄堡一带尤为严重，从正月一直旱到七月。有一天天气特别闷热，到了下午，突然天空乌云翻滚，羊儿却十分贪草，赶不进圈。牧羊人都知道，羊贪草是天有大雨的前兆。傍晚时，果然雷声大作，暴雨不止。英雄堡这一带，属于缓坡丘陵地区，祖祖辈辈从来也未见过洪灾，所以人们还是高枕无忧，盼望着雨下得越大越好。

到了半夜，暴雨停了，忽然听到圈内的羊咩、咩地哄叫了起来。禹姓老主人被惊醒，急忙穿衣出门察看，距自己家门约半里路远的长城顶上有洪水下泄，这说明边外的大水已经漫上了七八米高的长城，洪水才能从顶部溢了过来。老禹急忙呼唤家人，一边先将不满周岁的婴儿抱出放到一处高沙疙瘩上，然后急忙去开羊圈门。就在这时，吼声大震，长城被洪水冲开了一个五六丈宽的豁口，几尺高的水头齐齐推过来，房屋墙和羊圈被抹平。全家人火速跑到了高地上，面对一片汪洋大水，都惦记着那个婴儿，肯定被洪水卷走。好不容易挨到天明，洪水逐渐退了下去，婴儿还在那个沙疙瘩上熟睡。

自从有万里长城以来，英雄堡发生这么大的洪水还是第一次，被洪水冲开的长城豁口上留下了永久的痕迹。洪灾来临时，是羊的叫声把主人唤醒，羊被洪水卷走了，老禹全家人却安然无恙，圈羊救主的故事至今还在当地流传着。

搜集整理：周永祥

野狐井的传说

盐池县王乐井乡政府东南约20里处，有一道山梁名叫野狐岭，野狐岭之阳有一个不大的村庄叫野狐井村，村名源于村东头的那一眼井。

野狐岭一带是半沙漠地带，人畜饮水十分困难。大约800年前，村东头有了那口井，这一带人畜饮水的困难才得以解决。那时野狐岭一带人烟稀少，狐兔遍野，其中有一只是修行了几百年的狐狸精，这狐狸精有了一些道行后就介入了当地人的生活。由于尚未修成正果，行事也就亦正亦邪，介乎善恶之间，十分任性。有时，村里体弱的妇女被它附在身上，往往披头散发哭叫打闹，说一些似有若无、稀奇古怪的话，吓得一些妇女儿童胆战心惊，日头一落就连家门都不敢出了。有时它也会附在巫婆、神汉的身上，替人驱邪赶鬼治病救人。巫婆、神汉烧香敬拜，称为“狐大仙”，成为一方神圣。

宋朝时候，野狐岭一带属西夏国领土。西夏国有一位双羊公主，不事女红，不好诗书，最喜欢的就是舞刀弄枪骑马射箭。西夏人与中原人不同，见公主好习武，也就不加管束，任其自由。由于喜欢打仗，所以也读一些兵书，军中纵马射猎，行军布阵，作战攻城，她都参加。那公主天性好武又久经征战百炼成钢，不仅武艺高超而且谋略过人，成了西夏国的有名战将。西夏国主十分器重，派她率重兵镇守边关。

当时宋朝与西夏对峙，战事频频发生，争夺城池开拓疆土，烽火不断。这一年，大宋派遣一位年轻将领征讨西夏，他就是著名大将狄青。狄青是武曲星下凡，本当生得黑面长须，豹头环眼，虎背熊腰。偏偏那送子娘娘一个疏忽，把文曲星和武曲星的容貌给弄反了：文曲星包拯长了一副武曲星的面相，面若焦炭，横眉立目，威猛异常；武曲星狄青则唇红齿白，眉清目秀，宛如潘安再世，然而终究是武人，行为举止掩不住英雄气概，骨子里透出一股英武之气。多少王公贵族家的郡主小姐一睹容颜便起春梦，甚至于茶饭不思，抑郁成疾。有王公贵族托媒提亲，无奈那狄青年少志高，常说：“大丈夫当以国为家，横行天下扫除异类，安邦定国名垂青史。今戎狄未灭，岂敢贪图荣华富贵。”

这一日，大宋、西夏两军相遇于野狐岭，摆开阵势，两边主帅出马，双方一见各自大吃一惊：双羊公主看那狄青白马银鞍，银盔银甲，星目朗眉体态俊雅，神情飘逸天人一般，不由地心旌摇曳，如醉如痴；狄青看那双羊公主面若桃花，眉如柳叶，目似点漆，体态婀娜资质风流，沉鱼落雁倾城倾国，不料这番邦西夏竟有如此佳人！顿生爱慕之情。

毕竟是两军阵前，两人又都是军中主帅，一怔之后当即摄住心神打马向前，刀枪并举杀在了一起。狄青功力深厚，力猛招沉，如出山猛虎，一杆长枪招招寻人要害；双羊公主则机巧灵便，似穿花蝴蝶，双刀翩然舞动，乘虚蹈隙一触即走。两人午后开战，直杀到日落西山，方才各自收兵回营。

第二天，两军又在野狐岭前排开阵势。通过昨日一战，彼此有了更深的了解：对方虽然年轻，但武艺高强令人敬佩，同时也增强了戒备之心。两人抖擞精神刀来枪往斗了起来。战了大约两个时辰，那双羊公主渐渐气力不支，香汗淋漓，娇喘吁吁了，只见她虚晃一招，打马如飞落荒而逃。狄青见状，策马急追，眼见距离双羊公主仅有十丈之地，座下马一个跟头，把他连人带枪摔了出去。双羊公主兜转马头，从背后抛出锦索，套住了狄青，收兵回营。

原来昨日一战，双羊公主见狄青骁勇善战，不可力敌，于是就设下此计。先是与狄青激战两个时辰，然后佯作体力不支，纵马“败逃”，将狄青诱至设下埋伏之处，用绊马索俘虏狄青。

狄青虽然被俘，却英勇不屈，至死不降，并义正词严地指责西夏屡屡侵犯中原的种种罪行，最终说服了双羊公主，与之结秦晋之好，大宋与西夏罢兵休战，黎民百姓得以休养生息，享受太平。

以上是军国大事，流传甚广。这里单说那狐仙，它一直在野狐岭一带医病赶鬼，救治百姓，依此接受香火，继续修行。这一天它正收了几家香火，悠哉游哉地在野狐岭上闲荡，忽然听见战鼓如雷，呐喊声惊天动地。它也是一位好事的，于是赶忙上到高处，远远地观战。待仔细一看，见那狄青容貌俊秀，风度翩翩，虽于生死之际，却能从容不迫，镇定潇洒。于是动了凡心，若不是道行尚浅功力不足，它早就飞下山去，将那狄青掳来，哪怕将数百年苦修的道行全部付诸东流，也在所不惜。

头天战罢，它就乘着夜色想溜进军营，窥望狄青，但军营之中煞气太重，依它的功力根本无法靠近,于是快快回窝。

第二日,它早早起来,专心致志地看那狄青,越看越爱,心中就生出了种种幻象,正在如醉如痴之际,见狄青打败双羊公主,心中窃窃自喜。忽见狄青被绊马索绊倒,被双羊公主掳掠而去,一颗心都吊在了嗓子眼里。不行,一定要救出狄青!哪怕因此丧掉生命也心甘情愿。它焦虑不安,坐卧不宁,反复地思谋着怎样才能救出狄青。它不断地设计营救方案,又不断地逐一推翻。

好不容易挨到了天黑,它终于确定了营救的办法:从村东头能掩住人的沙坎子下,往野狐岭上双羊公主的营寨打洞,天亮之前打通,潜入双羊公主帐幕,救出狄青逃之夭夭。

打洞是它祖传的本领,它拼命抛挖,刚开始全是沙土,挖得非常顺利。到了山根下,突然变成了胶泥,中间还夹着石子,狐仙的脚爪都磨破了,鲜血淋漓,但它根本顾不了那些,救人要紧哪!

眼看距离山顶只有两丈时,突然捅开了一道水脉,那积聚已久的水挟着泥沙,从头灌下,将精疲力竭的狐仙砸晕,浑浊的泥水几口就呛死了狐仙。

次日早晨,一位放羊老汉在村东头发现了一个流水的深洞,洞口是一具早已僵硬了的狐狸尸体。于是赶忙唤来村人,拉来石块箍起了一口水井。因为水洞口有野狐尸体,猜测定是野狐所为,于是就称那井为野狐井。

至于野狐为何挖井,为人医病驱邪的狐仙何以一去不返,凡此种种都无人知晓,更无人深究了。

沧海桑田,时代变迁,往昔的野狐岭、野狐井,如今被人记作了野湖岭、野湖井,但这个动人的传说却一直在当地流传。

口述:赵　海

整理:冯　彪

双羊、狄青大战野狐岭的传说

双羊是西夏国的公主，狄青是北宋的大将。双羊和狄青曾经在盐州野狐岭率军打仗，并各筑一座城，两城相距不过3里路。至今，野狐岭地区还有“双羊赶狄青，大战野狐岭”的传说。

先说那双羊，识蕃、汉文字，通十八般武艺，是沙窝里的一只金凤凰。自十三四岁起，她就经常随西夏国主出征，一杆银枪使得神出鬼没，百战百胜，令西夏兵非常佩服。再说那狄青，少年时就从军，他顽强好学，练就一身超群武艺，听说西夏兵经常犯边，他就自告奋勇率军前来守边。

这一年，西夏国主又想出兵盐州。这一带因为有产盐的盐池，便成为西夏和宋朝反复争夺的地带。当时双羊才16岁，坚决请求挂帅出征，西夏国主答应了她的要求。于是，双羊公主挑选精兵5万，择日启程，浩浩荡荡往南而来，守边的宋军望风而逃。双羊率兵长驱直入，迅速抵达栒子山下。栒子山是环庆的屏障，有一道山口可以直通环州。山这边却是一马平川，正是千军万马厮杀的好战场。双羊来到这里，见无人阻挡，坐在白马上不禁失笑，说：“如此重地，无人防守，可见宋朝无人啊！”

话音未落，忽听一声号炮响，从山口闪出一支队伍，挡住去路。为首一员青年虎将，十八九岁，体态魁梧，面色赤黑，鼻直口方，眼如铜铃，身披乌金盔甲，胯下一匹乌骓大马，手执两柄红钢锤，形如笆斗。一通姓名，原来是宋朝大将狄青。

双羊公主正在兴头上，忽然见个黑不溜秋的家伙出来挡道，大煞自家的威风，不由心头大怒，她下令队伍列开阵势，与宋军交锋。将对将，兵对兵，从中午直杀到日压西山，谁也没有前进一步。双方鸣金收兵，安营扎寨，准备明日再战。

当夜，西夏兵营内灯火明亮，更鼓声响，宋军营内火光黯然，悄无声息，就跟没人一样。三更时分，西夏兵刚刚入梦，突然听到一声炮响，宋军全军出动，猛扑敌营。狄青披头散发，头戴着铜面具，在火光下闪闪发亮，他出入敌营，往来冲杀，所向披靡，无人敢挡，西夏兵都以为是“金面神人”下凡了。

双羊虽不相信什么“金面神人”，但仓促应战，阵脚已大乱，只得率兵向西北方向溃退。当她跑到一个山峁上时，看到自己骑的白马连日疾走，已累得不可支持，就从身上解下180斤重的金盔银甲，寄在山峁上，轻装而去。此后，当地人便给这座山峁取名为“寄甲峁”。不过，年久日深，读音谐变，现在的人已将“寄甲峁”误叫成“芨芨峁”了。这个峁在今盐池县大水坑镇东南的山坡上。

双羊率众夺路而逃，一夜跑了100多里，天亮来到野狐岭，才把宋军远远甩在后头。她收拢部队，扎下营寨，想起吃了宋军这一亏，不由地恨得直咬牙，她下决心要和狄青决一死战。为了防备宋军偷袭，她又命令全军在野狐岭西面的高地上立即筑城一座，5天就完工了。

狄青率军随后就到，见双羊并没有马上退兵的意思，也就令全军在野狐岭东边的高地上加紧筑城。两军的城都筑好了，狄青便率部出城挑战，双羊也早有准备，沉着应战，两军每天在野狐岭大战四五十回合，一个月过去了还分不出胜负。双羊和狄青都暗自佩服对方的英武。尤其是双羊公主，见狄青少年英雄，举世无双，逐渐产生了爱慕之情，她想办法要把狄青生擒过来。狄青也有活捉双羊的打算。

这天，两军又交战了。双羊和狄青打了七八十个回合，还分不出胜负。正打到紧张时，只见狄青虚晃一锤，拨马就跑，他想趁双羊紧追不舍，来个“脑后甩金瓜”，把她打下马来。不料双羊自有她的打法，只见她挽弓搭箭，照准乌骓马的屁股，嗖的一箭射去，马一惊，一蹶子就把狄青撂在地上，还没等狄青直起身来，双羊公主已经策马赶到，顺手一挟，抢走了狄青。等宋军赶来时，狄青已被绑到马上驮进敌军城中。

回城之后，双羊急命备办酒席，为狄青将军压惊。但狄青却不吃她那一套，怒目圆瞪，怒骂不止。双羊公主并不恼火，她把狄青软禁起来，多次向他表白自己的爱慕之心。人非草木，狄青见双羊一片真心，自己也慢慢动了情，答应了双羊的要求。

九月重阳那天，双羊与狄青大办喜事，两军张灯结彩，宋夏官兵共同举杯痛饮，三日方休。自此，宋夏两军息了干戈，和平相处，边境安宁。

双羊与狄青成亲的消息分别传到宋夏，两方统治者大动肝火，一齐向野狐岭发布命令，催促双羊和狄青各自领兵回朝，听候发落。一年之内，双羊和狄青各收到朝廷发来的金牌三十六道，一块块金牌像一挑挑千斤重担，压在他们心头，他们虽然相亲相爱，可又不能不忠于自己的王朝，王命难违啊！

就在他们婚后刚满一年的时候，一天，朔风怒吼，乌云遮天。双羊和狄青站在两城之间的空地上,挥泪惜别,难分难舍。当双羊颤抖着双手,把刚刚满月的婴儿交到狄青怀里时,两人身后的士兵都淌下了同情的眼泪。泪水汇成一股疾流,在两城之间冲出了一道深深的壕沟。

宋夏交兵距今已有900多年的历史,但野狐岭上的两座古城遗址依然清晰可见,这便是人们传说这个故事的依据。

口述:石　刚　孙殿举

整理:张树林　高耀山

青马圈、狼母墩与南海子

传说在宋夏对峙的时候，北宋大将狄青征战到古盐州，也就是今天的盐池县，和西夏国公主双羊在野狐岭大战了七七四十九天难分胜负。最后，双羊公主挽弓搭箭射中狄青坐骑大青马，狄青被撂下战马，被双羊公主活捉回城，这对少男少女互相敬慕，在没有三媒六证的情况下，私自成亲。狄青在双羊公主城池旁也建了一座城池，后来人们把相距不远的这两座城池分别叫作狄青城、双羊城。狄青和双羊两个人恩恩爱爱地生活在野狐岭的城中。

不料，两人在野狐岭的兵营中生活了一年左右，消息传到西夏国都兴庆府，西夏国主闻讯大怒，连发金牌三十六道，要求双羊公主火速回朝。双羊公主接到金牌泪流满面，望着狄青，看着才刚刚满月的儿子，内心十分痛苦。可狄青和双羊心里都明白，接到金牌就必须回朝，否则就落下不忠不孝之名，那可是杀头的罪啊。两个人挥泪惜别，难分难舍，双羊公主知道自己不能把儿子带回西夏，双手颤抖地抱着儿子亲了又亲，最后把儿子交给了狄青。北宋士兵闻听双羊公主要班师回朝，都赶来相送，当看到狄青、双羊痛哭惜别的场景，一个个都流下了同情的泪水。

双羊公主班师之后，狄青在城中又住了一个多月，也连续收到了北宋皇帝传来的圣旨，要求狄青限期回朝。狄青眼望圣旨，悲从中来，按照北宋律例，征战将士私自招亲就是死罪，自己这次回朝生死难卜，如果再带上一个婴儿，那就必死无疑了。自己死不足惜，可怜这襁褓中的孩子未谙时世，就要跟着他走向阴间。狄青一个人坐在帐中，越想心里越悲切。

再说狄青的胯下坐骑大青马，并不是狄青出征时带的那匹。那年，他在枸子山袭击双羊公主后，一路追到盐州，双羊公主修城布防驻扎在野狐岭的一个山梁上，狄青不敢贸然进兵，就驻扎在野狐岭南30多里的一个草甸上。这里住着一户人家，有一对老年夫妇生活在一座土坯房中，院子里养着一群羊和两匹马，狄青一眼就看上圈里的大青马，他也知道马是两位老人出门办事、草原放牧的必需物。心里喜爱嘴上却什么话也不说，只是，平时无事的时候，爱到大青马的身边看看，替马梳梳毛，饮饮水。久而久之，老头也看出狄青对大青马的喜爱，再加上老头也喜爱治军严整、性格直率的狄青。一天晚上，狄青给大青马梳毛时，老头主动提出把大青马送给狄青，狄青一听十分高兴，当时就谢过老人家把大青马牵回了自己的马厩。最后，大青马被双羊公主射伤，狄青被擒招亲，狄青把大青马当成了媒人更是喜爱。对住在草甸子里的两位老人也就像对待自己的亲人一样。狄青和双羊公主在野狐岭居住的那一年多时间，没事的时候常去老人家中，那些士兵为了好描述老人住的地方，把那里叫作青马圈。现在那儿已经是盐池县的一个自然村了。

狄青接到圣旨后，为了避免孩子受到伤害，一直想给孩子安排个去处。可是由于连年征战，生活在边境的居民大都逃难外出，况且把一个年幼的孩子送到陌生人的家里，狄青也实在不放心。狄青手下有一名老兵，跟了狄青三四年，由于年纪太大，不能冲锋陷阵，他就一直留在狄青身边喂马。就在狄青左右为难的时候，老兵经过深思熟虑，决定留下来帮狄青抚养小公子。他把自己的想法告诉了狄青，狄青一听当时就感动得哭了。有道是男儿有泪不轻弹，狄青出生入死四五年，什么样的生离死别他都见过，可让一名老兵带着一个婴儿留在荒凉的草原上，狄青的确于心不忍。最后，直到拔营起兵的日子，狄青才跪在地上双手把孩子托付给了老兵，又把心爱的大青马也留给了老兵，在大青马上挂好银两、被褥、口粮和锅碗瓢盆等日常用品，恋恋不舍地把老兵和孩子扶上了马，并一再嘱咐老兵到青马圈去找那老两口一起生活。狄青的大军浩浩荡荡地开拔回朝了，老兵带着狄青的孩子向青马圈走去。

要说野狐岭距青马圈也就是半天的路程，况且大青马出路又利，应当不消两个时辰就能赶到目的地。可这老兵虽说是自愿留下看护孩子，但眼望着开拔回家的将士，不由地感到心酸，在目送将士们全部远去后，才慢腾腾地向青马圈的方向走去。

老兵骑在马上一边前行、一边不住地向大军远去的方向望去，直到下午，襁褓中的孩子已经饿得哇哇大哭，老兵还没有走上一半的路程。望着啼哭的婴儿，老兵策马走到狄青当年为攻打双羊公主修建的瞭望墩下，从马背上取下干粮，开始喂孩子。

再说这瞭望墩，自从狄青和双羊公主成亲后，宋夏两军在盐州一带和睦相处，再无战事，狄青将守在瞭望墩上的士兵就都撤了回去。慢慢地，瞭望墩也就荒芜了，四周杂草丛生，不知何时引来了一窝狼住在了墩下。老兵坐在墩下喂孩子时，正巧墩里住的老狼不在，只有几只狼崽子趴在洞里，孩子的哭声引起了它们的注意，几只狼崽子爬出狼洞发现老兵放在地上的食物，趁老兵不注意就偷偷地把食物吃了，等到老兵发现时，所有食物被吃净。老兵一时性起，抄起随身携带的仆刀，把几个狼崽杀得一干二净。说来也巧，就在老兵杀小狼的时候，母狼回来了，它发现小狼被杀，眼睛一下子气得通红，扑上去就咬断了老兵的喉咙。可怜老兵还没有完成狄青的嘱托，就已客死异乡。

老兵被狼扑杀时，怀中的婴儿一下子被甩出很远，哇哇地哭了起来。母狼扑杀老兵后，围着小狼的尸体连续转了几圈，停在了啼哭的婴儿旁，望了婴儿许久，最后，含着婴儿的衣襟将婴儿衔进了狼巢。

几年后，周围居民发现住在瞭望墩旁那只母狼，身边常常带有一个小孩，这个小孩在饥饿的时候，就去吮吸母狼乳，狼与小孩的相处就像一对母子一样，于是，人们把瞭望墩改称为狼母墩。

双羊公主带兵回到兴庆府后，自然少不了被西夏国主责备，并被软禁在宫城内。就这样过了 3 年，宋夏之间又发生了战争，西夏国主亲自领兵出征，进攻大宋。西夏国主一走，双羊公主就自由了许多，不仅可以自由地出入宫城，还可以上街玩耍，出城狩猎，内宫总管也是睁一眼闭一眼的。一天，正在城外狩猎的双羊公主突然想起了同狄青生活的那段日子，想起了她的孩子，说什么都要去野狐岭看一看。那些陪同狩猎的侍卫，一看公主要远行，也顾不上回城汇报，跟着公主就向野狐岭赶去。公主到了野狐岭后，把两个城池里里外外地看了几遍，看到人去城空，心里十分难受。晚上，就住在城池旁的一户人家，这家女主人就把狼母墩里的母狼养着一个孩子的事情，当稀奇事讲给双羊公主。双羊公主听了也十分稀奇，第二天早晨天刚泛亮，就领着侍卫去了狼母墩。双羊公主来到墩下，果然看见有一只灰狼旁站着一个小男孩，男孩的头发长得很长，赤身裸体，糊得很脏。双羊公主看着看着，猛然想到是不是她的孩子，就连忙让侍卫赶走老狼，把孩子抱了过来。孩子虽然糊得很脏，可双羊公主很快就从孩子的身上找到了胎记。她立即明白这就是她的孩子，一阵心酸。双羊公主抱着孩子止不住地放声大哭，她的眼泪就像决堤河水哗哗地流个不停，流进了墩下的一块洼地里，这块洼地立即涌出一股泉水，泪水伴着泉水越积越多，形成了一个数百亩大的泪湖。由于这个湖在狄青城、双羊城的南边，后来，被当地群众称为南海子。

据说被公主领回去的那个与狼相处的孩子,后来被西夏国主收养在兴庆府,改名叫野利仁荣,也就是后来创造西夏文字的聪明人。

搜集整理:刘国君

六郎堡

盐池绿洲度假村周边历史文化深厚,有着许多鲜为人知的奇闻轶事。

紧靠度假村西边的柳杨堡,是一座古城堡,原名六郎堡。古堡正方形,东城墙有一个出入的大门。传说,宋朝元帅杨延景(杨延昭),即杨六郎,就在此地居住过。杨六郎是杨继业的第六个儿子,英勇善战、智谋双全,在战场上屡建奇功。

当时的北国(辽国)是契丹族建立的,北国国君天庆王(耶律贤)去世后,他的夫人萧银宗(萧太后)掌握了王权,韩昌是北国的著名元帅。杨六郎曾和韩昌进行过多次战斗,最终韩昌服输求和,但声明土地不能随便割让。韩昌认为,把北国土地拱手让给宋朝,他作为元帅会招来杀头之罪,显然不可行。但可以用一种双方都能接受的方法划定边界,这也是他通报萧太后恩准的意见。随即约定起始点为杨六郎驻扎的六郎堡,选择“一箭之让”或“一马之让”。意思是让杨六郎选择向北射出箭的距离,或者是让马往北奔跑直到疲惫停下的距离,凡在此区域内都属于宋朝土地。杨六郎敬重韩昌的人格、胸怀,于是决定放弃“一马之让”,选择了“一箭之让”,箭落的地方以南就是宋朝的北疆,以北则是契丹土地。

宋朝和契丹从此把两位元帅的口头之约作为“君子协定”,两国开始化敌为友,和好如初,边疆稳定,民族团结,人民安居乐业。

“一箭之让”的故事就发生在六郎堡(柳杨堡)东北、绿洲度假村北边的盐湖芨芨滩中,成为流传千年的美丽传说。

口述:郑　科

整理:杨金毅

打虎店打虎

相传，很久以前，打虎店山里面有一道河川，在雨季的时候，雨水涌进河川，河里的水就涨了起来，咆哮而过；到了旱季的时候，河道里就只有一股溪水，潺潺细流。河道两边的山崖上，住着马记、梁记、姚记几户人家，既不种庄稼也不耕地，家家开着一个小店供来往的客商歇脚住宿，日子过得也算滋润。

可是河川里的小村子也没个名字，人们一说起，都说是沟里有店的地方，大家也就知道了。这一年，不知从哪里来了一只斑斓大虎，长得又高又大，白天不见踪影，到了晚上，不是把这家店的毛驴吃了，就是把那家店里的骡马咬了，闹得过往的人不敢在这里住店。店里没有了客人，可急坏了掌柜们。这几家客栈的掌柜坐在一起商量说，谁能把这只老虎打死，就让给他一个窑院。话说出去后，还是没有人去打虎。可那只老虎呢，每天晚上还是到河川里转，吃完牲口就开始吃店掌柜的羊和鸡。眼望着河川里可供老虎吃的东西越来越少，大家都担心等牲畜、家禽被吃完了就轮到吃人了，大家一想起来都很害怕。这时，几家开店的又坐在一起商量，要么就离开这里，要么就打死这只老虎，商量来商量去，还是想找人打死这只虎最好。于是，几家凑了几百两银子，传出话说："谁要是能把虎打死，就把银子给他，并招他为上门女婿。"话传出去不久，来了一个长得五大三粗的人，自称王武，说是能打死老虎。这几家好吃好喝地招待，帮他找来合适的武器，临走又喝了半碗酒。王武晚上就藏在窑外等老虎，等到后半夜的时候，老虎终于来了。这只老虎最近几天都吃不上东西，肚子饿得咕咕直叫。它像往常一样，一家一家往过走，等走到王武的跟前，王武一看老虎的个头，骨头都吓酥了，他从没见过这么大的老虎。可是，这时候已经容不得他细想，老虎走到了他的跟前，也闻出了人味，只是这只老虎从未吃过人，遇见人后它也吓住了。王武壮着胆子，拿起手里的半截子铁棍，乘老虎不注意，向虎头就是一棍。这老虎被出其不意的一棍打得往后就是一个坐墩，接着王武上去向虎腰又是一棍，这两棍下去，老虎也就受伤了。可受伤的老虎也被激怒了，它就向王武扑去，王武躲闪不及，被老虎一下子扑倒在地。这老虎刚才被闷棍打得有点晕，扑的劲过大，它扑倒了王武，自己也从王武的身上冲了过去。王武被虎一扑就有些晕头转向，爬起来却找不到老虎在哪里。还没等王武站稳，老虎又扑了过来，一下子就把王武压在身下。王武被虎压住后，双手正好抓住了老虎的脖子，使老虎的嘴咬不上他。于是，王武和老虎就在地上翻来滚去地搏斗了起来，王武的肚子、大腿，包括裤裆里的东西，都被老虎连抓带踩地弄伤了。

再说这几家开店的，把王武送到窑外后，一个都没有睡，大家都溜在门后，观察着外面的一切。这时候，大家看到王武被虎压倒，就拿起家里的木棒冲了出去，对准老虎连戳带打，老虎撇下王武又向众人扑来。老虎前面已被王武打了两棒，又和王武搏斗了一气，已经非常累了。众人上去向老虎劈头盖脸就是一顿闷棍，气喘吁吁的老虎哪能敌得过众人的棍棒，不一会就呜呼了，而压在老虎身子底下的王武，把肋骨也撞折了，头也碰青了，浑身上下伤得不轻。

老虎打死了，王武住在客店里养伤，而这几家店掌柜的坐在一起商量如何兑现当时的承诺。当时传出话说谁要是能打死老虎，不仅给他银两，还要招他为上门女婿。可当时大家并没商量做谁家的上门女婿。好在，这几个掌柜都有女儿，不会哄骗王武的。几个店掌柜的连续几天都商量不出究竟让谁家的丫头招女婿。最后决定，先让几家的丫头轮流去伺候王武。这几家丫头一天一轮，照顾王武。这几个丫头一连伺候王武 3 个多月，已经和王武相当熟悉了，知道了情况。王武自己也知道为什么，只要自己能做的事情，也不让这些丫头做了。又过了几个月，王武已经能下地行走了，他找到几家客栈的掌柜说自己不想当上门女婿，掌柜的奇怪地问为什么，王武也不说。只有掌柜的夫人在背后一个劲地说“好好好”。后来，众客栈掌柜的无论如何挽留，王武仍要离开，最后大家多给他一些银两。王武跛着腿，拉着掌柜们给他买的一匹马离开了。

王武走了，可他打虎的故事却被南来北往的脚户们传开了，从此，这道川的客栈，被人们称为打虎店了。再后来，马记、梁记、姚记都离开了这里，店主也都换了人，可打虎店的名字一直成了这道河川客栈的招牌。

岁月流逝，物是人非，如今打虎店被人们谐音为大伙店了。

搜集整理：曹秀宏

铁柱泉窟

传说铁柱泉旁有一孔洞穴，黑暗、幽深，阴森森的，没人敢进去。

明朝景泰年间，有一个叫李注的有钱人，对此洞发生了兴趣，一心想进去看个究竟。但李注又非常胆小，不敢入内。于是，他领了一个仆人当保镖，来到洞穴口，让仆人在前面为他执灯引路。两人向洞穴里走了20多步，前面是两扇大石门。石门虚掩，仆人用手轻轻一推，门哗地开了。门内是一个大室，灯烛辉煌，耀人眼目。李注一见，一把推开仆人，让在外等着，自己跃进门槛。室内四周都是涂彩描金的石壁，正面一尊铜铸释迦牟尼像，熠熠生辉。铜像两旁各躺着一具老和尚的尸体，盖着锦缎被子，肌白唇红，好似睡着了的样子。尸体旁边陈列着各种金银珠宝，琳琅满目，数不胜数。李注暗想今天交了好运，乐不可支，急忙俯身拾着往怀里塞、兜里揣、手里拿、口里含。一会儿工夫，装得鼓鼓囊囊，才起身往回走。可是，当他刚要出门时，突然阴风飕飕，鼓钹齐鸣，室内变得漆黑一团。李注着了慌，左冲右撞，碰得鼻青脸肿，但仍找不到出处。

李注顿时大惊失色，吓了个半死。连忙把所有的金银珠宝放下，嘴里还不停地祷告，不一会，才听到风声渐小，鼓钹收敛，渐渐地有一缕光亮透入。李注慢慢摸到跟前，原来是一个通向外面的小洞。李注看见小洞，就如丧家之犬，惶惶从洞口爬出去，连滚带爬地往家里跑。

李注跑回家后，心里一直惦记着那些珠宝，晚上睡在炕上，脑子里想的都是金银，一夜都没睡着。第二天早晨，他早早地翻起来，喊上家里的所有伙计，拿着铁锹、镢头，想砸开宝库。可那两扇石门怎么也挖不动，昨天他爬出来的那个小洞，也已不见踪影。他让人拼命地砸打石门，可一镢头下去，火花四溅，震得人双手发麻，那石门连个印儿都没敲下。一群人折腾了整整一天，也没有打开石门，李注只好作罢，灰溜溜地走了。

搜集整理：张树林

高记圈万羊窑洞

盐池县青山乡，有一个名叫高记圈的村庄。这个村庄坐西面东，背靠雷记沟大山，面对莲花池盐湖。这里是养羊的绝好地方，冬天严寒，羊群可以在山下沟湾里避风御寒；夏天炎热，赶羊群到山顶上纳凉避暑。春天羊抢青，山上有莎草，沟里有冰草；夏天羊“打成”，碱滩有白茨，湖边有盐蒿；秋天羊“揽膘”，山坡有蒿籽，沟畔长莠子；冬天羊下羔，沙窝有沙蒿，到处是柠条。饮羊，沟里流泉水；放牧，山上四季青。这一架山养育着一方人，高记圈水清草饱，养肥了财主史万羊。

史万羊，姓史，不知名字叫什么，家有几万只羊，所以人称他史万羊。也有人背地里叫他“史八缸”。据知情人说，他家有八缸银子。史万羊虽然家有万贯，但为人却十分刻薄。有一年天大旱，当地人几乎无法生存下去，只好跪拜龙王爷，祈求老天下雨，唯史万羊不肯下跪。庄户们都知道他的鬼算盘，越是天旱，他放高利贷越能发财，大家都敢怒而不敢言。

俗话说：人恨人交运呢，天恨人要命呢。当天下午，晴天一声炸雷，两公羊打起架，风雨大作，平地起蛟。刹那间，山有多高，水头就有多高，把史万羊的几万只羊全部一水卷光，八缸银子也冲得不知下落了，史万羊也给羊当了屈死鬼。周边老百姓捞着死羊，渡过难关。大灾之年，是史万羊的羊救活了一方人的命。如今，在盐池县城走青山乡的公路边，高记圈的山顶东坡上遗留的那几孔破窑洞，据说就是当年史万羊的住所。

搜集整理：周永祥

菡萏庙

相传唐朝时，在今老盐池村西山梁上有一座菡萏庙，是匈奴铁勒族人仆固怀恩所建，形似未开的荷花骨朵，也似蒙古族的敖包，古人称未开的荷花花苞为菡萏，故称菡萏庙。庙内供奉的男主尊称菡萏，女主尊谓莲花仙子。唐德宗时，灵盐节度使杜希全将郭子仪的像塑造在庙中，取代了菡萏的位置。

唐天宝十四年（755 年），安禄山、史思明背叛了唐明皇。郭子仪时任灵武郡太守，又充任朔方军节度使，他率军东讨，是平息“安史之乱”的主要将领之一。太子李亨在灵武登基后，任命他为兵部尚书、同中书门下平章事，其官为宰相之职，又为中书令。仆固怀恩原为郭子仪部将，后来叛唐，纠合回鹘、吐蕃进攻唐王朝。郭子仪出面说服回鹘联唐以拒吐蕃。昔有周武王称姜尚为尚父，唐德宗即位后尊郭子仪为尚父。尚父于 781 年卒。

唐德宗贞元九年（793 年）盐州新城落成，杜希全率兵驻守盐州。此时德宗要来盐州巡视，通知杜希全在 3 日内为郭子仪建一座庙，以示怀念之情。杜希全也曾为郭子仪的部将，很乐意接受这一任务。可是这 3 天的时限过于急迫，他灵机一动，打起了西山梁菡萏庙的主意。于是下令把菡萏的塑像搬掉，重新塑造了郭子仪的像。

郭子仪的夫人早已去世，谁也没有见过郭夫人的尊容，莲花仙子的塑像就不要动了，就让她代替郭夫人吧。

塑像完成后，杜希全前来视察，十分满意，郭子仪塑像栩栩如生，莲花仙子美丽动人，他不住地称赞工匠高超的技术。工匠对杜希全说，好便是好，不知何故，太阳一落山，这莲花仙子就自动转过身去。杜希全说，那是仙子害羞，点炷香来让我给他们主婚。只见杜希全右手提笔，左手按纸，唱道：“莫羞莫臊，让我来给你们开一张婚姻许可证吧！”于是写道：“庙是菡萏庙，妻是菡萏妻。州官我做媒，许嫁郭子仪。”就这样，杜希全为郭子仪和莲花仙子签发了结婚许可证，郭子仪成了庙中的主尊。

摘自《盐池县志》

二郎庙

在哈巴湖附近，双堆梁的主峰东侧有个二郎庙，为歇山式仿古建筑。此处地势高亢，视野开阔，风景秀丽，不同凡响，文人雅士经过，多感兴题咏。

二郎神是中国古代神话中的一个重量级神仙，法术无边，力大无穷，撒豆成兵，通晓八九玄功，阙庭有神眼，手持三尖两刃刀，为女娲补天的五彩石炼成，座下神兽哮天犬，威猛无比。民间传说，二郎神是人神混血，其父是忠厚书生杨天佑，其母是玉皇大帝的亲妹妹——瑶姬仙子。二郎神有个外甥，就是那个劈山救母的刘沉香。

在哈巴湖当地，也有一个关于二郎神的传说。

传说玉皇大帝的亲外甥二郎神是天庭中第一战神，曾暗助其外甥刘沉香劈山救母，因此得罪了王母娘娘。

有一天，王母娘娘在瑶池召见二郎神，对他说："杨戬，近日来，时有恶虫怪兽出没天庭，惊动诸仙修行，我与你舅舅商议，想让你的哮天犬到天庭来当值，你有没有意见？"二郎神明白这是王母娘娘给他出难题，想让他和爱犬分开，但是懿旨难违，就不情愿地答应了。

从瑶池出来后，二郎神想找个僻静的地方和爱犬告别。于是带上哮天犬，来到一个山坡上，山坡的下面有一个美丽的湖泊。

二郎神正不知如何向哮天犬开口，突然发现不远处的一个山包下面有一个狼洞，洞前一只母狼正陪着一个小狼崽戏耍，小狼崽长得很是可爱，跟只哈巴狗差不多。二郎神灵机一动，办法来了。他走到狼母前说："我是上界的二郎神，受天庭委托，下界寻找灵兽为天庭服务，你想不想让你的孩子成为天庭的神犬？"狼母回头看了看幼子，犹豫了一会儿，但一想孩子能够成为仙界的一员，便爽快地答应了。二郎神对狼母进行一番安慰后，睁开阙庭神眼，对着小狼崽一照，狼崽瞬间变得和哮天犬一模一样了。

二郎神带着狼崽变成的"哮天犬"去交差。王母娘娘笑吟吟地对二郎神说："二郎办事就是痛快，辛苦你了。”这件事就这么蒙混过去了。其实，王母娘娘何等法眼，一眼就看穿了二郎神的把戏，只不过她也没真想为难二郎神，这件事就不了了之了。

事后，二郎神总觉得有些亏欠狼母。于是，对狼母生活的地方格外关照，使这里风调雨顺、五谷丰登。而这只母狼也由于受到二郎神的点化，灵性与道行大涨，在当地做了不少善事。她曾经用狼乳哺养过李元昊、狄龙和狄虎等大名鼎鼎的人物。百姓为了感念二郎神的庇佑，在山坡上建起了二郎庙。对狼母、狼崽的义行也很钦佩，于是把当地的湖泊命名为哈巴湖，把那个狼洞所在山坡的一座墩堠叫作狼母墩，流传至今。

摘自《王乐井乡志》

高记寨子

青山乡东北十三四里处，有一座黄土筑成的寨子。那是高善兄弟于 1924 年修筑的防匪寨子。

据说，高氏兄弟之所以将寨子修筑在这里，主要是受到了神灵的指点。高氏弟兄发财（老大高善在盐池县盐税局当官，每天收入的响洋用簸箕往家里端）以后，就商量着要修筑寨子，防止土匪抢劫。往哪里修寨子才能更好地防匪呢？哪里才是旺财旺家的风水宝地呢？兄弟几人想方设法，寻请高人帮助选择吉地。请了好几位当地有名的风水先生，意见也不一致，这个说这里好——财势旺，建在这里财源滚滚，高家会发更大的财；那个说那里好，地脉厚，人丁兴旺，将来千门万户子孙绵绵；还有的说，还有一块宝地，后辈出贵人，王侯将相不可限量……兄弟几人委决不下。

这天夜里，高善刚躺倒，似睡非睡，迷迷糊糊做了一个梦。梦见自己正在品茶，却见从大门进来一个人，年纪 30 左右，高额隆准，风采飘逸，自己身不由已地起身相迎，作揖延请。那人也不客气，坐在太师椅上，也不喝茶，待高善也坐下了，便说："我是来给你解决疑难的。"高善心中一动，连忙离座长揖道谢，那人说了声"跟我来！"就足不沾地，飘出院门，向北飘去，高善赶忙去追。奇怪的是，他自己也是足不沾地跟着向北飘去。

到了北边山梁上，那里是平展展、十几亩大的一片莎草台地。那人在台地中心点了一脚，地上便出现了一个一尺见方的圆坑。那人向高善深深一揖，说："我修行将成，仅差 3 年香火，若能助我成功，必倾力报答，使你家世世昌盛，代代荣华！"一言即毕，忽然不见了踪影。高善急忙大喊"留步！"却唯有清风习习，哪里还有人在。心里一急，便惊醒了，原来是南柯一梦。心中只觉得此事十分蹊跷，不知主何吉凶，心中忐忑，辗转反侧，挨到了天明。

第二天一早，高善召集了各位兄弟，将自己昨晚所做的梦原原本本地告诉了大家，众兄弟惊奇不已，于是七嘴八舌地议论了一通，依然莫衷一是。老三高轩止住众人说:“咱们就不会到大哥梦见的那梁上去看一看?何必钻在家里瞎嚷嚷!”

于是大家一同来到了北面的山梁上,那情形与高善梦中所见一模一样。那是一道将近20里长的山梁,蜿蜒起伏,宛如一条卧伏的长龙。高善忆起梦中那人和他到的是靠大梁西头约略是龙颈的位置,就带着大家往西走,大约走了一里路,就瞭(看)见了梦中见到的那个莎草台,心中激动,一路小跑到了台子中心,“哎呀!”他惊奇地喊了一声。几兄弟闻声赶来,就见高善的脚下有一个直径一尺左右的坑,坑底长着一簇簇莎草。高善激动地高举着双手,大声喊道:“就是这里!就是这里!”

于是就确定下来,就在这道山梁上修筑寨子。那时正是农历四月半头,天旱土干,高氏弟兄却急不可耐,就用骆驼到三四里外的三股泉驮水,饮土筑墙。寨子修了将近半年,直到九月底,一座两丈多高、5亩方圆的黄土寨子就耸立在高记圈北面那道山梁上。

寨子筑起来不久,就来了一条巨蟒,是高四的寡妻发现的。那天清晨,她出去小解,忽然发现,晨曦中一道粼粼的银光从寨子门口进来,缓缓地往寨子的西南角移动,定睛细瞅,却是一条巨大的蟒蛇,只见它到了西南角,竟然径直爬上了寨子墙头,盘作一团,静静地卧在了那里。自那日起,那条蟒蛇便夜里爬出寨子,太阳快出来时,就回到寨子西南角的墙上,不伤人畜。高四妻子心地善良,她见那蟒受风吹日晒,就用茅草搭起了一个凉棚,为蟒蛇挡风避雨。高善听说后,就疑心蟒蛇是梦中指点自己的人,于是每晚都摆起香案,燃香叩拜,拜了一年多时间。这段时间高家更加兴旺,牛羊满圈,高骡子大马,骆驼成链。高善的收入也是逐步增长,老三高轩当了排长,高家成了青山乡的名门大户。

高善的妻子是个掂不来轻重的人,从高家发财以来,就渐渐养成了骄纵的习性,加上高善袒护怂恿,就越发地恃宠而骄。因为老四婆姨为人善良,在妯娌、伙计、众仆役中很有人缘,她也常听到人们对高四婆姨的夸赞,心中不忿,就成天在高善跟前吹枕边风,说老四婆姨这儿不好,那儿也不对。高善念着兄弟已经不在了,弟媳活得也苦,从不计较。高善老婆见他一味庇护老四婆姨,就下定决心要搞臭老四婆姨。于是在妯娌中散布谣言说:老四婆姨之所以那样照顾大蟒蛇,是因为那是一条成了精的妖怪,一到晚上就化成人身与老四婆姨行淫。慢慢地,这话传到了高善的耳朵里。高善心想,弟媳妇是个年轻女子,本来人们就说寡妇门前是非多,现在人们说得活灵活现,像我们这样的人家咋能丢得起这样的人呢。加上每天烧香叩拜,他也觉得太麻烦,于是渐渐地懈怠起来,后来也就干脆不再烧香了。心想:蟒蛇只是一条畜生,谁知道是不是给我指点的梦中人,即便就是,又安知它不是一条害人的妖精呢?我这样敬拜它,如果有朝一日它再害了我的全家呢?于是就将香案撤掉,不再敬拜了。既不敬拜了,也就日渐轻蔑,成天思谋着怎样才能将这蟒蛇赶出寨子,让人敲锣擂鼓恫吓,点火把、抛污物,想法子驱赶它。高四婆姨给搭的那个茅草棚子也被他们乘大蟒不在时给拆掉了。

于是,寨子修成的第三年,一个风雨交加的夜晚,霹雳震天,大雨瓢泼。高四婆姨梦见一位黑衣之士,进了她家,向她长揖到地,说道:"多谢夫人照顾,使我免受风雨之苦,待我修成之日,定然报答。高氏兄弟口是心非,忘恩负义,必遭恶报!"说完,转身离去。

第二天早晨,高四婆姨来到寨子墙上,见大蟒没有了踪影,往日蟒蛇卧伏之处只剩下风雨之痕。

自从蟒蛇离去,高家的运势就发生了极大的转变。先是高轩得病,被解了差回到家中。不久,县长向高善借钱,所借数量极大,高善说自己没有那么多钱,县长就借故又解除了高善的职务。家中怪事频频发生,身强体壮的口轻的骆驼,好好的,一跤跌倒就死去了;高骡子大马,正在吃草或喝水,突然高高地蹦起,一跟头跌下来,口吐白沫死去了;大绵羯羊,卧在那里,却被黑老鼠啃食尾巴、眼睛,直咬得鲜血淋漓,却依然定定地卧着,一动不动,三两天后也死去了。正如当地老百姓说的"发财如来潮,倒灶如燎毛"。不到半年,高家光阴败落,连普通的农户人家也不如了。

如今,历经盛衰的高氏弟兄早已离开了人世,只有那座黄土寨子还高高地立在山梁上,高记寨子的地名也还在。

口述:高　轩

整理:冯　彪

高鹞子墩　高鹞子庙

盐池县西南约20里地有一道山梁，是盐池城南的制高点，梁头上耸立着一座巍峨的烽火墩。白天站在这座烽火墩上，向北可以看见苏步井的村庄，向东可以看见定边城，往南与百余里外的陈记山相望，往西则可瞭望到200里开外的罗山。晚上，此墩上燃起烽火，方圆数百里都能看得见。在冷兵器年代，这座烽火墩可以传递信息，帮助调动兵马，其作用之大无可估量。然而，谁也不知道此烽火墩何年何月何人修筑，更没人知道它的名字。直到几百年前，这座烽火墩开始被称为高鹞子墩，这里面有一个动人的故事。

在历史上，盐池县一直是边塞地区，战事频频发生，是中原农耕民族与北方游牧民族争夺的地区。很久以前，有一位高姓将领，在一次战斗中被敌军的著名大将杀死。自此之后，敌人占领了他的家乡，人民生活在水深火热之中。

那高姓将军战死时，儿子才7岁，便与母亲流落他乡。10岁时，母亲将父亲的事情全部告诉了他，并鼓励他学好武艺，杀敌报仇，解救家乡百姓。自此，高姓少年便到处寻访名师，投入门下，刻苦学艺。十余年间，他终于学成武艺，便去从军。由于武艺超群，他很快便被提拔，成为将领。

后来再次开战，小高将军率兵出战，遇到的正是当年杀死他父亲的敌军名将，双方就在盐池县南边地区展开大战。那杀死他父亲的大将虽然年纪较大，但一直坚持用功练武，武艺比当年又提高了许多。小高将军年轻体壮又身负血仇，两人展开了一场搏斗。自辰时直至申时，大战4个多时辰，老将渐渐体力不支，被小高将军抓住了破绽，以一招“鹞子翻身”，一枪刺于马下，结果了性命。

小高将军报了父仇，赶走了敌军，解救了家乡的父老乡亲。人们便在他与敌将大战的地方建造了一座庙宇，塑上了他的像，并将此庙称为“高鹞子庙”，距高鹞子庙不远处的那座烽火墩也随着高鹞子庙而得名，被称为高鹞子墩。

口述：王光斌

整理：冯　彪

长城关楼一块砖的传说

花马池城北的长城关，是明代长城防御体系中较为著名的一座关楼。说起长城关的修筑，还有一段故事。

当年，王琼督建长城关的时候，让齐之鸾负责具体事务。齐之鸾要负责把建长城关的用工、用料逐一写清上报，经朝廷核准后拨付专项银两，才能动工。为了慎重起见，齐之鸾找了两个精于工程预算的人，根据王琼提议设计的图纸，对用工、用料进行计算。这两个人在花马池城外的边墙上测来算去，计算出来的结果却相差较大。齐之鸾为难了：把预算多的报上去，将来一旦材料余下了，会遭到弹劾；如果报少的预算，关楼建不起来，那更是杀头的事。

过了几天，王琼到花马池巡边，询问建长城关的奏折是否报上去了。齐之鸾就把两份计算结果呈给王琼，并请定夺。王琼什么话都没说，拿起两份报告回到花马池公署。两天后，王琼交给齐之鸾一份新的预算报告。齐之鸾一看大吃一惊，这份报告计算的结果比那份用料少的报告还要少许多，每一根木头每一块砖放在什么位置都标得清清楚楚。齐之鸾疑惑地问："这点工料能修起来吗？"王琼肯定地说："一块不多，一块不少。"

齐之鸾按照王琼的计算报告向朝廷上了折子，不久之后报告和库银就批了下来。齐之鸾严格按照图纸和用料报告施工。半年后，长城关楼修好了，最让齐之鸾吃惊的是，整个关楼的用料和王琼计算的一样，一块不多，一块不少。

收工的时候，齐之鸾想和王琼开个玩笑，就有意让人在关楼最显眼的地方少砌了一块砖。等到王琼和宁夏巡抚胡东皋前来预验工程的时候，齐之鸾对王琼说："总督阁老，根据您的计算，现在短了一块砖。"王琼以为是自己算错了，他连忙拿过图纸，仔细一算，笑着对齐之鸾说："我算的没错，要么是你少拉了一块砖，要么就是你耍了什么心眼。"齐之鸾一听，对王琼佩服得五体投地，急忙让人把藏起来的那块砖砌到城墙上。

关楼建好后，王琼和胡东皋、齐之鸾一起登临关楼。王琼环顾四野，徐徐说道："关楼建在花马池城北的边墙上，花马池是喉襟要地，称作天堑也不为过。前人把边墙叫作长城，我们就把这座关楼叫长城关吧。"遂题写了"朔方天堑"4个大字，悬于长城关关楼之上。

盐池县长城保护学会

灵应山石窟

灵应山石窟寺位于盐池县城南 45 公里的青山乡境内,始建年代不详,大约在唐朝就有人在此凿窟供佛了。

相传很久以前,有一个牧羊小孩带着他的白狗在此放羊,连着 3 天都听到“开了吗”的呼喊声,他不知道怎么办,就回去问东家,东家让他回答“开了”。第四天,他去的时候又听到“开了吗”的喊声,他就回答“开了”。霎时间,地裂天崩,闪现出了十几孔石窟,就是灵应山石窟。至今,这里一座殿里还供奉着牧羊小孩和白狗的像。

灵应山由红色石英砂岩构成,岩石呈紫红色,厚数十米,结构紧密,山体地表土厚一米左右,上面植被较为茂密。山上岩石突兀,山下流水潺潺,从山顶至地面有 4 个层次,错落有致。灵应山石窟依山就势而凿,四面青山环绕,窟内塑像栩栩如生,彩绘技艺高超,可惜“文化大革命”期间遭到严重破坏。后来,当地群众修复灵应寺,重塑了神像,复绘了壁画。

方圆上百里的乡民们传说,此寺神佛非常灵验,求医者病则痊愈,求儿者门生贵子,求财者财发万亿,求寿者享年九旬,求婚者鸳鸯配双。因此,有了灵应寺这个名。每年农历三月初三,周围几百里的群众都赶到这里烧香拜佛,香火非常旺。

灵应寺傍依山势,居高临下,寺前深沟狭长,常年流水潺潺;寺院坐西面东,南北长 40 米,东西宽 20 米,铲削平整;庭院无量大殿内,塑荡魔天尊亦称真武大帝造像,左龟右蛇二神侍立于两侧。寺内有石窟 13 孔,其中 11 窟各有庙号,1 号窟是龙王庙,2 号窟是娘娘庙,3 号窟是药王庙,4 号窟是地藏王菩萨庙,5 号窟是百子观音庙,6 号窟释迦牟尼庙,7 号窟是眼光菩萨庙,8 号窟是灵帝庙,9 号窟为三皇庙,10 号窟为妈祖洞,11 号窟是财神庙。窟内神像,造型逼真,各具神态,迎人欲语;壁画图案大方,色调和谐,绘制精美。

搜集整理:王永刚

从“一棵树”到“一座园”

盐池县城东北15公里处有个行政村叫沙边子村，沙边子村有个地方叫一棵树。过去这里是毛乌素沙地的一部分，遍地黄沙，寸草不生，方圆数十里只生长着一棵老榆树，树冠占地四亩，树身4个成年人手拉手还围不过来。在茫茫沙海中有这么一棵数百年的榆树傲然挺立，让人看到一丝绿意，看到生命的希望，因此人们就把这里叫“一棵树”。周边的群众都把这棵老榆树当成神树，经常进行祭拜。可惜“文化大革命”中，红卫兵把它当作“牛鬼蛇神”铲除了。

由于不合理的开发垦殖、过度放牧，沙边子一带流沙遍地，“一年一场风，从春刮到冬”是这个村子的真实写照。风沙、干旱严重威胁着村民的生存和发展，农民种下的庄稼经常颗粒无收。

1980年，冒寨子村农民冒贤、白春兰夫妇响应政府的治沙号召，用架子车拉着年幼的女儿，进军沙边子，进驻当地人称“一棵树”的不毛之地，开始了多年的治沙奋斗史。

从那时起，冒贤和白春兰每天从8公里外的冒寨子村赶到一棵树村，他们用手推车拉沙开路，平田整地，育苗种树，矢志播绿，横心治沙。

1986年，冒贤、白春兰夫妇在一棵树村的沙地上盖了几间土坯房安下了家，结束了每天奔波往返30余里的辛苦。每天,夫妇俩平地、刨沙、挖坑、栽树、浇水,饿了啃几口干粮,渴了喝碗凉水。沙边子慢慢有了绿意,一棵棵小树苗长了起来。经过多年摸索,夫妇俩发明了以草挡沙、以柳固沙、栽树防沙的"三行制治沙法",渐渐掌握了适合当地的科学防沙治沙的方法。

看到自己用双手与沙魔抗争取得胜利,冒贤、白春兰夫妇更是干劲十足。可惜1992年,丈夫冒贤因劳累过度病倒了。白春兰每天既要侍奉卧床的丈夫,又要种田、植树、养羊、饲鱼。1997年冬天,47岁的冒贤去世。白春兰化悲痛为力量,带领子女继续治沙。春去秋来,一片片流沙被制服,一道道绿色在延展,沙柳、柠条、杨树、沙枣树等由小变大,茁壮成长。昔日没有一棵树的"一棵树"变成了一片林、一座园。经过多年的治理,沙边子的生态环境明显改善,当年荒凉的沙漠腹地变成了现在生机盎然的绿洲。

随着市场经济的繁荣,白春兰在生态治理的同时,也开始了多种经营,多业并举,温棚、圈舍、鱼池、餐馆相继建成。在盐池县农业、畜牧、林业、旅游等部门的支持下,白春兰转变思路,大力发展养殖、种植业、旅游业。2005年,白春兰在一棵树村挂牌"白春兰绿色家园",成为盐池县著名的沙漠旅游景点,她也成为全县农村发家致富的带头人。在白春兰的影响和带动下,相继有88户人家来到沙边子村,造绿固沙,开发沙产业。现在,全村累计治理沙漠7万多亩,在昔日的荒漠中升起了一片绿洲。

冒贤、白春兰的治沙事迹感动了很多人。白春兰先后被评为全国"三八"绿化标兵、全国环保百佳先进个人、全国绿化劳动模范、全国"三八"红旗手、十大民间环保杰出人物等,并当选为党的十八大代表。冒贤夫妇的治沙事迹多次得到了国家领导人的赞扬,胡锦涛还专程来到一棵树村看望了白春兰。来自美国、德国、以色列等20多个国家的专家学者先后来访,赞誉白春兰的创举。在沙边子村,人进沙退,被联合国粮农组织高级官员称为"人类改造自然的典范"。

2008年,自治区党委、政府决定在治沙英雄冒贤、白春兰夫妇治沙的地方建设一座"治沙英雄白春兰冒贤业绩园",作为青少年爱国主义教育基地。2009年,"治沙英雄白春兰冒贤业绩园"建成,由治沙展馆、冒贤雕像、暖心阁、连心桥等组成。

李建华

地名历史故事

盐池牧马八监

唐代诗人、首任朔方节度使张说在他所撰《大唐开元十三年陇右监牧颂德碑》中记载:“肇自贞观,成于麟德,四十年间,马至七十万六千匹,置八使以董之,设四十八监以掌之。跨陇西、金城、平凉、天水四郡之地,更析八监,布于河曲丰旷之野,乃能容之”。这里提到的“更析八监,布于河曲丰旷之野”是指分布于今天河套地区、以盐州为首的 8 个监牧。“盐州八监”并不限于盐州一地,应该还包括灵、夏、银、绥诸州部分地区,其中也包括了唐代的六胡州地区。

《新唐书·兵志》:“其后益置八监于盐州、三监于岚州。盐州使八,统白马等坊”。今盐池县青山乡境内仍然有马坊、白马坊地名,是否即是唐代的“马坊”“白马坊”,不敢妄下定论,因为在明代,朝廷及地方藩王也曾在今花马池、惠安堡、铁柱泉一带设置牧马苑、马坊。但唐代在今盐池县一带设置牧监和马坊,却是凿凿可证的。

党英才

李益诗赋铁柱泉

盐州过胡儿饮马泉

绿杨著水草如烟，旧是盐州饮马泉
几处吹笳明月夜，何人倚剑白云天
从来冻合关山路，今日分流汉使前
莫遣行人照容鬓，恐惊憔悴入新年

这是唐代诗人李益一首著名的边塞诗。后人对于诗中提及的“饮马泉”有多种说法。一说是今宁夏盐池县冯记沟乡的铁柱泉，一说是今内蒙古鄂尔多斯的鹡鸰湖。不过，大多数学者还是认可前一种说法。这是由李益可考证的人生经历推断出来的。

李益(746—829年)，字君虞，凉州姑臧人(今甘肃武威)。大历四年(769年)进士。大历九年(774年)，李益到凤翔节度使李抱玉幕府任职，参与了大历九年郭子仪、李抱玉、马璘、朱泚分统诸道兵八万的防秋军事行动。写下了《从军有苦乐行》等诗。大历十二年(777年)李抱玉去世后，李益赴渭北。其间可能到过盐、灵二州，后转回内地。

李益前后有“十八载”的幕府生涯，其中“五在兵间”。李益“五在兵间”的经历，有4次是在黄河河套和河曲一带(今宁夏罗山以北沿黄地区)，当时的朔方节度使驻地灵州(其址在今吴忠市利通区境内)。李益不仅来过河套和宁夏中北部，而且在这里生活了至少7年，其间应多次往来盐、灵二州。盐、灵二州水草丰茂，是唐和吐蕃反复争夺之地，战事频繁。诗人在此军旅多年，国难、乡愁、怀古以及对个人命运的感慨时而涌向心头，百感交集之下写下了《夜上受降城闻笛》《军次阳城烽舍北流泉》《从军北征》《盐州过胡儿饮马泉》《塞下曲》等许多脍炙人口的诗篇。

贞元十六年(800年)，李益结束了军旅生活。元和初(806年)，宪宗召李益回京，任都官郎中。后官中书舍人，又出为河南尹，后转为秘书少监。元和八年(813年)后，转太子右庶子。元和十五年(820年)后，为右散骑常侍。文宗太和初，李益官至礼部尚书。

李益青年时就已诗名远扬，塞上戎马间度过了青壮年岁月，熟悉塞上风情，深知征人甘苦，对边患和安边之策深有体会。因此，李益一生写得最多、成就最高的是边塞诗。

李益是一位非常有才华的诗人，他的《夜上受降城闻笛》描述的受降城，大多数学者认为是盐池附近的灵州城。

夜上受降城闻笛

回乐烽前沙似雪，受降城外月如霜

不知何处吹芦管，一夜征人尽望乡

李建华

白居易作《城盐州》

在《全唐诗》中有一首乐府诗记颂了重筑盐州城(位于今盐池一带)之事,题作《城盐州——美圣谟而诮边将也(贞元壬申岁,特诏城之)》,作者是唐代大诗人白居易。《乾隆宁夏府志》《灵州志迹》《朔方道志》等宁夏地方志书亦收录此诗。

城盐州

——美圣谟而诮边将也(贞元壬申岁,特诏城之)

唐·白居易

城盐州,城盐州,城在五原原上头
蕃东节度钵阐布,忽见新城当要路
金乌飞传赞普闻,建牙传箭集群臣
君臣赭面有忧色,皆言勿谓唐无人
自筑盐州十余载,至今毡裘不犯塞
昼牧牛羊夜捉生,长去新城百里外
诸边急警劳戍人,唯此一道无烟尘
灵夏潜安谁复辨,秦原暗通何处见
鄜州驲路好马来,长安药肆黄芪贱
城盐州,盐州未城天子忧
德宗按图自定计,非关将略与庙谋
吾闻高宗中宗世,北虏猖狂最难制
韩公创筑受降城,三城鼎峙屯汉兵
东西亘绝数千里,耳冷不闻胡马声
如今边将非无策,心笑韩公筑城壁
相看养寇为身谋,各握强兵固恩泽

愿分今日边将恩，褒赠韩公封子孙
谁能将此盐州曲，翻作歌词闻至尊

盐州城是唐朝连接灵、夏，协防河朔，控制盐池的主要城池，是北方的军事要塞。盐州城址后人多有考证，其说有五：①今盐池县城，即花马池城古址；②在今盐池县城北某盐湖边；③在今定边县境内；④在今盐池县城南 40 余里处的营盘台附近；⑤在今盐池县惠安堡附近。大多数说法都是在盐池县境内。唐建中年间，盐州被吐蕃占领，后由于粮粟不继，水土不服，很多人染上病疫，吐蕃只好撤离盐州。撤离时，吐蕃人毁坏城池，焚烧庐舍，强迫当地居民离开故地，盐州城变成一片废墟。

由于吐蕃多次入侵，唐王朝重新认识到盐州的重要性。灵盐节度使杜希全向德宗建议重新修复盐州城。贞元九年（793 年），唐德宗下诏，命令杜希全等将领率 3.5 万士兵和 6000 名民工重新筑建盐州城，仅仅用了 20 天时间就竣工，朝野上下一片盛赞。白居易应时而作《城盐州》，说明了“城盐州”的重要作用，表达了他对国家边塞安全的关心之情。

李建华

唐德宗时期盐州的盐政

据《新唐书》记载：盐州五原有乌池、白池、瓦池、细项池，灵州有温池、两井池、长尾池、五泉池、红桃池、回乐池、弘静池。这些盐池的规模和食盐产量相当可观，有专家根据唐朝当时米和盐 1:5 的价格比例计算，仅乌池即可年产食盐 3 万石左右。盐税成为朝廷财政的主要收入之一，因此朝廷非常重视灵、盐二州的盐池。贞元九年（793 年），在收复被吐蕃占领的盐州城之后，次年，唐德宗即派四子虔王李谅任朔方灵盐节度使，同时派掌管朝廷财政大权的裴延龄兼领灵、盐等州盐池井榷使，直接管理食盐生产、销售和税收。此时，盐价狂涨 10 倍，每斗 110 文，其中 100 文为盐税。大历末年（779 年），全国盐税收入高达 600 万缗，占当时财政总收入的一半。

唐朝廷在井榷使之下设立巡院、分巡院，监管各州盐政。同时还在一些盐池设置榷税使。《唐会要》卷八十八《盐池使》记载：乌池，在盐州，置榷税使一员、推官一员、巡官两员、胥吏（税官）130 人，池户 440 户。温池，置榷税使一员、推官两员、巡官两员、胥吏 39 人，防池官健及池户 165 户。

党英才

沙陀东迁盐州

沙陀，又名处月，原是西突厥十姓部落以外的一部，游牧于今新疆准噶尔盆地西南一带，因其地有大沙丘，故而得名。唐贞观七年（633 年），沙陀首领曾随西突厥贵族阿史那弥射至长安朝见唐太宗李世民，之后一直内附于唐，与唐朝廷保持了良好的关系。龙朔二年（662 年），年仅 20 岁的沙陀部首领沙陀金山随左武卫将军薛仁贵大败铁勒部于天山，沙陀金山被授予墨离军讨击使之职。唐玄宗开元二年（714 年），沙陀金山和他的儿子沙陀辅国到达长安朝贡，十二月，唐玄宗在内殿设宴款待了沙陀金山，此后沙陀金山长住长安城，直至去世。

据《新唐书》卷二百一十八《列传》第一百四十三《沙陀传》载，唐德宗贞元六年（790 年），吐蕃攻陷北庭，沙陀首领朱邪尽忠率部 7000 帐归附吐蕃。唐宪宗元和三年（808 年），吐蕃与回鹘争夺甘州（今张掖）和凉州（今武威），因为怀疑沙陀有二心，于是吐蕃准备将沙陀部众迁往苦寒的黄河源地区参战。对此，沙陀举族愁恐。此时，朱邪尽忠之子朱邪执宜劝父亲说："我世为唐臣，不幸陷污，今若走萧关（今固原东南）自归，不愈于绝种乎？"朱邪尽忠采纳了儿子的意见，决定率部族 3 万人东归附唐。吐蕃赞普大怒，派大军围追堵截，沙陀部众且战且走，由洮河进至石门关（在今固原须弥山附近），前后数百战，杀吐蕃军无数，朱邪尽忠战死。朱邪执宜率领不足 2000 余众和 7000 匹马，以及杂畜橐驼千余逃至灵州。灵盐节度使范希朝得到消息后亲率部众迎于塞上，并将其安置在盐州。随后而至的沙陀部老弱余众陆续赶到盐州会合，朱邪尽忠的弟弟葛勒阿波也率残部 700 人投奔朱邪执宜到盐州而来。唐朝廷在盐州设置了阴山府，任朱邪执宜为阴山府兵马使，葛勒阿波为阴山府都督。范希朝还为沙陀部族市牛羊，广畜牧，使其安居。同年，朱邪执宜入朝长安，受到宪宗亲自接见，授金吾卫上将军，赏赐金币袍马万计。

不久，唐朝廷"以沙陀在灵武，迫近吐蕃，虑其反复，又部落众多，恐长谷价，乃命悉从希朝诣河东"（《资治通鉴》卷二百三十七《唐纪五十三·宪宗元和四年》）。于是在唐宪宗元和四年(809 年)六月,灵盐节度使范希朝迁任河东节度使时,诏沙陀举军从徙河东。范希朝选其骁骑千二百,号为“沙陀军”,其余安置在定襄川(今山西牧马河)一带。

党英才

史敬奉解盐州之围

史敬奉，灵武人，少年从军，为牙将，其先祖为昭武九姓之一。唐高宗调露元年(679年)，西突厥中的昭武九姓部落降唐，唐为安置他们而置六胡州。有专家考证，今盐池县兴武营古城即为六胡州中鲁州古城遗址。

唐宪宗元和十四年(819年)十月，吐蕃节度使论三摩、宰相尚塔藏、中书令尚绮心儿率15万大军围攻盐州(今盐池、定边县境)。其时，党项部族也出兵相助吐蕃。盐州刺史李文悦竭力坚守27日不能退敌，盐州欲陷。这时，朔方牙将史敬奉向节度使杜叔良请战，要求拨给他3000兵马，备足一月干粮，由他带兵深入吐蕃后方攻其不备。杜叔良应其所请，拨给了他2500兵马，并为他备足了粮秣，使其出吐蕃后方接敌。此后十多天，史敬奉所部就再也没有一点消息，大家都认为已经深陷吐蕃军中，生死难料。事实上，史敬奉带着2500兵马绕道吐蕃军后方，神不知鬼不觉地向吐蕃军发起攻击，吐蕃军以为天降大军，阵脚大乱，被打得狼狈不堪，死伤无数，一直逃过葫芦河(古称瓦亭水、陇水，发源于西吉县与海原县交界处的月亮山南麓)才收住了阵脚，盐州之围遂解。吐蕃军不仅死伤惨重，而且丢下了牛、羊、马、驼数万。经此一役，史敬奉不仅在西部边陲军中树立了威名，也使吐蕃军闻之色变。唐宪宗接到捷报后龙颜大喜，特为之颁诏，赐敬奉实封五十户赏之。

盐州之战后，处于衰落之中的吐蕃王朝为了巩固统治，急欲与唐朝建立新的友好关系，吐蕃王室接连3次派员到长安请求会盟，而“安史之乱”后的唐朝也处于“疮瘦未复，人皆惮战”的境况，因此对吐蕃的请盟极表同意。唐穆宗长庆元年(821年)，唐朝和吐蕃举行长安盟誓，次年又在吐蕃逻些(拉萨)重盟。823年，吐蕃将盟文用汉、藏两种文字刻石立于拉萨大昭寺门前，即是历史上有名的甥舅和盟碑，又称唐蕃会盟碑或长庆会盟碑。

党英才

明代九边军镇与宁夏后卫

盐池县城

1368年，元朝政权被朱元璋领导的农民起义军推翻了。元朝灭亡之后，元顺帝妥欢帖睦尔带领王公贵族和残余部队退至上都（今内蒙古正蓝旗境内）并建立政权，史称“北元”。由于明军的不断打击，以及蒙古贵族的离心离德，北元分崩离析，蒙古各部如鞑靼、瓦剌等依然保存了相当实力，不时南下骚扰明朝边境。因此，明朝在长城沿线设置了9个军事重镇，史称“九边重镇”。这9个军事重镇分别为辽东镇、蓟州镇、宣府镇、大同镇、太原镇、延绥镇、宁夏镇、固原镇、甘肃镇。

朝廷在这九镇各设置有总兵官、巡抚，数镇之上还有总督。这些封疆大吏统领的兵力，多时达百万，少时也有几十万，约占全国兵力的三分之二。如此众多的兵力，基本上都是为了阻止剽悍的蒙古骑兵入境寇边。

九边重镇中，延绥（今榆林）、宁夏、甘肃三镇由驻节固原的陕西三边总督总制，三边总督可以调遣三镇兵力，共同防御。

其时,宁夏镇花马池一带入侵的蒙古军队主要为吉囊和他的弟弟俺答部族。

吉囊(1506—1542 年),达延汗之孙。达延汗本名巴图蒙克,孛尔只斤氏,成吉思汗第十五世孙,成化十五年即汗位,明人因其年幼而称为鞑靼“小王子”,被誉为蒙古历史上的“中兴之主”。明正德十四年(1519 年),吉囊嗣济农位,领右翼三万户,驻帐于鄂尔多斯(达延汗将东蒙古划分为 6 个万户,其中鄂尔多斯万户即今鄂尔多斯市),游牧于黄河河套及其以西地区。嘉靖初,势力日强,率领弟弟俺答等东征西讨,雄冠诸部,并多次领兵进入大同、凉州、宁夏等地劫掠,给明朝西北边境造成严重威胁。

吉囊、俺答部进攻宁夏及南部固原地区,通常有两条主要线路:一条东入,是由灵武、盐池一带突破边墙,经同心韦州、预旺直向固原;一条西入,由贺兰山赤木口入,沿中卫、中宁一线过黄河,沿清水河南下直入固原。许伦《九边图论·宁夏》载:“今之论者,以固原为堂奥,响石沟至花儿岔为第二门,花马池一带为第三门,谓有重险矣。”

其实,对于明朝廷来说,作为边地,宁夏镇的花马池一带可算是蒙古南下的第一道防线。《九边图论·宁夏》载:“花马池一带边人谓之大门,若拼力坚守花马池,则固原自可无虞。”

花马池位于河套地区的西南,属宁夏后卫,分布着大大小小的盐湖,在明代即以“行盐”著称。同时,花马池地处河套、榆林、宁夏交界地带,是四通八达之地。明中后期,花马池之所以成为宁夏镇边防重地,是由于散居于河套地区的蒙古部屡次由此突破榆林、宁夏长城之阻隔,进入内地。因此,防秋之时,陕西三边总督便移驻于此。嘉靖年间兵部奏称:“宁夏花马池,虏骑冲突之所,最要害也。近议每秋总督亲往调度,此诚扼吭先制之计。”(《明世宗实录》卷二四四)“按全陕以延、宁为藩篱,花马池为户门,固原为堂奥,故督府岁于花马池防秋,盖亦居中乘便之意”(明张雨《边政考》卷三《固原卫》)。

因此,在明代,花马池城在延绥、宁夏和固原三镇中具有非常重要的战略地位,花马池失则固原失,固原失则中原的西北门户洞开。

中国长城学会

明长城与盐池交通

在宁夏境内，明长城西起黄河东岸的灵武市横城堡，向东经横城、磁窑堡进入盐池境内，再向东交于陕西定边县，全长194公里，其中盐池境内长83公里。这段明长城不仅对北方边陲的灵武、盐池、定边等地起到了重要的军事防御作用，而且对当时及后世的交通也产生了巨大的影响。据王琼《北虏事迹》载，正德年间，三边总制杨一清仅是修复徐廷章所筑旧边城，就发丁夫9万余人，可见修筑长城时运输量之大。显然，在当时的修筑中，需要运土运水、粮饷供应、杂物运输等，因而开通了许多新的道路，极大方便了军队的运行。长城筑就后，其顶部宽达4—5米，巡逻守望的士兵常在长城顶部的道路上往来，他们的食物、军械也从这条道路上往来，因此长城的筑就等于新建了一条军事后勤供应线。

明成化十年（1474年），都御史徐廷章修筑边墙经盐池县城北面的柳杨堡等地，这时的交通大道则由边墙内侧而形成新的交通干线。《北虏事迹》载："宁夏镇城至花马池三百余里，运粮者循边墙而行，骡驮车挽，昼夜不息。"向战场前线运送粮食，自然要凭仗长城的保护。由于明代的主要军事活动都在长城一线，因而沿着长城军运日渐繁忙，仅嘉靖八年七月（1529年），从宁夏平原运往花马池的麦豆就达26万石之多，就是内地的交通大道也未必有此繁忙。

至嘉靖十年（1531年），王琼又以"城去军营远，贼至不即知"为由，上奏朝廷，南移5至10余里不等，加筑了一道长城，即头道边长城，时称"深沟高垒"，盐池至宁夏镇大道也随之南移。商旅沿新边墙循沟垒而行，其原因仍是为商旅货物的安全考虑。

为使明长城内外交通不受阻碍，真正实现限敌利我的目的，凡道路与长城交会处，均修有暗门。所谓暗门，就是筑墙时预留的孔道，让道路从中穿过。盐池北部长城是东西走向，并未中断南北交通，奥妙就在于暗门起了作用。平原、半荒漠地区的道路，往往在岁月的流逝中来回摆动，但长城的暗门通过的道路则相对稳定，直到清末，这些道路走向毫无变异。而暗门内外，则变成各族人民的农牧商品交易之所。可以看出，明长城的修建，对边陲地区道路布局的影响是巨大的，明清时代如此，就连近现代，这一地区的公路、铁路仍然多沿长城内侧而行。

摘自 2002 年 7 月《新消息报》

刘天和修筑铁柱泉城

明代,铁柱泉在花马池至小盐池军事沿线占有重要的战略地位,最初提出在铁柱泉筑堡的是时任三边总制秦纮,《嘉靖宁夏新志》卷之三《所属各地》于“东路后卫”条下载:“铁柱泉,弘治十三年,总制、尚书秦纮尝城其地,但非形势所宜,故不终其事。”

嘉靖年间,蒙古鞑靼部首领俺答汗活跃于北方草原。由于生活所需等诸多因素,俺答汗多次向明朝廷提出贡市(边境贸易)要求。照理来说,这样的要求并不过分。但是俺答屡次请求,明朝廷却屡次拒绝。盛怒之下,俺答率部转而向明王朝边境发起了连年征战。

鞑靼部铁骑决塞而入,流动作战,入塞后可以随时通过劫掠手段得到粮草补给,然而人畜饮水必须要有便捷充足的保障。一直以来,铁柱泉就是鞑靼部最佳的水源补给地。明人胡侍《铁柱泉颂并序》记载:铁柱泉者,渟泓渊沦,广百其武。历四序而盈科,饮万骑以靡涸。兴武之野,方数百里,绝无水泉。胡马南牧,兹焉是赖。

嘉靖十五年(1536年),兵部左侍郎兼都察院左都御史刘天和奉命总制三边军务。刚一到任,刘天和就带领宁夏巡抚、镇守总兵官等赴诸边要地巡查,了解熟悉各关隘、城寨、道路及戍守官兵状况。刘天和来到铁柱泉,对铁柱泉及其周围的情况做了详细了解和分析后,感叹地对诸将说:“御戎上策,其在兹矣。可城之使虏绝饮,固不战自惫”。刘天和认为,兴武营周围几百里没有水源,如果在铁柱泉筑城,将水泉包在城内,就可使鞑靼骑兵无水可饮而不战自败。刘天和筑城卫泉的想法,立即得到了宁夏巡抚张文魁的大力赞同和鼎力支持。这年七月,开始动工修筑铁柱泉城。宁夏各级官吏对此都很重视,陕西按察使司佥事谭闾亲自“度垣墉,量高厚,计丈尺”。陕西沿边四镇总兵官也没闲着,特别是镇守宁夏总兵官王效的积极性很高,他督率官兵,准备了筑城用的木柱、畚箕、铁锹等工具。筑城时,军士人人乐于此事,民夫个个竞相出力,工程进展很快,不到一月时间,铁柱泉城修竣完工。城周回4里有余，城墙高厚各3丈多，非常坚固。泉眼被包在城内，以城卫泉；环城四周挖掘了护城壕，以壕护城。城内又建了官署和房舍。总之，官署、仓场，无一不备；楼观、城垣，巍峨壮观。刘天和在城内置兵1500名，又招募了一部分当地人，共同守城，选拔一位智勇双全的官员担任守将。另外，又在城外开辟了田地，让士兵和当地人耕种；开辟草场，以利于放牧。从此，铁柱泉这一鞑靼骑兵入侵宁夏、平凉、固原的惯用给水总站，变成了明朝军队的防守要塞了。

党英才

杨一清智擒刘瑾

正德年间，大宦官刘瑾为害朝野多年后，被朝中重臣杨一清设计扳倒，这段历史，和宁夏花马池还有一定的关系。

杨一清（1454—1530年），字应宁，号邃庵，又号石淙。镇江丹徒（今江苏镇江）人，祖籍云南安宁。杨一清少时，就以神童被推荐为翰林秀才，送到翰林院读书。14岁乡试中举，18岁考中进士，曾以副使督学陕西八年。弘治十五年（1502年），擢都察院左副都御史，督理陕西马政。杨一清在陕西8年，对西北边备十分熟悉。

弘治十七年（1504年），鞑靼小王子率3万骑兵来犯，突破花马池段边墙，进入边内，对灵州、韦州、环县、清水营、兴武营等地进行劫掠。1506年，兵部尚书刘大夏向正德皇帝举荐足智多谋、熟悉防务的杨一清总制陕西三边军务。

杨一清上任后，奏请将花马池守御千户所升格为宁夏后卫，调西安、庆阳及宁夏招募的士兵充实花马池兵力，升兴武营、灵州为守御千户所。然后会同陕西巡抚张泰，延绥巡抚文贵、总兵张安，宁夏巡抚刘宪、总兵李祥等商议，决定对边墙进行维修。

考虑到工程量大，花费多，杨一清向朝廷上了一道划拨专项银两折子。明武宗爽快地答应了，批拨库银10万两，着杨一清负责修筑定边营至横城300里边墙。杨一清征发军民夫役9万人，准备在正德二年（1507年）三月二十七日破土动工。就在动工前夕，杨一清却悄悄地离开陕西，回到镇江。原来，杨一清有一次到花马池等地阅边时，被风沙伤了眼睛，调镇江名医睦干到花马池给他医治也没有见效。杨一清害怕自己生不能还乡里，遂向正德皇帝告病假回乡休养。杨一清回家不久，和他一起筹划修边墙的陕西巡抚张泰、延绥巡抚文贵、宁夏巡抚刘宪也先后调离。花马池边墙只修了40里就不得不停止。

杨一清告病回家后，用于修边的粮食、草料或露天堆放，或霉烂在粮仓，边墙沿线无人管护。正德三年（1508年）春，他以冒破边费的罪名被逮捕入狱。最后在老朋友李东阳的斡旋下，被罚米600石才算了结。

杨一清离任后，宦官刘瑾的爪牙更加肆无忌惮，常年拖欠戍边军士的口粮。正德五年（1510 年）三月下旬，驻守宁夏的安化王朱寘鐇和部下密谋策划发动兵变，将总兵姜汉、巡抚安惟学杀死。兵变发生后，明朝廷立即起用赋闲在家的杨一清赴宁夏平定。杨一清接到圣旨后星夜赶往宁夏，等赶到宁夏时，兵变已经平定。

宁夏兵变，武宗命张永总督军务，与杨一清一起前往讨伐。途中闲谈中，杨一清发现了张永对刘瑾的不满，杨一清认为这是铲除刘瑾的大好机会。一路上，杨一清处处接近张永，一有机会就诉说刘瑾害民误国的事情，渐渐在张永心里也产生了要铲除刘瑾的想法。有一次，杨一清和张永在花马池察看正德二年（1507 年）动工修筑的边墙，杨一清又在张永面前说，要不是刘瑾从中阻隔，从花马池到横城的长城早已经修好了，朝廷再也不用为宁夏的边防费心了，还专门把张永领到长城前视察。张永看到维修的和没有维修的长城，防御功能相差很大，就对杨一清说："到灵州我就写奏折，向圣上揭发刘瑾罪行。"杨一清忙说："不行，你在外，他在内，你能保证奏折送到皇帝那里吗？"杨一清接着给张永出主意说："现在我们要先收集刘瑾的材料，等你回到京城后利用面圣的机会揭发刘瑾罪行。"张永听了觉得可行，就依照杨一清的计策行事。

张永在宁夏镇住了 10 天，搜集到大量刘瑾的罪行材料，七月初提前回京复命。张永回京城后，武宗亲自设宴慰劳，刘瑾等朝臣在座相陪。张永和武宗、大臣在一边喝酒一边观看歌舞。到了深夜，众臣们逐渐告退，刘瑾也起身告退。张永一看刘瑾告退，就拿出朱寘鐇声讨刘瑾罪状的檄文，并当场揭发刘瑾罪状 17 条之多。喝得醉醺醺的武宗气愤地说："瑾负我，瑾负我！"下令立即逮捕刘瑾。

第二天，武宗酒醒后，念起刘瑾以前的种种好处，准备只把刘瑾罢官，责令回老家赋闲。张永一听着慌了，他知道只要刘瑾活着，自己的脑袋就难保。于是张永连忙到明武宗面前奏说，刘瑾私吞了许多藩王送给皇帝的奇珍异宝。武宗一听，传令对刘瑾抄家。这次抄家，不仅抄出大量的金银财宝，还抄出宫牌、玉带等违禁之物，尤其是从刘瑾经常使用的扇子中发现藏有两把匕首，武宗大怒："这小子果然反了！"降旨将刘瑾凌迟处死。

杨一清借宁夏平叛之机，利用张永除掉刘瑾，做了一件值得永载史册的大事。

党英才

铁柱泉记

去花马池之西南、兴武营之东南、小盐池之东北，均九十里交会之处，水涌甘冽，是为铁柱泉。日饮数万骑弗之涸。幅员数百里又皆沃壤可耕之地。北虏入寇，往返必饮于兹，是故散掠灵夏，长驱平巩，实深藉之。以其婴是患也，并沃壤为弃土，百七十年矣。

嘉靖十五年丙申，都察院左都御史兼兵部左侍郎松石刘公，奉圣天子命，制三边军务，乃躬涉诸边，意在悉关隘之夷险、城寨之虚实、兵马之强弱、道路之缓急，而画御戎之策，以授诸将。是故霜行藿食，弗避厥劳。至铁柱泉，驻瞻移时，喟然谕诸将曰："御戎上策，其在兹矣！可城之使虏绝饮，固不战自惫，何前哲弗于是图哉？"维时巡抚宁夏右副都御史字川张公，谋与公协，乃力襄之。

即年秋七月丙申，按察事谭大夫闾，度垣墉，量厚高，计丈尺。镇守、总兵官、都督效，帅师徒，具桢干，役畚锸，人乐趋事，竞效乃力。越八月丁酉，城成。环四里许，高四寻有奇，而厚如之。城以卫泉，隍以卫城，工图永坚。百七十年要害必争之地。一旦成巨防矣！

置兵千五，兼募土人守之。设官操驭，皆检其才且能者。虑风雨不蔽之患，则给屋以居之；因地之利而利，则给田以耕之；草莱辟，禾黍蕃，又可以作牧而庶孳畜。弃于百七十年者，一旦大有资矣。其廨宇仓场，匪一不备；宏纲细节，匪一不举，炫观夺目，疑非草创之者。先时虏常内觇，河东诸堡为备甚勤。而必先之以食，虽翔价博易，犹虞弗济。泉既城，虏惮南牧，则戍减费省，籴之价自不能腾，实又肇来者无穷之益。是皆出于公之卓识特见，而能乎所未能。

今年丁酉，去兹泉南百里许，亘东西为墙堑，于所谓梁家泉者亦城之，重关叠险，御暴之计益密矣。借虏骋骄亡忌入之，骑不得饮。进则为新边所扼，退则为大边所邀，天授之矣。用是以息中原之扰，以休番戍之兵，以宽馈饷之役。岂第征公出将入相之才德而已，功在社稷，与黄河、贺兰实相悠久，谓有纪极哉！是故不可以不记也。

松石名天和，湖南麻城人。字川名文魁，中州兰阳人，俱正德戊辰进士。谭闾，西蜀蓬溪人，正德辛未进士。王效，陕西榆林人，正德丁丑武举，法得备书。芸庄管律撰

摘自《嘉靖宁夏新志》

铁柱泉武术

铁柱泉最为有名的还是流传了500年的铁柱泉武术。铁柱泉的张姓家族自古以来就生活在铁柱泉，在抗击鞑靼和防秋的过程中，自发配合明军坚守铁柱泉古城。在守备古城时，张姓人家开始习武保家，一代一代的张姓人自小开始练习武艺，且传承下来。张家武术可追溯至明代张潘龙、张潘凤、张潘虎。

张家武艺世代相传，出了很多武林高手。在民间，张家的武术远近闻名，一听说铁柱泉张家，人们总是刮目相看。

清光绪年间，张家出了一位名叫张科的后生，他刻苦习武，武艺超群，是有据可考的张家武术传人。张科继承张家武学，融各家武术之长，进一步将张家武术发扬光大。他曾带着长子张万魁在灵州、吴忠等地摆擂台，名噪一时，周边村庄一些人都慕名前来学习。

张家武术以棍术为主，辅以鞭术、刀术、拳术等。张家单头十八模子棍为母子棍系，棍用一头，兼含枪法，体系完整成熟，是西北单头棍法的重要流派之一。

张家武术流传了近500年，至今仍有张家后人习武强身，但张家武术的流派和套路很多都已经失传了。近年来，铁柱泉武术被列为吴忠市级非物质文化遗产体育竞技类项目，开始进行保护挖掘，现在逐步在整理铁柱泉武术的套路和兵器。

佟建鑫

康熙射猎花马池

康熙三十六年(1697年)春,康熙御驾亲征噶尔丹时,途经宁夏。走到安边时,宁夏总兵王化行(又叫殷化行)带领宁夏官员前去迎接。王化行知道康熙出行非常节俭,从不铺张,可他酷爱打猎,每年都要到避暑山庄打猎,就连他到盛京(沈阳)祭祖都要备办打猎用的弓箭、马鞍。

康熙到宁夏,王化行决定好好表现一下,在皇帝面前留个好印象。为什么王化行要极力地奉迎康熙呢?除了自身仕途,还有个原因。原来王化行原本姓殷,后来随了王姓。康熙九年(1670年),他以王化行这个名字考取了进士,现在他想恢复殷姓。按照清朝律令,朝廷命官是不允许随便更改姓名的。

王化行到了安边后,面见圣上,并奏请康熙:“花马池草原茂密,野兔、山鸡很多,是个狩猎的好地方。属下已经安排好了,请圣上您到花马池狩猎阅军。”康熙下示说:“从宁夏到花马池,来回要七八天的路程,狩猎也是一件小事,等收服噶尔丹后再说吧。”王化行一听,再也不敢吱声了,陪着康熙到了花马池。

走到花马池境内,康熙一看,这里正如王化行所说,草原茂密,地势平坦,走几步就看到有野兔从身边窜出,要么就有野鸡被惊得飞了起来。康熙一路走,一路看,心里直发痒。

晚上,康熙一行在花马池城里住下。吃晚饭的时候,王化行看见御厨给皇上端来的都是酸菜、韭菜等,连一丁点肉都没有,就奇怪地问侍卫:“圣上吃得怎么如此清淡?”侍卫告诉他:“圣上一般只吃素菜,要吃肉也都是自己打的猎物。”王化行一听,由衷地敬佩康熙。晚饭后,王化行看到康熙的兴趣很高,就邀请康熙到营外观赏夜景。康熙和王化行一出营房,就把一窝野兔惊了起来。康熙一见兴趣就来了,从侍卫手中要过弓箭,举箭就射,只听嗖的一声,箭出兔倒,一只大野兔被康熙射到了。

王化行一看康熙开始射猎了,忙让兵丁点火把,侍卫也牵来了康熙的坐骑、备好了弓箭。康熙帝在众人的簇拥下,开始追逐射猎。康熙是一个马上皇帝,他骑马射箭的功夫非常好，不一会就射中了许多猎物。最后，大家怕皇上累着，才以明天还要赶路为由，劝康熙回营歇息。随后的几天，康熙走到安定堡、兴武营的时候，天天晚上都要出去狩猎，并对王化行说："这是朕出京以来遇到的最好的猎场。"

9年后的一天，康熙朝议时，对大臣说："宁夏出兵之时，朕带领兵丁于鄂尔多斯、花马池、定边等处行围，每日杀兔数千。一日所获，可做兵丁几日干粮。朕于花马池地方，一日杀兔三百一十八只。"

王化行这次随驾在花马池狩猎后，给康熙留下了较好的印象。第二年，王化行向康熙写奏折要求恢复自己的本姓，康熙帝破例同意他变更姓氏。从此，王化行恢复他的本姓，叫殷化行。

曹秀宏

盐池县古老地名录要

古代行政建制地名

1.昫衍县：春秋战国为昫衍戎地，大约在秦穆公三十七年（前623年），秦“霸西戎”，盐池地区被纳入秦的势力范围。公元前328年，秦惠文王“纳上郡十五县”，今盐池县以东地区为秦所有。公元前320年，秦惠文王巡游盐池一带，当地的昫衍戎“有献五足牛者”，说明当地已臣服于秦国。秦始皇统一中国后，实行郡县制。公元前213年，派大将蒙恬统兵十万，北逐匈奴，收河南地，因河为塞，筑四十四县，在今盐池一带设置的昫衍县就是其中之一，属北地郡。西汉承秦制，汉初今盐池一带仍置昫衍县，今有张家场古城出土文物为证。因此，今盐池境内的昫衍县是宁夏境内出现最早的县治之一。东汉昫衍县废。

2.北地郡：秦置北地郡在义渠（今甘肃省宁县西北）。西汉初，北地郡治在马岭（今甘肃省环县南），东汉迁治富平（今宁夏吴忠市西南），其辖境包括今盐池县全境，以位于国都以北的地方而得名。

3.五原郡（南北朝）：汉武帝元朔二年（前127年）置，郡下设五原县。据《元和郡县图志》记载，以其地有五原，故名。五原为龙游原、乞地千原、青岭原、可岚贞原、横槽原。西魏时复置。唐时为盐州五原县，州县同治一所。当在今县城以南。

4.五原县：见五原郡。

5.龟兹县：龟（音qiu），汉置县名，东汉末废。以处龟兹降人而得名。城址在今盐池县城东北。

6.五部都尉：晋太康十年（289年），晋武帝改匈奴五部统帅为五部都尉，盐池地区属五部都尉管辖。

7.西安州：北魏置西安州，下置大兴郡，西魏改为五原郡，寻复称大兴郡，辖境包括今定边县、盐池县及鄂托克前旗部分区域。西魏废帝三年（554年）改置为盐州。

8.大兴郡：北魏置大兴郡，其名取兴盛之意，西魏改曰五原郡，寻复称大兴郡，后称盐州。治所在盐池县境。

9.大夏：为晋时十六国之一，赫连勃勃背秦称大夏天王，居朔方统万城（今陕西省靖边县城北45公里处），后为吐谷浑所灭。辖境包括今盐池县。

10.普乐郡：普乐郡始置于北魏，郡治在回乐县（今吴忠），隋开皇三年（583年）废。今惠安堡一带曾属其管辖。

11.盐州：以其地有盐湖而得名，以盛产食盐而著称。西魏置盐州，隋大业三年（607年）更名盐川郡。梁师都占据夏州后属夏州都督府管辖，改称盐州。唐天宝元年（742年）又更名五原郡，乾元元年（758年）复名盐州。领五原、白池二县，辖境东西248里，南北270里。宋初仍用其名。盐州，地处河套之冲，灵、夏之间，为唐代北边军事要塞。但盐州古城址在什么地方，后人多有考证，其说有五：①在今定边县境。②在今盐池城。③在今盐池县城以北。④在今盐池县城南40余里的营盘台附近。⑤在今惠安堡北的北破城。

12.白池县：唐龙朔三年（663年）所置兴宁县，属盐州，景龙三年（709年）改名白池县，以地近北（方言北、白谐音）大池而得名。据考证，古城址在今盐池县城北50里、北大池东岸、陈家场以西646米处。1959年划归内蒙古鄂托克旗管辖。

13.兴宁县：见白池县。

14.温池县：唐神龙元年（705年）置，五代时废，隶属灵州大都督府。以地近温泉（今太阳山的暖泉）、盐池（今惠安堡镇老盐池东10里处的盐湖）而得名。今惠安堡镇北16里处的老盐池古城疑是温池县故城址。

15.朔方：朔方郡是汉代的北方边郡之一，置于汉武帝元朔二年（前127年），治所在今鄂托克旗西北部。唐开元中置朔方节度使，治所在今灵武市西南，辖今盐池县全境，以地处国都北方而得名，朔方，北方也。

16.四镇：包括朔方、泾原、陇右、河南四节度，为唐时四镇。辖盐池县境。

17.清远军：北宋时期，先后在宁夏南部设镇戎、德顺、怀德、清远四军，以扼西夏南侵。淳化年间，宋太宗以"灵武道路难阻，欲城古威州"，派陕西转运使郑天宝和田绍斌筑城池。于淳化五年（994年）八月城就，名"清远军"。根据《武经总要》记载分析，清远军古城有可能在今萌城马房沟附近。

18.保塞军：据史书记载盐州境内设保塞军，今其址不详，待考证。

19.环州：元时，盐州并入环州。

20.花马池营:明正统八年(1443 年)置花马池营,弘治六年(1493 年)改置花马池守御千户所。辖境南北长 210 里,东西宽 190 里,东南至榆林定边界 30 里,南至环县界 280 里,西至兴武营界 120 里,北至沙漠,西北至宁夏 350 里。

21.宁夏后卫:明正德二年(1507 年),花马池守御千户所升格为宁夏后卫,清袭明制,治所在今盐池县城。为控扼朔方,翼蔽内郡,设此军事建制。是宁夏镇御敌的 4 条道路之一,一是中卫,二是平罗,三是镇城,四是宁夏后卫。然而宁夏后卫,险在安边营、柳杨堡、清水营、铁柱泉诸处。四路情况险要,以此最险。是宁夏固原、兰州、靖边诸边之门户。

22.兴武营守御千户所:明正统九年(1444 年),巡抚、都御史金濂置兴武营,以都指挥守备。成化五年(1469 年)改守备为协同。正德二年(1507 年)总制、右都御史杨一清奏,将兴武营改为守御千户所。其辖境,东南至宁夏后卫 130 里,西南至灵州界 160 里,西至清水营界 70 里,北至沙漠,西北至宁夏界 200 里。辖毛卜剌一堡。

23.灵州守御千户所:明置灵州守御千户所,驻灵武,当时盐池南部盐积堡(老盐池)、惠安堡、隰宁堡、萌城堡属其管辖防守。

24.花马池分州:清雍正三年(1725 年),废卫所,改称府、州、县(厅)。宁夏后卫亦同时废除,改设灵州花马池分州。辖东起定边县 25 里,西至灵州 150 里,南起环县 190 里,北至二道边。

25.盐池县:1913 年,原花马池分州由灵州分出,正式成立盐池县。次年灵武所属的惠安堡、盐积堡(老盐池)、隰宁堡、萌城堡划归盐池县。1936 年,红军攻克盐池县城,建立盐池县苏维埃政府,原国民党县政府迁至惠安堡设治,出现两个盐池县并存局面,1949 年,盐池县全境解放。

古代军事防御设施地名

1.隋长城:《隋书·崔仲方传》记载,开皇五年(585年),隋文帝为防御突厥南侵,令司农少卿崔仲方“发丁三万,于朔方、灵武筑长城,东至黄河,西拒绥州……绵亘七百里……”翌年,又发丁15万续修。现有墙体遗迹露出地表,从花马池镇红沟梁村延伸至定边界,有60余里,民间俗称“小边”,现为盐池县文物保护单位。

2.深沟高垒:明嘉靖十年(1531年),兵部尚书王琼以“城去军营远,贼至不即知”弃河东墙,将兴武营至定边段重筑,时称“深沟高垒”。西起兴武营城,经英雄堡、安定堡、高平堡和花马池城,在东郭庄东交于定边县,境内长126里。墙基宽8米,现残高6—8米。每隔半里左右筑方形敌台一座,墙内30里一堡,60里一城,墙外挑壕堑深、宽各2丈多,多已为沙埋没。有的地段置“品”字坑。因从花马池城向北数为第一道边墙,俗称“头道边”,又因夯筑过程中有红色胶土掺入,略呈紫色,故又称“紫塞”。现为自治区重点文物保护单位。

3.河东墙:明成化十年(1474年),巡抚、都御史徐廷章、镇守都督范瑾奏筑。因处黄河以东得名。从黄河边横城堡北500米处黄河东岸筑起,经张家边壕、兴武营城和柳杨堡,过潘庄子入定边界。全长193公里,盐池境内长83公里。因从花马池城向北数为第二道边墙,俗称“二道边”。黄土夯筑,基宽6—8米,现残高1.4米,顶宽1.3米,每隔200米左右筑方形敌台,边长11米,残高8—10米。现为自治区重点文物保护单位。

4.固原内边:明弘治十五年(1502年),总制秦纮始奏筑,至嘉靖十六年(1537年),历任三边总制维修或重修,从同心县娘娘庙入盐池县境,经萌城、麻黄山,于饶阳入定边县界。因山就势,劈山削崖而成,平地筑墙,墙外挑壕堑。现保存一般。

5.长城关:故址在今县城北,距花马池城北墙百余米。坐落于头道边之上,是明嘉靖十年(1531年)总制王琼所筑“边防东关门”的关门楼,因而得名。

6.八步战台:位于县城西北27公里处,筑于头道边内侧15米处。四周有坞墙,

35米见方,门向南开。据现存的明代《大司马黄公敕建四台记》碑刻所载,战台建于明万历年间,其形制类似于戚继光在《练兵实纪杂集》中所说的修建在长城上的敌台。由此向东沿长城内侧,每相距二里左右,还有七步战台、六步战台、四步战台,均以序号为名。

7.张家场古城:位于县城西北30余里的张家场村西500米处,一些学者考据认为是西汉眗衍县城址。东西长1200米,南北宽800米,呈长方形。城墙基宽8米,残高1—4米,顶宽1—3米,黄土夯筑。东西向主街道,城中部有台式建筑遗迹。地面散布大量绳纹砖瓦、卷云纹瓦当、铭文砖等,秦砖汉瓦残片比比皆是。城内外出土秦汉时期的货币总量达2000余斤,有新莽货布、货泉、布泉、小泉直一、大泉五十、金错刀、契刀、西汉象牙钱等货币。近年来,还出土汉代铜印章200余枚,箭镞、编钟、铺首、盖弓帽、铜镜若干,都具有明显的汉代特征,保存较好。现为全国重点文物保护单位。

8.花马池城:今盐池县县城。旧城筑于明正统八年(1443年),始在塞外花马盐池北。因"孤悬寡援",天顺年间改筑于塞内。万历八年(1580年)甃以砖石。清乾隆六年(1741年)重修。南北长1400米,东西宽1100米,呈长方形,基宽12米,残高8米,顶宽4—5米,南、北、东墙辟门,南门曰广惠门,北门曰威胜门,东门曰永宁门,俱置瓮城,四隅有角台,西墙置腹墩,其上建玉皇阁,城墙外有护城河。关于花马池名称的由来,史书记载和民间传说纷纭,莫衷一是。概括起来大致有三:①明时以盐换马,"换马"与"花马"谐音;②相传唐朝时盐州是养官马的主要地方,官马身上都打戳,叫"花马";③民间传说,城东有湖,湖中有花色神马出没,马去而盐产屯丰,因此称此湖为"花马池"。现为自治区重点文物保护单位。

9.兴武营城:位于县城西北60公里处、今高沙窝镇二步坑村。以当时城堡的军事性质命名的。明代以前这里就有一座古城,人称"半个城"。明正统九年(1444年),巡抚、都御史金濂就其旧基之上建兴武营城。东、北两面紧靠长城,城周长三里八分,高二丈五尺,池深一丈三尺,阔二丈,开西、南二门。瓮城40米见方,四隅有角台。明、清均设守御千户所,为长城沿线重要戍兵之所。今城已废,城砖已被拆除,土筑城垣尚存,城中有台式建筑遗迹,地面散布大量明代砖瓦和瓷器残片,护城河残宽12米,深1—2米。城西南角有口水井,称马踏井。现为全国重点文物保护单位。旁有一自然村沿用古城名称,称兴武营。

10.安定堡:位于县城西30公里处、今王乐井乡牛记圈村。明时为边关要塞,筑于嘉靖以前,不知何人所为。因兵丁、百姓多年受戎马之苦,堡名取安定之意。头道边长城环绕其西、北、东而过,城郭东西长440米,南北宽300米,呈长方形,墙基宽4米,现残高3—7米,顶宽4—5米,黄土夯筑,墙外原甃以砖,现已拆失。南墙正中辟门,置瓮城,瓮城东西长34米,南北宽25米,瓮门面东。城内北侧有台室建筑遗迹,地面散布大量明代砖瓦和瓷器残片。南东墙外有护城河,残宽8米,深1—2米。现为自治区重点文物保护单位。旁有一自然村沿用古城名称,称安定堡。

11.高平堡:位于县城西12公里处的红沟梁村。始建于嘉靖十年(1531年),为长城沿线驻兵之所之一。北去头道边墙百余米,边长250米,呈正方形,城墙基宽7米,现残高3—7米,顶宽1—2米,黄土夯筑,面东辟门,置瓮城,瓮城南北长15米,东西宽15米,四隅设角台。城外有庙台废址二处。现为自治区重点文物保护单位。南旁有一自然村沿用古堡名称,称高平堡。

12.毛卜剌堡:位于兴武营西15公里处,今属高沙窝镇宝塔村。此堡建于明嘉靖以前,头道边绕古城东北墙而过,城呈正方形,边长280米,城墙黄土夯筑,基宽8米,顶部宽处4米,窄处不到1米,城墙高6米。南城墙辟门,置瓮城,瓮城南北长34米,东西宽23米,东墙亦辟门,无瓮城。四隅有角台,北墙中央有一高大烽火墩。明清置操守,隶属兴武营守御千户所。现为自治区重点文物保护单位。

13.永兴堡:在高沙窝镇东北6公里处,现属花马池镇芨芨沟村。城堡筑于明代,是长城沿线驻兵的城堡之一,以永远兴盛之意命名,今音讹为英雄堡。城郭呈"L"形,东西长257米,南北宽133米,凸出部分东西宽38米,南北长124米,墙基宽8米,现残高4—8米,顶宽2—4米,四隅有角台。南墙女墙残高30—50厘米,西墙正中辟门,置瓮城,瓮城南北长32米,东西宽18米,瓮城门面北。城内中部、北部有台式建筑遗迹。南旁有一自然村沿用古堡名称,称英雄堡。

14.柳杨堡:位于县城北12.5公里处。明弘治七年(1494年),秦纮筑之。筑堡前有座烽火墩,名曰柳杨墩,因此城堡筑成后称柳杨堡。嘉靖十年(1531年),王琼修筑深沟高垒,将其隔于外,遂为废城。城郭南北长487米,东西宽479米,呈矩形,墙基宽8米,现残高2—6米,顶宽2—4米,黄土夯筑。东墙辟门,四隅置角台。明时堡周柳杨成荫,为塞上一景。今柳杨堡村即沿用此古堡名称。

15.铁柱泉堡:位于今冯记沟乡暴记春村。明弘治十三年(1500年),总制秦纮就曾计划于此筑城守泉，但“是故不终其事”。以泉涌如注，水色似铁而得名。嘉靖十五年（1536 年），总制刘天和筑城包其泉。城郭南北长 385 米，东西宽 360 米，呈长方形。墙基宽 10 米，现残高 4—8 米，顶厚 1—3 米，东墙辟门，置瓮城，南北长 28 米，东西宽 18 米，瓮城门面北，四隅有敌台，西墙正中置腰墩。现为自治区重点文物保护单位。东旁有一自然村沿用堡内泉名，称铁柱泉村。

16.野狐井堡：位于县城西 20 公里处、今王乐井乡边记洼村。始筑于明万历四十一年（1613 年），三边总制黄嘉善、宁夏巡抚崔景荣奏筑。土筑残垣 400 米见方，四隅有角台，似有东门。堡东有山，称作野狐岭，因过去此处狐狸较多而得名。其上有一烽火台遗迹，有坞城 60 米见方，烽火台筑于坞城的北墙正中。两城相距里许。俗谓山下的野狐井堡为北宋名将狄青所筑，山上的坞城为西夏双羊公主所建。故有“双羊赶狄青，大战野狐岭”的传说。经考证，这两处古城遗迹均系明人所为，其传毫无依据。城堡以东的山水沟对岸有一自然村与堡同名，是先有村名还是先有堡名，不得而知。今话音谐变，已被误叫成野湖井。

17.盐池堡：位于县城西南约 75 公里处，今名老盐池古城，属惠安堡镇管辖。明代以前有旧城一座，周长一里。弘治十三年（1500 年），巡抚王珣拓其城，周长二里。正德十四年（1519 年），都御史王时中增至四里许，开南、北门各一，因地近盐池而得名。今古城址为东西二城。东城之西墙为西城之东墙。西城南北长 760 米，宽 500 米，城墙以黄土夯筑，基宽 8 米，顶宽 4 米，西墙辟门，外设瓮城，瓮门面北，四隅有角台。城内遍布明代残砖碎瓦。东城亦长 760 米，宽 230 米，较之西城塌毁严重，城墙仅剩土脊，城内散布有少量唐宋时的瓷片。推测此城似为唐时温池县故址。现为自治区重点文物保护单位。如今西城内有民居，即老盐池村，村名既由堡来。

18.北破城：位于惠安堡镇北 3.5 公里处，城东西长 264 米，南北宽 233 米，近方形，城墙基宽 7 米，残高 2—6 米，顶宽 1—4 米，黄土夯筑，东西墙各辟一门，四隅有角台。城内散布残砖碎瓷，及少量唐宋钱币，据专家断定为唐、宋、西夏所留，一度有人认为此为古盐州城址。现为自治区重点文物保护单位。

19.惠安堡：位于盐池县城西南 76 公里、今惠安堡镇驻地西 1.5 公里处。明巡抚黄嘉善甃以砖石。城周回二里四分，墙高三丈，址厚二丈五尺，顶厚一丈五尺，五尺门二道，南北二墙辟门，置瓮城，南瓮城门上镶嵌青石门楹，上书“阜财”二字，东西二墙建腰墩，四隅有角台。今城郭已毁损严重。据考证，明代灵州盐课司、巡检司、盐捕通判、盐大使署均置于此城内，也是清代缉私盐税之地，1936—1947 年曾为国民党盐池县政府驻地。在当地群众中还流传着“古名盐州，今名惠安”的传说。今惠安堡镇、惠安堡村的名称，俱来源于此堡。

20.隰宁堡：位于今惠安堡镇南 10 公里处。据《嘉靖宁夏新志》载，明成化年间都御史徐廷章始筑，城周回一里。弘治十三年（1500 年），都御史王珣展筑为二里许，开南门，置瓮城。古城址呈“凸”字形，城以黄土夯筑，南北长 532 米，东西宽 382 米，西墙中部设马面，四隅均有角台。土筑残垣高 4 米左右，今城内荒芜，遍布明代残砖碎瓦等物。曾设递运所，以开垦荒地安置平民命名。现为自治区重点文物保护单位。

21.萌城堡：位于苦水河边，今惠安堡镇南 31 公里、萌城村西 1.5 公里处，南距甜水堡约 3 公里。土筑残垣见方 1 里，东、南两墙为山洪冲毁，现仅存西墙，已倾圮为鱼脊状。此城筑于明代弘治以前，曾设驿站、递运所、批验盐引所。得名以新建之由，“萌”，新生也。萌城村村名即沿用堡名而来。

古代文化设施地名

1.尖尖山石窟:位于花马池镇苏步井村西1.5公里处。始凿于北朝,沿用至清,洞窟朝南,依山而凿,基石为石膏岩。窟外开5个宽5.3米、进深4.5米的单独窟门,内有一条通道连为一体。南、北两壁上下两层各有浮雕10余组,每组为1佛2弟子或1佛4弟子。主尊高0.55米,结跏趺坐于须弥座上,两侧弟子侍立。面部清癯,体形修长,衣纹流畅。为县级文物保护单位。

2.灵应山石窟:位于青山乡方山村,窟因山名,始建年代不详。据清康熙三十九年(1700年)碑刻记载,明万历年间至清初屡经修葺。坐西朝东,因山而建。由龙王庙、药王庙、观音庙、后殿、吕祖洞等13座石窟组成窟群,南北长40米,东西宽20米。窟室做平顶或穹窿顶,小者长宽各2米,大者宽5米,长9米。窟内佛像均为泥塑,现多数残毁或无存。洞窟和顶部尚残存壁画。六号窟正面有1986年新塑释迦牟尼像,其两侧为普贤、文殊菩萨。窗前有无量佛殿木结构遗迹。近年各窟均进行了维修,重塑了金身,在窟前院建了砖木起脊飞檐仿古式大殿并塑有金身。现为自治区重点文物保护单位。

3.兴武营西山寺:西山寺位于兴武营古城南约2里处。面积9600平方米,现存高大台基,南北长120米,东西宽80米,高出地面4米。地面散落砖瓦和青花瓷器物残片。采集石碑一通,高145厘米,宽77厘米,厚21厘米,为明天启二年(1622年)宁夏后卫吴运昌书、游击将军李养栋等人集资建寺所立,称《河东兴武西山寺碑记》。1986年后,当地村民在兴武营古城内东侧修建寺庙17间,借用兴武营西山寺之名。

4.宝山寺:位于麻黄山乡下高窑村一座小山上。始建无考,清康熙年间扩建重修。整个建筑群坐西北向东南。前殿一排3座庙,正殿玉皇庙高6米;后殿一排3座庙,前后殿院中间为宝山塔,高约18米。为歇山顶禽啄兽含式建筑,飞檐下斗拱画栋。高耸的山门横额正中雕嵌楷书“宝山寺”3字。山门前有2500平方米的大平场,东南边有戏台。山门内有宽敞的前院古寺院，内长 100 米，宽 50 米，围墙黄土夯筑，原为基宽 3 米，高 6 米，顶宽 1 米。东、南角各建亭台高阁、钟鼓楼一座，悬有 500 斤大钟一口，钟铭文记载建寺捐资名次。西墙外拐角处有尤道长仙逝遗骸塔一座。各殿内有大型泥塑 19 尊、小型泥塑几十尊。壁画流丹溢彩，谢道长多体悬壁书法 100 多幅。民国初年，里山堡初小设在寺内，前院另建平房 3 间、箍窑 4 间。1951 年在后院又建教室 3 间。1958 年大钟毁于大炼钢铁，庙宇逐渐被毁。1966 年毁去玉帝泥塑时，内中有一本记载建庙经过的文字，劫后只留后殿观音庙残存壁画和草体悬书数帧。20 世纪 70 年代末学校搬出，90 年代村民在原台基上全部新建庙宇并重塑金身，但规模风格气韵未及昔日。四月初八庙会遗风尚存。

5.千佛寺：位于麻黄山乡驻地南 5 公里处。清代所建，分布在 3 个山峁上。寺庙已圮，东西两处仅存残址和瓦砾。唯千佛寺地面建筑残高 7 米，面北辟门，内为正方形，边长 3.5 米，四壁有浮雕、泥制塑像和残存壁画，多漫漶不清，门侧有砖制浮雕、雄狮。寺址附近自然村寺儿掌、庙滩之名皆与此寺有关。

6.先农坛：清时在花马池城内文昌庙西侧，民国时修建于花马池城外东北角处。祭祀最先教民耕种之神——神农氏。

7.鼓楼：位于花马池城内中部，南与广惠门相对，北与三星殿相对。底顶三层，砖木构之，四隅设角台，以瞭望四方。底层有十字通道，上为穹形，以石块砌之。

8.三星殿：建于花马池城北城墙、威胜门东边，与鼓楼、广惠门相对。三层楼阁，高 13 米，当年为全城最高建筑，内供奉元始天尊、盘古、太上老君。民国时称三清殿，现称三清阁。

9.文昌庙：在花马池城内东街，位于鼓楼东南侧，供奉文教守护之神——文昌帝君。

10.圈神楼：花马池城永宁门门楼，三层砖木结构，供奉圈神，每年农历八月二十六日圈神生日，凡家养马牛羊猪禽者都要到此祭神。自古以来盐池人搞牧业，建圈养殖，牧而不游，为保牛羊平安，圈神是必祭之神。

11.无量殿：位于盐池县城南 10 里处，现在旧址上修建花马寺。

12.玉皇阁：筑于惠安堡古城北门约 10 米高的城门上，一层供三霄娘娘，二层供玉皇大帝，楼顶阁中供奉姜子牙。原阁 1960 年被拆除，现原址重建。今惠安堡镇内有玉皇阁南街、北街，名称均源于此阁。

13.盐神庙：位于惠安堡古城以西、盐湖东岸上，坐东面西，正殿3间，占地约800平方米。正殿供奉盐神坐像。每年农历八月十八日为盐神生日，盐户们都要到此祭拜，庙会或半月，或20天。此庙1952年被拆除。

14.文庙：位于惠安堡古城东，占地约2600平方米，供奉孔子。因惠安堡自古崇文，人才辈出，此庙当年十分兴旺。

古代自然地理实体地名

1.河套：在黄河上游。地处鄂尔多斯台地，三面临河（黄河），长城以北称为河套。因黄河流经至此弯曲成套而名。秦汉时期的河南地，其范围包括今盐池县全境，明代则以长城以北地区属之。

2.旱海："自威州抵灵州有旱海七百里""斥卤枯泽，无溪间川谷"，当在今惠安堡一带。自灵武海子并迄韦州，以及北至内蒙古皆为沙碛，浩渺无际，古谓之旱海。无水为之旱海，因名。

3.五原：方位不明。民国《盐池县志》认为在县北，引据《元和郡县图志》故五原郡。以其地有五原，谓龙游原、乞地千原、青岭原、可岚贞原、横槽原。今有学者认为"原"即"塬"，当在盐池县西南部惠安堡一带。

4.方山：在县城以南约35公里，今属青山乡，因顶呈方形故名。明正德九年（1514年）河套之敌侵扰花马池，掠官马而去，明参将尹清追战于此，明军失利，尹清战死在方山。

5.灵应山：位于盐池县城南约35公里，山为石质。在山东麓崖壁，依山凿窟，建有古寺，相传"水旱疾疫，凡有求祷辄应"，故名。

6.青山：位于县城西南30公里、青山乡驻地东5公里处。因山为石质，呈青色，故名。山北坡有一村，叫青山街，即今青山自然村，明清时为经商驿道上的一个重要村落，十分繁华。

7.三山：即三山儿，位于大水坑镇东约26公里、盐池县与定边县交界处，因3个山峰对立而得名。山东坡有一自然村，叫三山口子，现属定边县。

8.枸子山：位于盐池县南部，今称麻黄山。古代文献中描述"溪涧险恶，豺狼所居，人迹罕至"，盖因山势险要，地形复杂。今麻黄山乡、麻黄山村名皆由此山而来。

9.青沙岘：位置不明，民国《盐池县志》载"在县城西南二百里"，而载青龙山在"县城西南二百廿里"，由此可知当时在萌城一带。嘉靖十三年（1534年），套虏吉囊入寇。明将领刘文邀击于此。

10.麦垛山：盐池县内有二山名曰麦垛山，一位于县城西北34公里、今花马池镇高利乌苏村，因山形似麦垛而得名。山凹中有一自然村，沿用此山名。一位于县城西南35公里、今青山乡青山村，亦因山形而得名，近山有明代村落遗址。

11.烟墩山：位于县城西南68公里、今惠安堡镇老盐池村。产煤、瓷等。山东坡有一自然村，沿用山名。

12.寄甲峁：位于大水坑镇东南12公里处山坡上。相传北宋大将狄青与西夏双羊公主率兵大战，双羊公主不敌，溃退时将自己盔甲寄存此峁，轻装逃走。故称"寄甲峁"，年久日深，话音谐变，现已将"寄甲峁"误叫成"芨芨峁"。

13.毛乌素沙地：盐池县中北部都属于毛乌素沙地范围。"毛乌素"，蒙古语意为"坏水"，地名起源于陕北靖边县海则滩乡毛乌素村。现在，通过多年的生态治理，盐池县境内已无连片明沙。

14.浦洛河：位于县境西南约130公里，今名苦水河，盐池境内也叫山水河。发源于甘肃省环县和本县萌城山，汇入石湾沟，西北流经萌城、惠安堡，转入同心、吴忠、灵武县，从新华桥处入黄河。宋至道二年(996年)三月，李继迁率军攻灵州，于浦洛河大败宋军护粮队，夺宋军粮食40万石。

15.硝池河：位于惠安堡西，发源于贺坊沟西，在惠安堡汇入苦水河，今民间大多称之苦水沟，亦称苦水河。2013年盐池地名总规划中将其名确定为苦水沟。

16.红山子沟：位于县城南12公里处。发源于乏牛坡，经花马池国家森林公园流入荷池。沟畔有一自然村沿用沟名，称红山沟。在盐池县城镇建设规划中此沟将建为景观水道，2013年盐池地名总规划将其名改为盐州河。

17.天池子：位于县城西40公里、307国道北侧，有一小池，现属高沙窝镇。相传周穆王赴瑶池途经此地，于此池中饮马，因此得名。成化九年(1473年)，明廷于此筑城堡。由于风水侵蚀诸因素，城堡遗迹今已难辨。此处为民国时期的盐池八景之天池饮马。

18.铁柱泉：位于县城西南40余公里、现冯记沟乡暴记春村。史书记载，此泉，"水涌甘洌……日饮数万骑弗之涸。方圆数百里又皆沃壤可耕之地，北虏入寇，往返必饮于兹"。以泉涌如注，水色似铁而得名。明嘉靖十五年(1536年)，三边总制刘天和于此筑城守泉。东旁有一自然村沿用泉名，称铁柱泉。

19.月儿泉:位于县城西南25公里处、今青山乡月儿泉村。村因泉名。

20.石井子:位于今冯记沟乡暴记春村,周记大梁南坡有一口红岩石箍的大水井,清季《花马池志迹》记载"其水甘美,居人牧畜,往来行人,咸利赖之"。原亦称周记石井。1956年,周记石井与杨记坑两个自然村合并,现称杨记坑。

21.王老井:位于县城西22.5公里处,民国年间王姓人家在何记墩下打井,出水甘洌,人称王老井。后被谐称"王乐井"。今王乐井乡、王乐井村的名称俱来源于此。

22.摆宴井:位于大水坑镇南17公里处,南依钱家山。摆宴井名称来历其说有二:其一,民间传说,康熙皇帝访宁夏时,用此井水设宴,故名;其二,民国《盐池县志》中载"俗谓鄂旗小王子会同宋将军狄青摆宴处"。经考证,二者均不实。其地散布有大量的明代砖瓦残块和青花瓷,以及明代瓷残片,此地应是明代的一处村落遗址。摆宴井村名即来源于此井名。

23.马踏井:位于今高沙窝镇北11.5公里处、兴武营城南门前偏东50余米处。相传以前井水很旺,汩汩溢出地表,水流方向不定,每年春节时,溢出水流向哪个方向,哪个方向当年收成便好。传说为关公的赤兔马所刨出。当地军民为感谢关公,曾用生铁铸关公骑马像供奉在兴武营城门楼上。

后　记

地名是人们赋予某一特定空间位置上自然或人文地理实体的专有名称。地名作为一种社会文化形态和载体，记录着一地长期历史发展过程中的自然环境变迁、民族碰撞与融合、生产生活方式演化、民俗风尚变化等，是重要的文化遗产和资源。随着社会经济的发展，人们对地名信息的需求越来越多，编纂出版地名工具书，收集整理地名资料，采集地名故事，分享地名信息，为社会各界提供地名公共服务，满足人们对地名衍生的文化、历史、民俗、政治、经济信息的宣传、品味、研究需求成为当代地名工作者和地名专家的历史责任。因此，2015年以来，全国各级政府相关单位、研究单位及高校，均充分认识到地名研究的使命，开展了相关规划、研究及工具书的编纂，为地名文化建设贡献一份力量。

《盐池县地名故事》是按照自治区民政厅关于宁夏地名建设的工作要求，在吴忠市委、市政府的大力关心下，在盐池县委、县政府的指导下，盐池县民政局的精心组织下，经过地名工作者和编撰人员的认真梳理、精心策划、不懈努力，几易其稿，最终完成的。全书对古今盐池地名溯源，基本全揽了当地地名历史、传说故事和研究成果。文中有专家严谨的学术研究成果阐述，也有盐池人民群众的乡间俗语故事，深入浅出，娓娓道来，集知识性、趣味性于一体，是系统介绍盐池县地名文化的普及型通俗读物。其词条设计、取材范围、行文规范等参考了已出版的《银川市地名故事》《吴忠市地名故事》《中卫市地名故事》。

在本书编撰过程中，参阅了《侯凤章文集》《天安门文学》《盐州文萃》等杂记类文献，《盐池县志》《惠安堡镇志》《王乐井乡志》《高沙窝镇志》《盐池历史文化人物》等历史志书类文献，以及《盐池民间故事》《盐池武氏族谱》《定边丁氏家族》等传说传记类文献，也参考了《人文地理》《中国地名》等学术期刊中关于盐池地名研究的部分文章，其他参考资料文中一一标注，此处不再赘述，谨对上述文献的作者表示感谢！本书编写也受到侯凤章、周永祥、冯彪、张树林、杨金毅、党英才、杨桂琴、刘国君、曹秀宏、佟建鑫、杨科、杨文举、韩向春、冯学智、刘怡乐、周景珠、王永刚、林山、高耀山、杜盐宁、高万东、陈静等盐池本土文化名人和乡土文化爱好者的积极支持，他们提供故事和素材，多次审阅书稿，并提出了很多好的建议，为本书的出版贡献了力量，在此深表谢意！

《盐池县地名故事》作为盐池县第二次全国地名普查成果之一，配套盐池县标准地名图、录、典、志等工具书一并出版，作为对盐池县标准地名图、录、典、志的重要补充，是地名工作的重要创新和探索。

我们力求全面收集盐池地名的来历、相关传说，地名区域发生的历史故事，揭示盐池地名的历史印记、空间规律，挖掘盐池地名的文化内涵，全面展现盐池县地名的文化景观特色，取得了丰富成果。但素材征集中难免有所遗漏，受参编人员水平限制，书中难免会存在不足之处，敬请读者不吝指正。

编　者

二〇二二年七月一日